王安石全传

李建华　侯小明◎编著

華中科技大學出版社
http://www.hustp.com
中国·武汉

图书在版编目（CIP）数据

王安石全传 / 李建华，侯小明编著. —武汉：华中科技大学出版社，2011.5
ISBN 978-7-5609-7104-9

Ⅰ.①王… Ⅱ.①李… ②侯… Ⅲ.①王安石（1021～1086）—传记 Ⅳ.①K827=441

中国版本图书馆CIP数据核字（2011）第090773号

王安石全传
Wang Anshi Quanzhuan

李建华 侯小明 编著

责任编辑：刘红强
封面设计：李爱雪
责任校对：孙 倩
责任监制：熊庆玉
出版发行：华中科技大学出版社（中国·武汉） 电话：（027）81321913
武汉市东湖新技术开发区华工科技园 邮编：430223
印 刷：北京柯蓝博泰印务有限公司
开 本：710mm×960mm 1/16
印 张：16
字 数：180千字
版 次：2020年6月第1版第2次印刷
定 价：39.00

前言

王安石，字介甫，号半山。北宋政治家、思想家、文学家，唐宋八大家之一。北宋临川（今江西抚州）人，庆历进士。嘉祐三年（公元1058年），王安石上万言书，提出变法主张，要求改变“积贫积弱”的局面，推行富国强兵的政策；神宗熙宁二年（公元1069年），任参知政事，次年任宰相，依靠神宗实行变法，并支持武取西河等州，扭转对西夏作战的形势，因保守派反对，新政推行迭遭阻碍。熙宁七年（公元1074年）罢相，次年再相，熙宁九年（公元1076年）再罢，还居江宁（今江苏南京），封荆国公，世称荆公，卒谥“文”。王安石是中国封建社会官吏史上的一个传奇，他以一种“大无畏”的精神创造了中国变法史上的一个奇迹。

王安石所处的时代是中国历史上一个极为特殊的年代。之所以说它特殊，是因为在他所处的11世纪，中国曾经出现过一个巨大的转机——由封建农业文明向科技制度文明转变，有过成为第一个具有新体制、新文化、新技术的国家的机遇。王安石似乎也看到了这一次机遇，因此他竭力推动改革，试图把中国引向这个崭新的方向，他的思想和实践在某种程度上也适应和推进了这个转变。为了适应这个转变、把握这个机遇，他紧紧围绕“富国强兵”这一目标，变法立制，开始了在中国历史上影响深远的王安石变法。凭借着“天变不足畏，祖宗不足法，人言不足恤”的“三不足”精神，他站在了历史的风口浪尖上。他是中国历史上提出“人言不足恤”思想的第一人，他被革命导师列宁称为中国“11世纪的改革家”（《列宁全集》中文第二版第12卷第226页）。虽然他的努力已经大有成效，却又不得不接受功败垂成的命运。这是一个巨大的遗憾。如果他成功了，中国的命运也许就会发生重大转变，也许资本主义制度会在中国率先建立，科技与制度文明会战胜马蹄与武力的征服，人类历史也许会因此而重写……

生生不息、日新月异是天地自然的特性；自强不息、刚健有为是中华民族的精神；变化是自然的规律；改革是时代的要求；创新是国家的生命之源。商鞅变法与王安石变法都处在中国历史发展的关键时期。商鞅变法持续七代，成功了，社会大步向前发展，使中华民族遥遥领先世界一千多年。王安石变法只经历一代，失败了，社会急转直下，中国衰退了八个世纪。对于这两次巨大反差的改革，难道不应该总结其丰富的经验和惨痛的教训吗？

王安石是一位备受争议的历史人物，从古至今对他的评价似乎是贬多于褒，但他提出的改革方案却在中国改革史上留下了浓墨重彩的一笔。在文学领域，王安石亦是大放异彩，无论是诗、词还是文章都富于理趣，其飘逸飞扬的文字让人真正感受到他的特立独行。他对于国家以及人民的那份质朴的情怀让人为之震撼、为之倾倒，而正是因为这一切，才使得他的诗文获得了不朽的生命力，被人们传诵至今。

本书以质朴的语言和充满感情的笔调，对王安石的一生进行了概括描述，对其渊博的学识、坚毅的品格、执着的精神、超然的境界等，进行了深入浅出的介绍，力求还原历史的本来面貌。笔者在撰写过程中除以正史为基本资料外，亦参考了不少笔记、文集及野史，目的在于增加该书的趣味性与可读性，使读者多方面领略王安石这位风云人物的风采。

李建华　侯小明
2019年3月于东陆园

王安石
目录

第九章　做官处世思想——荆公之思想

第十章　以一人之力战天下之人

第十一章　千秋争议王安石

上篇

少壮自负，与日争辉

王安石

第一章 荆公非凡的少年路

第一节 盛世奏响的悲歌

北宋神宗元丰八年（公元1085年）三月，江宁（今南京）王府。

“咳、咳……”房间里不时传出几声咳嗽。发出这声音的不是别人，正是曾在北宋政坛呼风唤雨的尚书左仆射、门下侍郎、御封荆国公——王安石。

这时的王安石已经走下了政治舞台，他避居江宁，过着简朴的生活。这两年他的身体已经一年不如一年，这时的他刚刚从一次大病中恢复过来，身体仍有些虚弱。但是，此时他最为关心的并不是自己的身体，而是另外一个人，一个对他的一生有着重要影响的人——宋神宗赵顼。在他自己生病的时候就已经获悉神宗病重的消息，他知道神宗即位以来兢兢业业、励精图治，身体是被累垮的。虽然知道神宗的病难以痊愈，王安石仍然在心里企盼皇帝的身体能够好起来。

然而事与愿违，正当他在心里默默祈祷的时候，神宗驾崩的噩耗还是毫不留情地传来了。王安石的祈祷没能得到上天的眷顾，宋神宗走完了他短短三十几年的人生历程。王安石慢慢地闭上了眼睛，虽然心里早有准备，这一噩耗仍然把他震懵了。顷刻间，已过耳顺之年的他老泪纵横。

几天后，从巨大的悲痛中缓解过来的王安石，提笔写下了《神宗皇帝挽辞二首》：

（一）

将圣由天纵，成能与鬼谋。聪明初四达，俊乂尽旁求。一变前无古，三登岁有秋。讴歌归子启，钦念禹功修。

（二）

城阙宫车转，山林隧路归。苍梧云未远，姑射露先晞。玉暗蛟龙蛰，金寒雁鹜飞。老臣他日泪，湖海想遗衣。

这两首挽辞情真意切地表达了王安石对那个于自己有知遇之恩的皇帝英年早逝的无比悲痛之情。神宗病逝的消息再次把王安石送上了病榻，他知道自己付诸毕生精力的事业将随着皇帝的离去毁于一旦。他悲叹皇帝早逝、遗憾自己的事业、担忧大宋的国祚。悲伤加忧虑使得他没能再次站起来，当他在病榻上听到司马光拜相之初便大废新法时，心里仅存的一丝侥幸也荡然无存。他知道自己在这个世上的使命已经完成，他已经没有力量再次“以一人之力战天下”了。北宋哲宗元祐元年（公元1086年）四月初六这一天，王安石似乎意识到自己将不久于人世，他无力地垂下了眼睛，家人的呼唤好似离他越来越远，而他的灵魂似乎又回到了65年前……

北宋真宗天禧五年（公元1021年）十一月十二日，江西抚州临江军（今江西樟树市）的一户看上去并不十分阔气的人家显得一派忙碌。原来临江军判官王益的续弦吴氏即将临盆。这个家庭已经有了两个男孩子，但是这即将到来的第三个孩子仍然让王益既紧张又兴奋，这是他和吴氏的第一个孩子。随着一声清脆的啼哭，一个新的生命来到了人间，接生的人出来向王益报喜：是个少爷。

说到王安石的出生，据民间传说其出生之时，家人忽然见到窗前掠过一个身影，好似一只獾，所以他的小名又被称为獾郎，王安石也就被民间传说成“狐仙转世”。传说毕竟是传说，“狐仙转世”绝不可能，獾的故事也有很大的虚构成分。但儿子出生，王益自然很高兴，只是那时他不可能知道，他的这个三儿子日后会成为大宋政坛上一位叱咤风云的人物，一位在中国历史上留下了浓墨重彩的非凡人物。

王益给这个三儿子取名安石，字介甫。王益在为王安石取名时，可能也是受到了晋相谢安的影响。

谢安，字安石，是王益十分欣赏的一个文人才子。

谢安隐居不出时，人传：“安石不出，将如天下何？”

王益为儿子取这个名字，也是希望王安石以后能成就大事业。不过，他的希望确实实现了。

王安石的降临给这个不算大的家庭带来了更多的欢声笑语。王益对这个儿子极为钟爱，对他寄予厚望。王家在当地并不算什么豪门大户，祖上也没有什么显赫的功业，能够追溯的有些名望的先辈也就只有他的叔祖和祖父。王安石的叔祖王贯之于北宋真宗咸平三年（公元1000年）中了进士，曾历任通判、知州等官职，最后官居尚书主客郎中，算是王家能够找出的最大的官了。他的祖父王用之也只是做了一个卫尉寺丞的小官。真宗大中祥符八年（公元1015年），王安石的父亲王益中了进士，出任建安主簿，是年22岁，此后他在地方任职数十年，足迹踏遍了大宋的多个州府。由于王益在临川是“无田园以托一日之命”，因此每到一个地方做官，王益总是要举家迁徙。这样，少年时的王安石就随着父亲辗转到过许多地方，沿途的新奇见闻使得年少好奇的王安石并未感到什么颠沛流离的苦闷。“读万卷书，不如行万里路。”这些广博的见闻在他的心里留下了难以磨灭的记忆，对他今后的人生产生了不可忽略的影响。

王益虽然算不得什么大官，也称不上什么文豪，却颇有文采，为人睿智谦和，为官清廉。据说在建安任上之初，王益就因为巧妙地解决了赋税难收的问题而颇受同僚的敬佩。因为政绩卓著，不久王益就得到了擢升，他被提拔为临江军判官，就在这个任上时他的第三个儿子王安石降生。在临江军为官没有几年，王益又先后出任新淦县（今新干县）、庐陵县（今吉安县）、新繁县（今并入新都县）县令。王益励精图治，为官一任、造福一方，其所到之处几乎都有关于他的政绩卓著的记载。王益也因此被朝廷加授殿中丞，殿中丞虽是虚衔，但是要知道，当时的县令为七品官，而殿中丞则为从五品，这样一种低职高品的现象在当时并不常见，由此也可知王益的政绩得到了朝廷的认可。

据史书记载，王益为官“一以恩信治之，尝历岁不笞一人”，意思是他为官平时很少用刑，而是动之以情、晓之以理。王益对待旁人是如此仁慈，对待自己的孩子更是循循善诱。王安石出生后几年之内，他的弟弟安国、安世、安礼、安上和三个妹妹相继出生，王益的家庭一天比一天热闹，一群孩子整天在院子里玩过家家，打打闹闹，叽叽喳喳，好不惬意。有时王益忙完了公事，也出来和孩子们玩一玩。王益对孩子们从来都是和蔼可亲的，很少扮演“严父”的角色，他时常在孩子们吃饭的时候和他们说一些仁义孝悌、朝代治乱之类的道理和故事。王益教子，还有一个可取的地方，即孩子想读什么书，就读什么书，从来不加以限制。所以王安石在临川老家时，书读得很杂很多，比如《山海经》《庄子》《老子》《墨子》《韩非子》《史记》《论语》《诗经》《尚书》《周易》《文心雕龙》《左传》等，凡是能拿到手的书，一律通读。而且据《宋史》记载，王安石从小勤奋好学、博闻强记，读书过目不忘，作文纵笔如飞，情理俱妙，单单这些，就足以比下去很多人。

孩子在年幼时通常都会把父亲当作自己的偶像和模仿对象，而王益的这种言传身教无疑会对幼年的王安石产生巨大的影响。在王安石早年的从政生涯中，王益的这种励精图治的精神在王安石的身上明显地体现出来。

王安石的母亲吴氏，江西抚州金溪人。史书记载，其“父吴畋，一生未仕。母黄氏，寡言笑，喜史书，事舅姑，抚子女，穆宗族，擅阴阳之术”。她的伯父吴敏，淳化三年（公元992年）中进士，他的儿子吴芮、吴蒙此后也相继高中。因此，吴家在当地也算得上是名门望族，吴氏生在此种家庭，自小接受了较为良好的教育，因此她并不是普通的家庭妇女。王安石的好友曾巩在为吴氏作的墓志铭，即《仁寿县太君吴氏墓志铭》中写道：

夫人好学强记，老而不倦，其取舍是非，有人所不能及者。然好问自下，于事未尝有所专也。其平生养舅姑甚孝。盖侍郎七子，而少子五人，吴氏出也。然夫人之爱其长子，甚于少子，曰：“吾爱之甚于吾子，然后家人爱之能不异于吾子也。”故其子孙已壮大，有不知为异母者。居久之，二长子前死，夫人已老矣，每遇其嫠妇异甚，而身为字其孤儿，忘其力之惫也。其处内外亲疏之际，一主丁恩，有谗讪骂己者，数困苦，常置之，不以动声色，亦未尝有所含怒于后也。有以穷归己者，急或分衣食，不为秋毫计惜，以其故至不能自给，然亦未尝不自若也。其嫁三从之孤女如己女，而待长子之母族如己族，盖笃行如此，而天性之所有也。其自奉养，未尝择衣食。其视世俗之好，无足累心者。方其隐约穷匮之时，朝廷尝选用其子，坚让至于数十，或谓可强起之，夫人曰："此非吾所以教子也。"卒不强之。及处显矣，其子尝有归志，而以不足于养为忧。

这在认为"女子无才便是德"的封建社会，实属难得。

父母的这种才情和品格对家里的孩子们自然都产生了良好的影响。王安石有六个兄弟，他们七个人当中，有四个中了进士，一门父子五进士的现象在宋朝实属罕见。他的三个妹妹也都是琴棋书画样样精通。这种家庭教育和氛围无疑为王安石提供了一个良好的成长环境，为他日后大展宏图打下了坚实的基础，王家也因此在数十年后一跃成为大宋朝最有名望的家族。

第二节　韶州三年塑性格

仁宗天圣八年（公元1030年），王益在四川上任不久，因政绩卓著而被提拔为韶州（今广东韶关市）知府。韶州在宋朝属于广南东路（大致相当于今广东省），提起韶州可能许多人并不知道，但是提及六祖惠能，相信只要对佛教有一点了解的人都应该知晓，而韶州便是六祖惠能长期开坛讲经的地方。据《大清一统志·韶州府》记载，当年惠能在新州（今广东新兴县）居住时，到湖北黄梅寻师，必经过"控扼五岭，韶为交冲，唇齿江湘，咽喉交广"的韶州。

惠能是一个有着传奇经历的在中国佛教史、思想史上具有重要地位的高僧。据传，他是因为早年在卖柴回家的路上听到有人诵读《金刚经》，便萌生了学习佛法之念，并不辞劳苦找到了五祖弘忍拜其为师。从师期间，他潜心研习佛法，颇有慧根。五祖弘忍年事已高，打算选择弟子传授衣钵，便命其弟子作偈以呈。惠能的师兄神秀作偈曰："身是菩提树，心如明镜台，时时勤拂拭，莫（勿）使惹尘埃。”五祖认为神秀之偈未见本性。惠能听后亦作偈一首，曰：“菩提本无树，明镜亦非台，本来无一物，何处惹尘埃。”五祖听后颇为满意，便招惠能入殿为其宣讲《金刚经》，后传其衣钵，定为传人。接受五祖衣钵后，惠能先是居于广州，此后又久居韶州曹溪宝林寺（今韶关南华寺），开坛讲经，弘扬禅宗。惠能在此传法长达37年之久，影响了华南的诸多佛教宗派，被世人称为“南宗”。唐玄宗开元二年（公元714年），在河南滑台（今滑县）的无遮大会上，惠能的弟子菏泽神会在论辩中辩倒了神秀门人崇远、普寂，遂使南宗成为中国禅宗的正统。

因为惠能的影响，长期被中原视为未开化之地的韶州开始逐渐成为禅宗最为重要的发源地之一，以至于后世“凡言禅者，皆本曹溪”。而这时刚满10岁的王安石正是求知欲和好奇心最为强烈的年纪，在韶州生活的数年中，他很难不受当地无处不在的佛教习俗和思想的影响，而这个影响也将伴其一生。

当然，只有10岁的王安石并不能很好地理解广博深邃的佛学思想，但是儿童的好奇心使他经常对那些在他看来颇为奇特的佛教传统产生种种不解与兴趣。为此，他时常向父亲询问此类问题，父亲虽然知识渊博，但是也常常不能给小安石圆满解答，这就使得王安石对佛教产生了更加浓厚的兴趣。

我们从王安石一生的诗词中可以看出，他的后期诗词很大部分都与佛教有关。比如，他在《读维摩经有感》中写道：

身如泡沫亦如风，刀割香涂共一空。

宴坐世间观此理，维摩虽病有神通。

这首诗所表达的是他读《维摩经》的感想，主要意思是：诸法无生无灭、如幻如风，所以，“刀割”虽苦，“香涂”虽乐，但是“刀割香涂共一空”。也就是说，念佛之人若已证道，那么即使性命临终时，任其刀割香涂，亦了无动念之事，苦乐皆空。所谓“宴坐世间观此理，维摩虽病有神通”，是说维摩诘居士虽然以病身在家，但仍然为众生讲说“诸法皆空”之理。这就是王安石对佛教“空”的理解。

除了他的诗词外，据史料记载王安石还注释过多种佛经，但是没有一本能够流传下来，实为遗憾。

如果说是因为在韶州的见闻使得王安石开始潜心研究佛教，似乎有些不太确切。一个10岁的孩子尽管可能对新奇的佛教习俗和思想产生不解与兴趣，但是他是不太可能对佛教思想有什么深刻认识的，更不可能在那时就立志研究佛学。宋朝著名词人苏轼提到王安石与佛教的关系时说，王安石“少学孔、孟，晚师瞿、聃”。无论王安石是何时与佛教发生密切联系的，他在韶州之时与佛教结缘是毫无疑问的。

纵观王安石的一生，他自成人以后对于佛教的喜爱就从来没有改变过。在其20岁至30岁，王安石在《杭州修广师法喜堂》中，作有“始知进退各有理，造次未可分贤愚；会将筑室反耕钓，相与此处吟山湖”之包容、肯定、向往佛教的诗句；在30岁至40岁，王安石作有《城陂院兴造记》，并对城陂院中的僧人法冲予以褒扬；在40岁至50岁，王安石写有《寄育王大觉禅师》《华藏寺会故人》的禅诗；在其50岁至60岁，他写有大量的佛理诗词，更为引人注目的是他还将自己的田地家产全部赠予佛寺；自60岁直到去世，王安石不仅频繁地与僧人同游，写出了大量的佛理诗作，而且还鼓励他人学习佛法。他在《拟寒山拾得十九首》中写道：“勇有孟施舍，能无惧而已。若人学佛法，勇亦当如此。休来讲下坐，莫入禅门里。但能一切舍，管取佛欢喜。”

在韶州的生活可以说是王安石少年生涯中的一段十分重要的经历。韶州地处广东，远离中原文化的熏陶，此地居住的多为被当时的中原人视为“未开化”的少数民族，文化教育落后，在中原地区根深蒂固的封建礼教在此地影响力甚微。据说在当时的广南路一带，经常可以看到年轻的男女手牵手走路，显得异常亲密。尽管六祖惠能曾在此长期传道，韶州也成为重要的佛教名地，但是当地风俗遗传了数百年，即使是在佛学昌盛的时候也没能彻底地改变当地一些与中原地区格格不入的“落后”习俗，而当惠能坐化之后，这一地区就再也没有什么大的变化。

一些人甚至认为，此后的佛教不仅未能使其“开化”，反而连自身都受到了当地风俗的影响而有所改变。古代一位名士的著作中甚至还曾提到过这样一桩奇事。

一个北方人来到广南，恰遇一家办喜事，他就来凑热闹。等了好一会，忽听众人高呼“王郎到了”，他就赶紧去看，这一看不要紧，却是惊得他瞠目结舌，原来这个新郎竟然是一个和尚。此人大惊之下作诗一首，曰：“行尽人间四百州，只应此地最风流。夜中花烛开新燕，迎得王郎不裹头。”

这段故事的真假已经无从考证，但是诸多的历史资料表明，当时的广南地区确实是存在许多在深受儒家学说熏陶的中原人看来是绝对不能接受的风俗。以前一些当地的官员多认为这些都是几百年一贯的风俗很难改变，只要不是犯了什么大事，也就不加以管束。然而，王益到任后却对当地的这种风气进行了专门的整治。

王益是受到封建纲常礼教熏陶的读书人，他恪守“男女授受不亲”等儒家礼教，因此他在任期间，严令禁止男女在公共场合嬉戏，如有犯者，必当严惩。就这样，在王益上任后不久，当地的风俗就产生了很大的变化。尚且不论他的这种做法是否合理，但是从当时的社会环境来看，王益的这种改革是符合某种“潮流”的，它促进了偏远地区与中原地区的融合，促进了被当时的主流社会认为正统的儒家思想的传播，对当地风气的“净化”与“开化”起到了积极促进作用。

王益在韶州任上时还曾发生过一件趣事，说是韶州下属的翁源县境内山高林密，常有老虎出没伤人害畜，成为一大祸害。事情上报到王益这里，王益便下令捕杀老虎。数月后，有人来报说是翁源县打虎成绩甚大，特献上五颗老虎头给王大人。同时他们还声称这些老虎是自杀而死，甚至说这是因为王益到任后，励精图治，使得当地政通人和，连老虎都深受感动，悔不当初，便都自杀而死。这些人还写了一篇溢美之词，让王益转呈上级。王益听后只觉得好笑，这种事无论聪明人还是笨人都能看出是下面的人在刻意讨好。他毫不犹豫地拒绝了这些人的“好意”，并劝说这些人以后不要再做出此种事情了。

王益在韶州为官三年，在当地移风易俗、整肃治安、兴修水利、教化民众，使得当地呈现出一片生机勃勃之景。王益做事十分果敢，在任上颇有政绩，敢于去打击那些豪门世族，维护广大底层劳动人民的利益，对功名利禄也不十分热衷。他为官一直有一种思想，那就是功成身退，对于仕途上的飞黄腾达并不十分在意。他曾经写过这样一首诗：

灵谷神仙宅，言归肆目新。

山光远如画，秋色老于人。

世事棋争劫，人心变海尘。

功成思范蠡，湖上一闲身。

从某种程度上来说，王益为官做人的这些特点在王安石的身上或多或少都有一定的体现。王安石在初涉政坛的一段时间内都没有去追逐高官，这与王益的这种思想是不无关系的。

年少的王安石以为自己还会在韶州这个地方继续住下去，但是很快一个消息就把他们一家送回了临川老家：王益的母亲去世了。按照朝廷之制，王益必须回乡守孝三年。明道二年（公元1033年），王益带着一家人匆匆忙忙赶回了临川。而就在回临川的路上，王安石碰到了一个人……

第三节　巧出题叹伤仲永

王益带着一家人从韶州风尘仆仆地回到了江西抚州，其间路过了王安石的母亲吴氏的娘家——金溪。虽然母亲病逝让身为孝子的王益归心似箭，但是路过妻子的娘家而不去拜访似乎有所不妥，一路的颠簸也让这一家人需要短暂的休息。就这样，他们在王安石的舅舅家暂时住了几天。就在这歇脚的几天里，王安石想起了他很早以前就听说过的一个故事。

故事说的是当地有一个很有名气的神童，名叫方仲永，在他五岁的时候就哭着闹着向他的父亲要笔、墨、纸、砚这些东西，而这时的他还从未见到过这些东西。他的父亲虽然很是惊奇，但禁不住他的软磨硬泡，还是把这些东西都借了回来。方仲永拿到这些东西后，当即就写了四句诗还题上了自己的名字，据说这首诗是以赡养父母、团结同宗同族为内容。他的父亲看到儿子的这首诗后立即把它拿给全乡的秀才传看，一时间方家生了个神童的消息很快就传遍了全乡。

此后，经常有人慕名而来，让他作诗、题词，而方仲永每次都能指物作诗，作出的诗无论从文采上还是道理上都有一定的水平。这下方仲永更加出名了，当地一些人都很好奇这个神童到底是个什么样子，因此他们就不断地邀请方仲永的父亲来自己家里做客，甚至还有人花钱请方仲永作诗。小神童的名号在金溪越传越响，几乎无人不知、无人不晓。方仲永的那个见钱眼开的粗俗父亲自然不会错过这个机会，把这当成了发财致富的一条捷径，整天带着小仲永走门串户，表演作诗的才能。

想起这个故事以后，和方仲永差不多大的王安石对这个神童产生了强烈的好奇心，而此时他恰好在舅舅家见到了这个传说中的神童。乍看之下，王安石并未觉得眼前的这个和自己差不多大的孩子有什么不同于常人之处，但是，他想既然当地人都这么说，应该不会有假。于是，王安石打算出个题目来试试眼前的这个传说中的神童，至于王安石出的是什么题目，现在已经无从考证，但是据王安石自己的回忆，当他出题让方仲永作诗后，方仲永虽然很快地作了出来，但是他作出的诗让王安石颇感失望，这首诗只能说是文句通顺而已，远称不上什么文采。他认为方仲永的诗与其名声不符。据野史记载，王安石看了方仲永的诗以后，很不以为然。当天晚上，王安石想再次去试探一下方仲永的才能。他走进舅舅为方仲永安排的西厢房，让他以盆景为题作诗，小仲永也是很快作出来了，但是诗的水平跟白天作的没有什么区别，因此，王安石对这个天才少年由过去那种强烈的好奇转变为无限的惋惜。他很想知道为什么大家口中的那个五岁便能指物作诗的神童竟是这般光景。细细打听之下，他终于明白了其中的原因。

原来，方仲永的父亲见到当地不断有人邀请他们父子二人去做客，还花钱请自己的儿子题诗，便将此当作谋生之道。他带着儿子四处做客，有请必到。这样一来，虽然方仲永的名声越来越响，他的家里也有了一些可观的收入，但是小仲永疲于奔波表演无法进一步学习和提高。通过了解，聪明的王安石知道了个中缘由。在舅舅家短暂地休息后，他跟随父亲一起回到了临川老家。

这件事对少年王安石影响颇大，他一直都记着这个叫方仲永的神童的故事。七年以后，王安石在从扬州回家的路上再次在舅舅家做短暂的停留。他又想起了方仲永的事情，于是向舅舅打听。舅舅回答说："方仲永的才能已经完全消失，他已经不能作出一首让人称道的诗了，现在的他和普通人没有什么两样。整天忙着下地干活，侍鸡弄鸭，学会的那几个字早就忘光了。"

这件事情令王安石大为震撼。事实证明，没有什么所谓的神童，成功的背后只能是艰辛的努力。为此，他在《忆昨诗示诸外弟》一诗中写道：

丙子从亲走京国，浮尘坌并缁人衣。

明年亲作建昌吏，四月挽舟江上矶。

端居感慨忽自寤，青天闪烁无停晖。

男儿少壮不树立，挟此穷老将安归？

吟哦图书谢庆吊，坐室寂寞生伊威。

材疏命贱不自揣，欲与稷契遐相希。

意思是说，从他到江宁之后，端居家中忽然明白了一个道理，那就是时光如梭，时不我待，一个堂堂七尺男儿，如果不早点确立明确的志向，等到青春年华逝去以后，留下的只是终生的遗憾。于是，他谢绝了一切交往应酬，也不再流连于湖光山色之中，而是闭门苦读，潜心钻研学问。

神童的故事王安石一直记在心里。后来他专门做了一篇文章来回忆这件事，这就是流传后世的《伤仲永》：

金溪民方仲永，世隶耕。仲永生五年，未尝识书具，忽啼求之。父异焉，借旁近与之，即书诗四句，并自为其名。其诗以养父母、收族为意，传一乡秀才观之。自是指物作诗立就，其文理皆有可观者。邑人奇之，稍稍宾客其父，或以钱币乞之。父利其然也，日扳仲永环谒于邑人，不使学。

余闻之也久。明道中，从先人还家，于舅家见之，十二三矣。令作诗，不能称前时之闻。又七年，还自扬州，复到舅家问焉。曰："泯然众人矣。"

王子曰：仲永之通悟，受之天也。其受之天也，贤于材人远矣。卒之为众人，则其受于人者不至也。彼其受之天也，如此其贤也，不受之人，且为众人；今夫不受之天，固众人，又不受之人，得为众人而已耶？

这篇文章的最后一段话是王安石从这件事中得出的结论，大致的意思是，方仲永的领悟能力是天生的，他的天赋的确比一些人高。他之所以最后沦为一个非常平凡的人，是因为他没有受到良好的教育。而像方仲永那样天资聪颖的人都会因为没有受到后天教育而成为一个平凡人，那么天生就很普通的人，又不去接受后天教育，恐怕连成为一个平凡的人都很难吧。

王安石把此文章定名为《伤仲永》，一个“伤”字凸显了他对于方仲永由一个神童变为凡人的惋惜，和对那个一手摧毁了自己儿子前途的父亲的责难，更进一步的是他表达了对一些本来天资平凡的人不认真学习的不满。可以说，在少年时代王安石能够见到方仲永这么一个人是幸运的，他从方仲永的事情中得到的启示让他一生都受用不尽。因为，王安石是一个与方仲永有着相似经历的人，他也是一个“神童”。

第四节　少年才情领风骚

现在能够见到的诸多关于王安石的史料里，大多对其做人做事持批评态度，然而对于王安石的才能，尤其是文采则都能做到实事求是地评价。如《宋史·王安石列传》虽然总体对王安石持否定态度，但是一开篇谈到王安石的天分时却写道：“安石少好读书，一过目终身不忘。其属文动笔如飞，初若不经意，既成，见者皆服其精妙。”从中可以看出王安石少年时是属于“神童”这一级别的，也是一个天赋极高的人。

说到王安石的聪明，有这么四个故事可供大家欣赏。

第一，据野史记载，王安石的父亲王益为有这么个聪明伶俐的儿子感到非常高兴，他也常常会出一些问题来考考儿子。有一年秋天，屋外下着雨，王益坐在屋内，他忽然叫来王安石对他说道："大家都说你聪明，可是我有点不信。我坐在屋里，如果你能叫得我站到院子里去挨雨淋，这样才算你是真的聪明。"王安石当然知道这是父亲在考自己，于是他笑着对父亲说："爹爹，下雨天当然是坐在屋里，我怎么能让您到屋外去淋雨呢？"王益就说："那这样就是说明你不算聪明。"王安石想了想又接着说道："如果您能站到外面去，我就有办法把您请到屋里来，您信吗？"王益一怔继而笑着答道："我不信！"但是，他还是起身走出屋子站到了院子里，他想看看这个聪明的儿子是怎么让他回来的。

可是，他在屋外的雨中站了好一会却不见安石让他回屋。于是，他笑着对屋里的安石说："怎么还不开始，是没有办法了吧？"这时却见王安石回答："您不是让我把您叫到屋外去淋雨就行了吗？您这不是正淋着嘛！"说完还一脸坏笑地看着父亲，这下王益才算反应过来。他没有一丝气恼，反而笑着对儿子说："看不出你果然有两下子。"这时王安石又对父亲说："爹爹您快进来吧，淋雨久了会生病的。"王益便走进屋内，王安石说道："您这不是又让我请回屋里了嘛！"说完，父子两人便哈哈大笑起来。

第二，据说王安石小时候，在下马山的榉林书舍读书，离书舍不远的流坊街口有一个面馆。王安石每天上学都要从这家面馆门前经过，并经常在这里吃早点，久而久之，和面馆的老板、伙计都相识了。有一天，王安石又到这家面馆吃面。进门后，找了个座位坐下，老板、伙计有心考考他，故意不给他端面。王安石等了好久，看见后进门的人都吃上了面，便问跑堂的伙计："师傅，我的面做好了吗？"伙计答道："就来。"不大一会儿，只见跑堂的伙计手中拿了一双筷子交给王安石道："伢仔，你的那碗面做好了，大师傅说要你自己去端。"王安石也不计较，径直来到厨房，只见灶墩上放着一碗热气腾腾的肉丝面，滚烫的面汤快要溢出碗外，大师傅笑眯眯地对王安石说："伢仔，这碗面是我特意为你做的，味道格外好，肉也特别多，你能把它端到堂前去，不泼掉一滴汤，算你白吃。"王安石问："此话当真？"大师傅说："偌大的一个面馆，还出不起一碗面吗？"好一个王安石，主意还真不少。只见他用筷子轻轻地往碗里一伸，把面条挑起了起来，碗内自然只剩下半碗汤了。就这样，王安石左手端着碗，右手拿着筷子挑着面，顺顺当当地把一碗满满的热面条端到店堂前，津津有味地吃了起来。面馆里的人都竖起大拇指称赞道：王安石真聪明！

第三，相传王安石小时候就有远大的抱负和惊人的才华。一年夏天，天气炎热。教书先生给学生们出了几道题后，自己就坐在书案前闭目养神，随后呼呼大睡起来。学生们做完功课，见先生还在睡觉，便悄悄溜出学堂，到野外玩耍去了。瑶田村头有口水塘，名叫瑶池，塘水又清又凉。孩子们在王安石的带领下跑到塘里洗澡。小家伙一个个脱得精光，“扑通扑通”跳进了水里，顿时水花四溅，笑语欢腾，好不快活。老先生一觉醒来，看看天，星星都出来了，学堂里空空如也，知道睡过了时辰，便缓步走出学堂门。一阵清风送来孩子们的笑闹声，老先生不禁皱起了眉头。他循声走去，上了一个土坡，只见孩子们正欢快地打着水仗，映在水里的星星一闪一闪，摇曳不定，老先生气得胡子直抖。第二天上课时，老先生出了一个上联要大家对，对不好的学生要受罚。这个上联是：“弟子贪玩荒学业。”王安石站起来对道：“先生爱睡误弟子。”老先生一愣，又出了一个对子：“夜闹瑶池，搅动满天星斗。”暗示他知道学生们下塘洗澡的事了，并对王安石怒视道：“王安石，你来对！”王安石想了一下，从容对答：“晨破书海，重整万里江山。”“对得好！”老先生大喜，心里一高兴，对学生的诳师之罪也没有再加追究了。

第四，王安石从小天资聪颖，诸子百家书无所不读。他小时候曾到灵谷峰山上的龙甲书院读书。龙甲书院是一位饱学老儒创办的，他利用这里山清水秀、环境幽静的良好读书条件，设馆授徒，少年时的王安石就是慕名来此求学的。这位老先生学问渊博，通晓古今，教授又得法，王安石简直如鱼得水，常常不分昼夜发奋苦读。有一次，他又读了一个通宵，到了旭光临窗，他书案上的油灯依然燃着。那时候书堂是由学生轮流负责做饭的，这一天正好是轮到王安石，可是他这天读到了一本好书，便把什么都忘了，不仅忘了吹灭油灯，还忘了煮饭。直到日上三竿，煮饭时间早过，先生见厨房里没有动静，便来查问，见王安石坐在书案前埋头苦读，便揪着他一只耳朵，拉他到屋外面看太阳已有多高。这时，王安石才记起今天该自己做饭，急急忙忙跑进厨房，取出纸媒到留有火种的火笼中点火，没想到火种熄灭了，王安石急得没有办法，只得心急如焚地跑下山，到村庄里借火。半晌过去了，王安石才满头大汗跑了回来。先生假装生气地问："去何处了？"王安石急忙回答："学生去村里借火，准备做饭。"先生忍住笑，说："你舍近就远，难道你案上那盏亮着的灯不能取火，非要去山下借火不成？"王安石看到案上那盏还点着的油灯，才醒悟过来。当王安石拿着纸媒准备跑进厨房去做饭时，同窗们都笑着走了过来，拉着王安石的手说："不要去了，你还是赶紧去吃饭吧，如真等你借火回来煮饭，我们和先生的肚子恐怕早就饿得咕咕叫了。"原来，王安石跑下山后，先生让另一个学生把饭做好了。

老先生罚他作了一首以"误炊"为题的五绝诗，王安石不好意思地笑了笑，接着吟哦道："苦读天已晓，日高竟忘饥。早知灯有火，饭熟几多时。"从此以后，王安石读书入迷、忘记灯有火的故事，便传为佳话。

这些事的真假已不可考，后世杜撰的可能性很大，但是王安石的才气是得到人们认可的。有着高于常人的天赋，并且生长在一个可称得上是书香门第的家庭，这对王安石的影响是显而易见的。

据王安石自己说，"某生十二年而学"，也就是说他在12岁的时候就已经在真正地汲取知识了。王安石读书博杂，才高志大，也有点恃才傲物，瞧不起那些整天只会吟诗作对，到老来还是"白发死章句"的所谓骚人墨客。所以，王安石绝不死读经典，每每有自己的见解，如有疑问常常反复思考。这种读书的深度和广度，直接培养了王安石开阔的学术视野和高远的政治眼光。王益在家守制的三年中，也正是王安石意气风发、恃才傲物的典型时期。这段时间里，王安石迸发出极大的创作热情，虽然这时候的诗作大多显得青涩，内容也多显单薄，多是吟风弄月之作，却是王安石少年时代最重要的精神寄托。后来，他在回忆起这一时期自己的生活与思想时，在《忆昨诗示诸外弟》中写道：

忆昨此地相逢时，春入穷谷多芳菲。

短垣囷囷冠翠岭，踯躅万树红相围。

幽花媚草错杂出，黄蜂白蝶参差飞。

此时少壮自负恃，意气与日争光辉。

乘闲弄笔戏春色，脱略不省旁人讥。

坐欲持此博轩冕，肯言孔孟犹寒饥。

在这首诗中，第四句最能代表作者当时的心境。“此时少壮自负恃，意气与日争光辉。”这句最为直接地表达了13岁的王安石气吞山河的豪情壮志。同时，我们从“坐欲持此博轩冕，肯言孔孟犹寒饥”中可以看出王安石青春年少的时候并没有一心沉醉于游山玩水与吟风弄月，他毫不掩饰自己要追求的最终目标是“博轩冕”，即博取功名。诗中，甚至连被统治者和知识分子视为圣人的孔子、孟子都成了他揶揄的对象，他讥笑他们空守着圣人的光环却不能积极争取功名利禄，反而最终落得饥寒交迫。

年少的王安石的这种现实的想法，对他以后的人生产生了深刻的影响。他注定不会做一个闲云野鹤般的骚人墨客，虽然有着诗人的天赋，但是他更看重的是能够造福世人、流芳百世的功名。正是因为王安石在少年时代就为自己设计好了明确而远大的人生目标，他才会在此后的北宋政坛上成为一个叱咤风云的人物，才会在中国历史留下浓墨重彩的一笔。试想，如果王安石安于悠闲的生活，或许他会成为一个有成就的文学家，但是中国历史上将会少了这么一位传奇式的人物，历史或许也将改写。

王益在家守制三年，这三年也是王安石发愤读书的三年。他少年意气挥斥方遒，豪气冲天，“意气与月争光辉”。那时北宋虽然才传到第四位君主仁宗赵祯，历时不过六十余年，但是整个社会并没有显现出一个新时代的勃勃生机，反而是沉积多年的各种矛盾、危机开始逐渐爆发。

当时的北宋，农民生活非常贫困，太宗时就已经出现的“富者弥望之田，贫者无卓锥之地”的现象更为严重，社会矛盾日益尖锐，人民的反抗斗争频繁出现。宋辽战争的硝烟刚刚散去，西夏势力又开始兴起，李元昊自称西夏之主，对宋朝虎视眈眈，边境摩擦不断，狼烟迭起。适时，岭南叛乱，西夏寇边，世无英雄，一时举国惶然，文官们只知纸上谈兵，没人敢上前线，急得仁宗在朝堂上大骂。

这个时候的王安石虽然年少，但他已经开始关注国家大事。他在15岁的时候就针对当时的社会现实写了一首诗，名为《闲居遣兴》。

惨惨秋阴绿树昏，荒城高处闭柴门。

愁消日月忘身世，静对溪山忆酒樽。

南去干戈何日解，东来驲骑此时奔。

谁将天下安危事，一把诗书仔细论？

这首诗也是我们现在能够找到的王安石最早的诗作，在他早年肯定还写有多篇诗文，但是都已失传。通过这首诗的刻画，一个身在“荒城高处”闭门苦读，却忧虑国家安危，想要纵马扬鞭、为国效力的年轻人的形象跃然纸上。王安石逐渐摆脱稚嫩，开始了由年少轻狂的少年向一个胸怀大志的青年的转变。

在老家的三年，王安石潜心研习，奠定了此后建功立业的坚实基础。而就在这三年中，王安石的生活也发生了一些变化：他与自己的表妹相识了，而这个表妹日后也就成了他唯一的夫人——吴氏。虽然并无史料证明王安石和吴氏是在这段时间里私订终身的，但是两个正值青春年少的少男少女，在长期的相处中互生爱慕之情也属人之常情。而在此后的一生中，王安石都与夫人恩爱有加，终身未纳妾，这在封建社会实属非常之事，况且后来王安石身居高位、权倾天下，这种对感情的始终如一更显难得，或许是少年时期的那段生活在他的生命中留下了不可磨灭的记忆吧。

第五节　人生转折的风雨

时光飞逝，转眼间王益在家三年的守孝时间已过，按照惯例，王益需到吏部报到，等候重新起用。于是，王安石跟随父亲一起再次踏上了背井离乡的旅途。景祐三年（公元1036年）他们一家人来到了当时北宋的政治、经济、文化中心——开封。虽然一路舟车劳顿，但是这是王安石第一次来到如此繁华的大都市，他被各种各样新奇的景象所吸引，眼界也更加开阔。

在王益一家进京半年后，即景祐四年（公元1037年）春，王益等来了朝廷的起用，他被任命为江宁通判，旋即上任。就这样，17岁的王安石跟随父亲第一次来到了这个将与自己的一生结下不解之缘的城市——江宁。江宁府为东南重镇，六朝古都，此地经济繁荣、文化昌盛，六十余年前这里曾是南唐都城。这样一个有着深厚文化底蕴的城市自然对王安石的求学产生了积极的影响。在江宁居住的日子里，王安石仍旧闭门苦读。他此时的志向在于用自己的知识为国家效力，他常常以稷契自比，勉励自己要像他们一样建功立业。

这样的日子一过就是三年。在这三年里，王安石遍览诸子百家，甚至连《难经》《素问》《本草》等医书和各种小说也不放过。在这一时期，他还对早就有所接触并感到好奇的佛教经典进行了更深入的学习。不仅如此，他在读书之余还时常出门寻访农家和市民，“农夫女工，无所不问”。这一时期的学习经历，无疑为王安石的渊博学识奠定了坚实的基础。

可是这样的日子并没持续多久，在他们一家到达江宁的第三年，王家发生了可谓是晴天霹雳的大事—— 一家之主王益去世了。王益兢兢业业效忠朝廷，最终病逝于江宁通判任上，年仅48岁。王益一生清廉公正，为官多年不置产业，他的去世让这个家庭一下失去了支柱和依靠，失去了唯一的生活来源，王安石再也不能像以前那样无忧无虑地安心读书了。看着一家人终日哭泣，王安石的心中只有悲伤和迷茫，他不知道在父亲走后这个家庭怎样才能继续生存下去，他不知道自己究竟应该何去何从。王安石静静地坐在草屋门口，看着夜空中星光闪烁，月隐云疏，他陷入了沉思：光阴似箭，江河不归，如果不趁早立志，只怕年华老去之时，也只能空叹白发与流年了。

孟子的一句名言，“虽千万人，吾往矣”，成了王安石的座右铭。也就是说，只要认定是正确的道理，就是有千万人反对，我也要坚持。正是这句名言，成了王安石日后变法时的精神支柱。

这一时期的经历王安石一生都难以忘怀。在《忆昨诗示诸外弟》诗中，他这样写道：

昊天一朝畀以祸，先子泯没予谁依？

精神流离肝肺绝，眦血被面无时晞。

母兄呱呱泣相守，三载厌食钟山薇。

王益去世后，家人并没有按照一般习俗把遗体运回老家临川安葬，而是暂厝于江宁，直至九年后才正式安葬于牛首山。据说安葬于江宁是王益临死前的遗嘱，因此王益死后王家人还是继续留在了此地。从此江宁成了王安石的第二故乡，最终也成为他的魂归之处。

王益去世后，王安石虽然很长一段时间不能从丧父之痛中摆脱，但是他明白，人死难以复生，活着的人仍然要活下去，而自己已然成年，就必须承担起照顾一家老小的重任，让这个遭受无情打击的家庭不仅能生存下去，而且要比以前更好。王安石在少年时代就已经立下了建功立业的鸿鹄之志，而实现这个志向的唯一途径就是参加科举考试。其实在王益去世前，王安石就已经决定进京参加科举考试，但是王益的突然去世使他不得不暂时放下了这个念头，因为要为父守孝，王安石要在三年后才能参加科举考试。在这三年中，王安石的心里承受着巨大的压力，他感到一个前所未有的重担压在了自己的肩上。此时的王安石不仅要实现自己的抱负，还要继承父亲的遗志，肩负振兴家族的使命。他不敢有一丝一毫的懈怠，他把自己的命运与这个家庭牢牢地绑在了一起，多年的积累似乎正在等待着三年后的爆发。

21岁的王安石与两个哥哥王安仁、王安道一起进入了太学，兄弟三人在当时的国家最高学府里学到了很多平时没有接触过的东西。在这段时期，王安石还结识了一个朋友，此人名叫李通叔，字不疑，福建人。在太学诸生中，王安石第一眼就注意到了这个有着君子风度的人，在和他继续接触后，王安石认为其言也堪称君子，于是他想与这个容也君子、言也君子的人交朋友。李通叔也对这个小自己七岁却才华横溢的年轻人颇为欣赏，两人很快就成了朋友。王安石还做《太阿》一诗赠予李，李亦作《双松》一诗回赠王安石，两人相处得十分融洽。王安石在回忆与李通叔的交往时说："自予之得通叔，然后知圣人户庭可策而入也。"可见王安石对李通叔的为人和文采都是十分推崇的。但是，李通叔却在太学的选拔考试中惨遭淘汰，在回乡途中乘船至建溪时因溪水暴涨不幸翻船遇难，时年28岁。惊闻噩耗的王安石悲痛异常，他提笔写下了《李通叔哀辞（并序）》一文。

文章较为详细地回忆了他与李通叔的相识与相交，对李通叔的英年早逝深感悲痛。他写道：

我思古人兮维友之求，燕处日讲兮行相为谋。相翼以进兮相持以修，要归于道兮不入于尤。卒圣若贤兮其本则然，我无以是兮甚惧以忧。猗嗟吾子兮畜德挟材，杰然自如兮不群庸游。考讲六艺兮造穷微深，匪富贵慕兮匪贱穷羞。曰予既逢兮朝夕其旁，仁义之光兮忠信之陬。邪志荡夷兮正气独完，吾子赐我兮于安以畴。尚曰子兴兮羽仪于世，吾君德泽此兮淳漓固偷。孰神不棐兮陨子于溪，子生适然兮欲谁仇？所嗟存者兮志孤道辽，子之不就兮一朝而休。死不以所兮谁得子尸？谁襚于棺兮谁坎于丘？予欲恸哭兮子岂有闻？子不可作兮予生之愁。

这篇悼词文笔流畅，真情流露，令读者能够深刻地感受到当时王安石内心的丧友之痛，不禁感叹天妒英才！

好友的突然离世让王安石很是苦闷了一阵，但是他仍需打起十二分精神，因为他知道，还有更重要的事情在等着自己，他也将迎来生命中的第二个大的转折。

仁宗庆历元年（公元1041年）王安石三年孝满，决定赴考。在开封，王安石迈出了施展抱负的第一步。当时王安石投宿在庆远客栈，住在这里的大多是来应试的举子。望着这些陌生的面孔，王安石心里有一个愿望，那就是结交几个志同道合的朋友。

一天，王安石正在房内温习功课，突然被隔壁的谈话吸引住了。说话者虽语气平和，但话语间流露出一种特有的沉毅与坚定。这个人也许真的是个有见地的人，王安石想：我得会他一会。于是他敲开了对方的门，在对方诧异的目光下，王安石看到那个人二十多岁，面庞消瘦，但目光炯炯有神。王安石朝犀里的人作了个揖，道："在下王安石，刚才在房里听到阁下的高论，甚合我意，故而唐突前来，想结识兄台。"那人面带微笑说道："在下曾巩，今日能有幸认识安石兄，幸会幸会！"就这样，两人开始了促膝长谈。

曾巩虽然满腹经纶，却因为种种原因得不到朝廷的赏识，最后只能黯然离开京城，但是他与王安石的友情却一直保持下来。在与王安石相识之后，曾巩阅读了多篇王安石的文章，读过之后颇为钦佩，深感王安石是个可塑之才，颇有点相见恨晚的味道。曾巩对这个年轻人的文采大加赞扬，甚至把他与唐代两位著名的诗人韩愈、孟郊相比，并把王安石的文章介绍给了当时已经声名显赫的欧阳修。欧阳修比王安石大14岁，中进士后也在地方干过几年，当时为集贤院校理。

宋时设昭文馆、史馆、集贤院，称为三馆，又名馆阁，主要职能是收藏、校理典籍及修史，有点类似于现在的国家图书馆和国家博物馆，苏轼就曾在史馆担任过职务。

所谓集贤院，顾名思义，在里面的都是贤人。可以说，集贤院是中低级官员们通往高层的一个阶梯。所以，在集贤院任职又称清要之路，虽然很清闲，但是很重要。集贤院最高长官称大学士，由宰相兼职，下设学士、直学士、修撰、校理等职位。欧阳修当时主要负责校理，相当于国家图书馆的馆员，其实也就是对典籍进行勘校和整理。

欧阳修慧眼识英雄，看了王安石的文章，大为赞赏，还亲笔把王安石的几篇文章抄了下来，慢慢品读。

欧阳修在当时颇具名气，能让这位大文学家钦佩的人并不多见，可见王安石在文学上的造诣确实非同凡响。世人皆认为能让欧阳修赞赏的人必得状元。

这一年，王安石参加了朝廷举办的科举考试。当时的考试，涉及的内容相当广泛，难度自然也就不言而喻了。只有举人才有资格进京考试。一次进京考试的全国举人大约有两三万人。考上的，就是进士，当时全国每三年只取进士四百名，考上了进士，就有机会做官，那就意味着不仅可以光宗耀祖，而且还有享之不尽的荣华富贵，因此为许多读书人所向往，没有不想来拼一把的。

当时宋朝的考试制度非常严格，凡是涉及考试的大臣都要被关50天禁闭，批阅试卷时看不到考生姓名。为了防止有人认出笔迹，阅卷前，所有试卷都另找人重抄一遍。如果没有人作弊的话，考试成绩还是相当可信的。

王安石在参加考试的时候，心无旁骛，加上他才学出众，他的试卷答得相当出色，主考官看了交口称赞，当时就内定为第一名。

王安石的文章交给皇帝审阅的时候，是排第一的。如果不出意外，王安石就是状元。当时的状元每三年才会有一个，可见能做状元者必定是才华横溢、德才兼备之人。

放榜的时候，王安石并没有像其他考生一样挤去看榜，而是静静地坐在客栈里读书。榜上的排名显示王安石是第四名。

对外说的原因很简单，当考官们把已经排好名次的前十名考卷进呈给仁宗皇帝时，王安石排第一，王珪（音归，同圭，美玉，故人亦称王珪为玉相公）第二，韩绛第三，杨寘（音置，同置）第四，但因王安石赋中有“孺子其朋”一语，惹得仁宗大不高兴。至于仁宗为什么不喜欢“孺子其朋”四个字，野史正史各有猜测，再加上仁宗也不喜欢王安石冷峻峭拔的文风，所以向下压了压，和第四名调了个个，让杨寘当了状元。

据记载，杨寘是当时的知制诰杨察的弟弟。知制诰，也就是皇帝的秘书，可以看到很多内部文件。

杨察偷看到送上来的卷子中，弟弟杨寘排第四名，就提前派人密报给杨寘。据野史记载，仁宗皇帝取杨寘为状元，是因为曹皇后看中了杨寘，想要招为侄女婿，不然为什么不取第二名王珪做状元，而是挑到了第四名呢?

当王安石得知自己没有拿到状元后，很冷静，他对曾巩说：“状元不状元无所谓，历朝历代，也有很多状元，但真正能成就一番事业的，又有几人？”此后，王安石再也没有对别人提过状元的事情。“然荆公平生未尝略语曾考中状元，其气量高大，视科第为何等事。”因为王安石知道，其实真正重要的，并不是一定要争得头魁，而是自己的能力和进取精神，能把自己的毕生所学运用到实践中去，至于那些虚名，有了更好，没有，也不必强求。

这次考试的状元杨寘、榜眼王珪、探花韩绛，后来都成了王安石的朋友，对变法多少都有些帮助。韩绛和韩维是仕宦子弟，外祖父王旦是真宗朝宰相，父亲韩亿是仁宗景祐间副宰相，当时韩绛、韩维和韩缜合称“三韩”，经常与梅尧臣、欧阳修等人谈诗论赋，皆有才子之名。韩缜也是本年进士，后来在神宗朝做到了枢密院使。

对王安石影响较大的是韩绛和韩维，韩绛进士及第后，对王珪等人的态度都很一般，唯独佩服王安石，认为王安石有经天纬地之才。韩维、韩绛做过太子赵顼的伴读，兄弟二人经常在赵顼面前提起王安石，并推荐王安石的文章给赵顼看。赵顼看后，对王安石的文风和观点都很佩服，曾提出要提拔王安石到京城来陪自己读书，但由于种种原因，此事搁浅。后来赵顼当了皇帝，第一个想到的，自然就是王安石。

可是，到后来韩维反对王安石变法，而韩绛全力支持王安石，兄弟俩走上了不同的道路。

顺便提一下，这一年的进士中还有一个并不为许多人知晓的黄庶，知道他的人不多，但他儿子名气很大，这就是黄庭坚。当时还有一个进士——吴充，后来成了王安石的儿女亲家。

在当时，有了功名的人往往受到豪门大族的青睐甚至联姻。比如状元杨寘被仁宗曹皇后看中之后，由她做媒，把娘家真定王府的侄女嫁给了他。据传，王安石也被当朝老宰相吕夷简看中，派人请王安石到家里吃晚饭，王安石深知其意，因为已和吴家表妹定了亲，所以婉拒了吕夷简的邀请，由此得罪了吕夷简的儿子吕公著、吕公弼兄弟俩。

不管怎样，王安石总算是实现了自己人生的第一个目标。当时，他深深地吐了一口气，似乎庆幸自己这些年的努力没有白费，对自己、对父亲、对家族有了个交代。但是，随即他的表情又严肃起来，他明白自己将踏上一段全新的人生旅程，各种各样从未经历过的惊喜、困难都将随之而来，而自己真的准备好了吗？

第二章 登龙门，欲展宏图

第一节 初涉政坛，卧薪尝胆

庆历二年的这次殿试共取进士839人，这次科举是北宋一朝最著名的科举考试之一，因为本科涌现了大批在此后的北宋政坛上占据重要地位的人物。最令人的惊奇的是本次科举甲科进士前四名中后来有三人做过大宋朝的宰相，这在此前历代都是闻所未闻的奇事，这三个人分别是王珪、韩绛和王安石，而他们三人的名次也正好是从第二至第四排序下来，不能不让世人惊叹世事的巧合。

进士及第后王安石等人需要在京城做短暂的停留，因为他们中的大多数人将要被外放到地方做官，在这段时间里，王安石与同科友人谈古论今，过得好不惬意。庆历三年（公元1043年），朝廷的任命状下来了，王安石以秘书郎签书淮南节度判官厅公事，简称淮南签判。接到任命后，王安石很快打点好行装匆匆踏上了赴任的旅途，开始了他全新的人生历程。

在此我们简单地介绍一下关于宋朝官制的一些情况。

宋沿唐制，官名官品不变，但内容有所不同。

在中央，中书门下主管行政，一把手就是宰相，全称为“同中书门下平章事”，副宰相称“参知政事”，简称“执政”；枢密院主管军事，一把手称“枢密使”，副手称“枢密副使”，或“同知枢密院事”。两府合称“中枢”。理论上，枢密院与中书平级，但实际上，很多人把当宰相作为自己为官的最高目标，没有几个人把做枢密使当一回事。

中央另设三司，包括盐铁司、度支司和户部司，主管财政，一把手称“三司使”，职位仅次于宰相，又称“计相”，副手为“三司副使”或“三司判官”。两府三司互不相干，由皇帝直接领导。这是当时中央机构的大致格局，后来神宗自己改过一次，史称元丰改制。

在地方，行路、州、县三级建制。仁宗时全国设十五路，一路相当于现在一省。王安石当时所在的淮南东路就是其中一路。路的主要领导是节度使和观察使，但这两个官职在宋朝基本上是个名义，并不常设。

路的常设职位有：

“转运使”，全面负责，是实际上的一把手；

“经略安抚使”，主管军政；

“提点刑狱使”，则主管司法，王安石就曾做过这个官；

“提举常平使”，主管财政。

各职位独立，直接受皇帝领导。

从人口上来说，路下所设的州，只相当于现在的县，而宋时的县，则仅相当于现在的乡。

淮南上任三个月后，王安石请假回乡看望自己尚在老家的祖母，一是为了省亲，还有一件事就是为了成亲。这次回家期间，已经23岁的王安石迎娶了他的表妹吴氏，也就是他舅舅的女儿，这一年吴氏19岁。见到舅舅时，王安石想起了当年的那个神童方仲永，但是舅舅告诉他方仲永已经才华尽失，和普通人没什么两样了。王安石无奈地笑了笑，他早已预料到会有这一天，而《伤仲永》一文就是在此之后做出的。

既然回到了老家，王安石就不能不去看另外一个人，就是那个与自己在京师相遇后便结成好友，此后书信往来不断的曾巩。曾巩也是抚州人，他第二次科举再次失利，不得不在家中继续等待着下次机会。谁知还未等他前去拜访年长于自己的好友，曾巩听说王安石回乡后就已经等不及找上门来了。好友相见自然是万分高兴，相谈甚欢。曾巩曾作诗《过介甫》记叙他与王安石的这次相见，诗云：

日暮驱马去，停镳叩君门。

倾语肺腑尽，不闻可否言。

淡尔非外乐，恬然忘世喧。

况值秋节应，清风荡歊烦。

徘徊望星汉，更复坐前轩。

两个才子的相见，诗文附和当然是少不了的。王安石这次回来新作了一首名为《还自舅家书所感》，曾巩读后立即附诗一首《酬介甫还自舅家书所感》。王安石在临行前又去回访了曾巩，临别时王安石作《同学一首别子固》赠予曾巩。无论是对曾巩还是王安石，他们之间的诗文附和、往来的数量在他们的一段时期的作品中都占据了相当大的部分，可见二人之间的关系是异常亲密的。

在家乡的日子里，王安石思考了很多，包括他的过去和未来。在回忆过去时王安石写下了一首长诗《忆昨诗示诸外弟》，诗云：

忆昨此地相逢时，春入穷谷多芳菲。短垣囷囷冠翠岭，踯躅万树红相围。

幽花媚草错杂出，黄蜂白蝶参差飞。此时少壮自负恃，意气与日争光辉。

乘闲弄笔戏春色，脱略不省旁人讥。坐欲持此博轩冕，肯言孔孟犹寒饥。

丙子从亲走京国，浮尘坌并缁人衣。明年亲作建昌吏，四月挽船江上矶。

端居感慨忽自寤，青天闪烁无停晖。男儿少壮不树立，挟此穷老将安归。

吟哦图书谢庆吊，坐室寂寞生伊威。材疏命贱不自揣，欲与稷契遐相希。

旻天一朝畀以祸，先子泯没予谁依！精神流离肝肺绝，眦血被面无时晞。

母兄呱呱泣相守，三载厌食钟山薇。属闻降诏起群彦，遂自下国趋王畿。

刻章琢句献天子，钓取薄禄欢庭闱。身着青衫手持版，奔走卒岁官淮沂。

淮沂无山四封痹，独有庙塔尤峨巍。时时凭高一怅望，想见江南多翠微。

归心动荡不可抑，霍若猛吹翻旌旗。腾书漕府私自列，仁者恻隐从其祈。

暮春三月乱江水，劲橹健帆如转机。还家上堂拜祖母，奉手出涕纵横挥。

出门信马向何许，城郭宛然相识稀。永怀前事不自适，却指舅馆接山扉。

当时髫儿戏我侧，于今冠佩何颀颀。况复丘樊满秋色，蜂蝶摧藏花草腓。

令人感嗟千万绪，不忍苍卒回骖騑。留当开樽强自慰，邀子剧饮毋予违。

这首诗概括了王安石从记事起到现在的十余年的历史，生动地再现了他的成长历程。清朝著名政治活动家、学者梁启超在《王安石传》中认为：“此乃不啻公（王安石）二十三岁以前自述之小传也。其天性孝友之纯笃，固盎然溢于楮墨间，而所谓欲与稷契遐相希者，盖自弱冠时而所志固已立矣。”这首诗也成为后世研究青少年时期的王安石的最重要的材料之一。

回乡探亲的时间过得很快，王安石辞别祖母，再次踏上了回扬州的路途。淮南签判是王安石入仕后做的第一份工作，他自然想利用这个机会来实现自己远大的抱负。然而签判只是一个掌管文书事务的小官，说白了就是知州的幕僚而已。王安石并不能在这个位置上有所作为，但是又不能改变现状，只能安心等待机会。于是，王安石除了处理一些日常公务，把他的所有心思都用在了读书上，当然他不是死读书，而是要从中领悟治国之道，这才是他的兴趣所在。

蔡絛曾在《铁围山丛谈》里记了一个这样一个故事：

话说在扬州的官衙里，栽着一盆有名的菊花，名为“金腰带”，当时的人都以为是富贵花，可以知人富贵。花开之时，多吐三蕊，但有一天，却有一朵吐了四蕊。

正巧，韩琦——字稚圭，相州安阳（今河南省安阳市）人，为北宋名臣，历经三朝。两度拜相，有“宋朝第一相”之称——手拿公文，在官衙的大院当中思考着一些琐事，无意间看到了这朵四蕊菊花，心里十分高兴，就请了当时同在扬州的监郡王珪和王安石一道赏花，为了和“金腰带”里的四蕊对应，韩琦又请了一个客人。但事有凑巧，那位客人却因为临时有事情来不了了，韩琦只好和王安石、王珪三人赏花，谈笑风生之间，突然有人来报，故相吕夷简的儿子吕公著出差路过，前来看望韩琦，四个人便一起赏花，言谈甚欢。

这本是一个普通的故事，也有一定的史料价值，但蔡絛却偏要故弄玄虚，在故事结尾说：韩琦、王安石、王珪、吕公著四人先后为相，正应了金腰带吐出的四蕊之兆。于是，这则笔记的味道就全变了。

就在扬州任上的第一年，北宋朝廷发生了一件大事，在范仲淹、韩琦、富弼等人的呼吁下，仁宗皇帝最终采用了范仲淹呈上的《答手诏条陈十事》中的大部分建议，宣布实施变法，史称庆历新政。范仲淹所提出的改革方案以整顿吏治为中心，他希望通过提高官僚队伍素质来缓和阶级矛盾，进而达到克服危机，稳定统治秩序的目的。一时间大宋朝似乎又重现了建国初期的欣欣向荣之景。王安石对这次改革自然也寄托了很大的希望，但是他总觉得改革似乎有什么不完善的地方，因为缺少实际经验，他也不能提出更好的办法来，只能时刻注意着这次改革的成效。果然好景不长，由于"新政"针对的是官僚阶层，也就不可避免地触犯了特权阶层的既得利益，这自然招致他们的强烈反对。保守派官僚和受到打击者向皇帝恶意攻击范仲淹等人结朋党、欲叛乱。这些诬告动摇了仁宗皇帝的决心，范仲淹无法再继续正常工作，最终他只能被迫自请调西北前线任职，富弼、韩琦等与变法有关的人也都被贬官罢职。庆历五年（公元1045年）初，新法皆被废除，刚刚有所好转的全国再次陷入了危机之中。

庆历新政的失败无疑让王安石深感惋惜，但也更加坚定了他要变法改革的决心。庆历五年，也就是在王安石于扬州任上的第三年，韩琦被贬为扬州知州，成了王安石的顶头上司。按照常理，才能卓越、力图革新的韩琦应该会对这个才华横溢、志向远大的下属高看一眼，但是事实却恰好相反，他们之间一直都没有建立起融洽的私人关系，甚至在后来还曾因为政见不同相互攻击过对方。

究竟是什么原因导致了王安石与这个自己结识的第一位名臣的关系不融洽呢？对于这个问题，一些宋人的笔记中都有描述，他们多认为是因为王安石的品格原因造成了二人的不和。但是这些人大多与王安石有利害关系，或是不满其思想，或是沿袭他人观点，对王安石的评价多有不公。因此对于这些人的记录必须详加考证取舍。《名臣言行录·后集》记载了关于韩、王二人的这样一个故事：

韩琦为扬州知府时，王安石为签判。王经常通宵达旦读书，困的时候随便趴在桌子上就眯一会，经常刚一睡就到了该工作的时候了，于是他就只能急急忙忙地往工作地点跑去，常常都会因此来不及洗漱。韩琦见到王安石这个样子，认为这个年轻人估计是夜里饮酒作乐，才会以这种面貌出现的。因此，他有一日找了个机会对王安石说："你还年轻，需要的是多读书，不能轻易地放弃自己。"王安石听后，并没有为自己做辩解，只是低头不语。而当他退下的时候曾对人说："韩公不懂我。"后来通过一段时间的相处，韩琦终于认识到了王安石的才能，想要收他为门生，但是王安石却始终都不肯接受。

这就是王安石的为人，简单而纯粹，他一直认为，清者自清，不辩亦清，浊者自浊，万辩尤浊。这个故事在许多史料、笔记中都有记载，可信度颇高。

同时，据说王安石经常与韩琦因为政见不一而产生分歧。最终韩琦与王安石这两个北宋时期重要的风云人物，在朝夕的相处中却因为诸多误会没有能够结成融洽的私人关系。虽然这两人之间没有能够结成良好的私人关系，甚至一度攻击过对方，但这些攻击都是因为政见的不同，二人并不是水火不容的关系。王安石的作品中有数篇都与韩琦有关，而且这些作品几乎都是对韩琦的褒扬，并无半点不敬之意。如他在《先状上韩太尉》中曾说过："昔者幸以鄙身托于盛府，无薄才以参筹策之用，有疏节以累含容之宽。"甚至在后来他还曾批评自己早年对韩琦的偏见，说自己："久而再惟，滋以自愧。"赞扬韩琦有"忧国爱君之操，仁民恤物之方"，所以能够"宾礼贤豪，包收疵贱"。当然，此乃后话。

第二节 为官一任，造福一方

庆历五年，王安石已经在扬州任上干了三年，他的任期已满。由于和知州韩琦相处得并不融洽，因此任期一到王安石便立即离开了扬州，回京师述职。按照宋代的制度，进士高第（前五名）后，是可以献文向朝廷请求任馆职的，因为那个时代重文轻武，能够进入那里的都是被认为文采一流的人物，这也是一条更能快速升迁的道路。但是王安石并没有选择这条路，他认为自己缺少实干的经验，工作阅历也不足，他想先寻找一个地方来试验他的想法，因此主动要求外放。

庆历七年（公元1047年），王安石被任命为鄞县（今浙江省宁波市鄞州区）

知县。这一年，王安石27岁。虽然这次他做的不过是一个小县的县令，但这也足以让他很兴奋了，因为他不再是别人的幕僚，而是可以自己做主了。接到任命后，王安石怀着激动的心情马不停蹄地赶到了这个沿海的小城。刚一到任，他就迫不及待地投入到工作中。

鄞县是王安石从政后的第一块试验田，他在治理鄞县的时间里，把自己多年以来积累的想法和抱负统统用在了这里，此地也寄托着他莫大的期望。在鄞县任上时，王安石做出了相当卓越的成绩，他把鄞县治理得井井有条，治下处处呈现出一派繁荣之景。王安石在鄞县任上做出的成绩最为令人称道是兴修水利。初到鄞县的王安石遇到的第一件大事就是发现全县只要一到旱季就极度缺水，尤其是农业用水。按说鄞县是个水源十分充足的地方，怎么会出现这样的情况呢？于是，王安石决定弄清楚事情的原委再决定解决方案。据《王安石全集·鄞县经游记》记载：

庆历七年十一月丁丑，余自县出，属民使浚渠川，至万灵乡之左界，宿慈福院。戊寅，升鸡山，观碶工凿石，遂入育王山，宿广利寺，雨，不克东。辛巳，下灵岩，浮石湫之壑以望海，而谋作斗门于海滨，宿灵岩之旌教院。癸未，至芦江，临决渠之口，辅以入于瑞岩之开善院，遂宿。甲申，游天童山，宿景德寺。质明，与其长老瑞新上石望玲珑岩，须猿吟者久之，而还食寺之西堂……

他的这次考察共用了13天，走了数百里路，所到之处王安石都详细记载了当地农田水利的现状。

通过这次走访，他对当地水利建设的总体有了一个客观真实的认识，并得出了结论。王安石认为：

鄞之地邑，跨负江海，水有所去，故人无水忧。而深山长谷之水四面而出，沟渠浍川十百相通。长老言：钱氏时，置营田吏卒，岁浚治之。人无旱忧，恃以丰足。营田之废，六七十年，吏者因循，而民力不能自并，向之渠川，稍稍浅塞，山谷之水转以入海而无所潴。幸而雨降时至，田犹不足于水；方夏历旬不雨，则众川之涸可立而须。故今之邑民最独畏旱，而旱辄连年。是皆人力不至，而非岁之咎也。

大意是说，鄞在五代时期曾重视兴修水利，还曾设置营田官吏专门负责疏浚河道，因此此地的人民一直没有干旱的烦恼。但是到现在那些原来的设施都已经荒废了几十年，而本地的官员们却都不顾民生，根本不去发现问题、解决问题，导致鄞县今天这个状况的不是因为老天而是因为人不作为。

既然找到了事情的原因，王安石就迫不及待地开始解决这一问题。他召集部署制订了一套兴修水利的方案——开渠、筑堤。

就在鄞县任上的第一年，王安石组织全县乡民投入到了兴修水利的工程中去。各地乡民听说新来的知县要兴修水利，都非常高兴，纷纷主动报名，干活也十分卖力。他们知道，这是在为自己利益干活，一旦建设好了就再也不用担心旱涝灾害了。经过全县上下的共同努力，一系列的水利工程得以顺利完工。为了纪念王安石的功绩，乡民们把其间修建的一条海塘命名为“王公塘”。自此之后，鄞县县民再也不用一到旱天就发愁了。

在兴修水利的同时，王安石还施行了青苗法。众人皆知王安石在熙宁年间当政时曾在全国推行过青苗法。却不知早在他担任鄞县知县之时就已经对此有了成熟的想法，并加以实施，取得了明显的成效。王安石很早就发现，一到灾荒之年，农民就不得不向地主借粮、借款度日，进而就要忍受地主的重利盘剥，最终只能卖房、卖地、出卖劳力，甚至最终导致家破人亡，农民为此苦不堪言。在鄞县上任后，这种情况时有发生，更让他揪心。在这样一种情况下，王安石决定在全县推行青苗法。

所谓青苗法，即在青黄不接的季节，由官府开仓把粮食借给农民，到了秋收之后再由农民把粮食还给官府，并支付少量的利息。这样一来，就能有效解决灾荒之年农民的境况。这一方法一方面缓和了日趋紧张的社会局势，同时还能使官仓里的粮食得到更新，可谓是一举两得。这次成功的实验给了王安石很大的信心，这也为他在多年以后主持的改革积累了相当丰富的实践经验。

好学的王安石对教育的重视程度自然毋庸置疑，他深刻地认识到教育对于社会的重要性。要振兴国家，首要在于人才，而人才之兴全在教育。王安石的这种重视教育的思想在他的文章中曾有过明确的阐述，庆历八年（公元1048年）王安石作《慈溪县学记》，其中有“天下不可一日而无政教，故学不可一日而亡于天下”一句。

他打破传统，大胆地把鄞县供人祭拜的孔庙改成县学，并四处找寻名师任教。王安石得知慈溪有一人名为杜醇，字台石，此人在当地道德学问名声颇佳。于是王安石便亲自去见杜醇，与杜醇详谈之后，他认为：“而吾所见其邑（即慈溪）之士……杜君者，越之隐君子，其学行宜为人师者也。”为了请杜醇出山，王安石先后两次亲自写信给他。在《请杜醇先生入县学书》中，他声称：“君不得师，则不知所以为君，臣不得师，则不知所以为臣。……夫谤与誉，非君子所恤也，适于义而已关。不适于义向惟谤是恤，是薄世终无君子也，唯先生图之。”最终他的真心打动了杜醇，杜醇答应了入县学任教。因为王安石的重视以及名师的教导，一时间鄞县县学异常繁荣，人数多达二百余人。县学的开办为鄞县培养了大批人才，教化了风气，对当地的教育事业可谓功德无量。

在醉心于工作的同时，王安石没有忘记一件事：父亲王益还没有正式下葬。于是，就在他上任的第二年，王安石抽出时间回到了江宁把父亲下葬。已经去世九年的王益此时才正式安息于牛首山，据说此地是他生前就已经选定好的。安葬了父亲后，王安石还请挚友曾巩为父亲作了墓志铭。这样，多年萦绕在王安石心头的一件事终于解决了，他可以全心全意地投入到自已的事业中去了。

在鄞县任上的三年，王安石兢兢业业，以富民强县为已任，短短数年间鄞县地区的生产、生活面貌已经发生了极大改观，社会矛盾缓和，人民的生产积极性相对提高，在浙江一枝独秀，令人赞叹。这时我们在他的身上似乎看到了一个熟悉的身影——王益。王益早年为官之时总是能够做到一心为民，所到之处皆有政绩，这对早年的王安石产生了深远的影响。这时已到而立之年的王安石终于可以对着父亲的灵位问心无愧地说一声：“爹，我终于没有辜负您的期望！”

多年以后，鄞县地区的百姓在鄞县“东八十步”修建了荆公祠，又名实圣庙，以纪念王安石在此地所做出的卓越贡献，祠内一直香火不断，至清朝仍存。

该地区现在还有安石乡等与王安石密切相关的一些名称，可见王安石在当地的影响之深。

皇祐二年（公元1050年），王安石在鄞县任期已满，他回乡探亲并等待朝廷的任命。第二年，即皇祐三年（公元1051年），朝廷的任命状下来了，王安石被任命为舒州（今安徽省潜山县）通判，加殿中丞。其实在这一年，王安石还是有机会任馆职的，但是他仍主动放弃，赴舒州上任去了。

舒州，地理位置相对比较闭塞，但却有种当年陶渊明笔下“世外桃源”的味道。当时王安石坐船而来，上岸以后，漫步走在山间小路上，路两旁的繁花野草争相斗艳，树木郁郁葱葱，立于小路旁。远处雾气迷漫了整座青山，好似进入了仙境一般。虽已初夏，却有丝丝凉意，王安石深深吸了一口山间清气，顿觉沁人心脾。

王安石来舒州时，是以“殿中丞”的头衔来此赴任的，当时，“殿中丞”是从五品。而通判却是正六品，只比县令高一品。当时的舒州知州，有人说是蔡襄，但据记载，蔡襄曾在中央历任一些重要官职，在地方做过福建路转运使，知泉州、福州、开封和杭州府事，却并没在舒州做过官。

如果说蔡襄做过舒州知州，王安石肯定会在诗文中有所记录，但王安石在给他弟弟王安国的一首诗《到舒州次韵答平甫》中却说：

只愁地僻无宾客，旧学从谁得指南。

如果有蔡襄在，王安石一定不会有此感叹，因为蔡襄当时无论在文学方面还是在书法方面，均非常有名。

《姑苏志》里的一条史料是这样记载的，在1051年到1053年间，舒州知州是王琪。

说到王琪，肯定很少有人知道。据记载，当年晏殊的“无可奈何花落去”写出来以后，自己无论如何也写不出下句来，就是王琪，无意间说了一句“似曾相识燕归来”。

三国时的周瑜就是潜山人。王安石一到，便兴高采烈地到处询问：周公瑾故居在哪里？但当地人根本没听说过这个人，都说不认识，只有一个弯腰驼背的老头瞪大了眼睛听王安石问了半天，终于恍然大悟，明白过来了。他急忙拉着王安石衣襟向前指点道："这里我年龄最大，见识最广，你算是问着了，除了我知道，没别人知道。前面再走三里路，转过山梁，那棵老槐树下面，就是周公井，水好着呢。"

王安石在舒州，毕竟不是一把手，做什么事情总是要请示一下上级，自己不便越职言事，所以，王安石就偶尔抽出时间去山里转一转，写了不少诗，今录其一首《题舒州山谷寺石牛洞泉穴》：

水泠泠而北出，山靡靡以旁围。

欲穷源而不得，竟怅望以空归。

王安石在游玩的同时，还四下走访，了解山中百姓的生活，发现他们都很穷困，王安石曾感慨作《感事》长诗，诗中写道：

丰年不饱食，水旱尚何有？

虽无剽盗起，万一且不久。

这首诗表现了王安石对当时百姓的穷困现状相当担忧，并进一步描写了农民的凄惨情况：农民们如此穷困，官吏们却为所欲为，到处敲诈勒索。而农民们田地里的庄稼没有收成，肚子都吃不饱，更拿不出钱来，他们一味地哀诉乞求，得到的却是官吏的鞭打棍敲。冬天天冷少粮之时，许多老弱病残者就会悲惨地死去。但官府的粮仓却紧紧关闭，正所谓"朱门酒肉臭，路有冻死骨"。王安石来到这个荒凉落后的州郡为知州的副手，大事不能自己做主，不能替百姓分忧解难，心里常常惭愧内疚。虽然对农民有哀怜同情之心，却又拿不出十分有效的办法。

诗的最后，王安石提出，希望同僚和朋友也与自己一样，为百姓担忧和感伤，尽力为老百姓做一点实事。诗写得平淡朴实，虽然没有"大江东去"狂放与豪迈，却是王安石内心真情的自然流露。面对农民窘迫的生活情况，王安石向知州王琪提出在舒州放青苗钱救民，却被一口拒绝。

王安石并没有因此而放弃，官府不愿出面，王安石又想到了另一条途径，就是请民间有能力的富豪大户出面借钱救困。因为各地大户的手中集中了大量的良田美地，应该有这个能力。

大宋对土地兼并的政策很明确：“本朝不抑兼并。”在这种情况下，富人越来越富，往往“富者弥望之田”，而穷人则越来越穷，“贫者无卓锥之地”。

王安石在地方工作多年，对这一现象了解很深刻，曾作《兼并》一诗。王安石在诗中建议对兼并之家加以制裁和打击。在《兼并》诗成之后，王安石还写过一首题作《寓言》的诗。

在《寓言》中，王安石说：如果谁家遇到婚丧嫁娶却无钱操办，政府就应该借给他钱以解除其忧愁；如果谁家无钱种地，政府也应借给他粮食种子以帮助其度过危机；等到万物丰盈时，再收回本利，物质缺乏时我再拿出来帮助百姓；如果做官的不明白这些道理，只是空谈抑兼并，是没有任何意义的。

由此可见，王安石抑兼并的本质就是救困、扶危、养民。

为了能向大户借钱救困，王安石到处奔波，但并没取得什么结果。有一首题为《发廪》的诗，记下了王安石所发出的感叹：

驾言发富藏，云以救鳏惸。

崎岖山谷间，百室无一盈。

就是说，我到处请人出钱用来救济鳏寡孤独之家，却因这里的人都很穷，没有人能出得起钱。

然后王安石继续大发感叹，说看到有人抛弃挨饿的婴儿，怎么能不痛心疾首，究竟怎么做才能解决这些问题呢？就我个人而言，只能是多爱护百姓。

就在王安石为了百姓到处忙碌，鼓励农民多种粮食，让他们自救时，突然有一个人来访，这个人就是后来名声不亚于王安石的沈括。原来沈括回老家钱塘为父亲沈周办丧事，此次是专门来请王安石为父亲写墓志铭的。

当时，人写墓志铭，都要请社会名流，这也可从一个侧面看出，当时的王安石官职虽不显赫，但才情却早已名满天下了。我们没有找到沈括和王安石首次见面的一手资料，但沈括不可能如此冒昧直接找上王安石，所以，极有可能是王安石在游钱塘时，就已与沈家相识，因为也就在这一年，王安石的弟弟王安礼娶沈括的表侄女为妻，结果王安石倒比沈括小了一辈。不过这也正说明，王安石与沈家相识已久。

王安石除了四处察访民情外，其余时间也没有闲着，而是忙于整理杜甫诗集，他把自己收集到的一些少为人知的杜诗重新加以编订，编辑为《老杜诗后集》，并亲自作序。这对于杜甫诗的发掘和保存起到了相当有益的作用。

一天，王安石正在书房写字，突然进来一个五十多岁的地方官员。王安石在各县察访时见过这个人，他正是舒州治下丰南知县陈圣，已经做了十几年，曾经因夸大水灾冒领救济款而受过处分，所以一直没能得到升迁，按照当时的规定，官员任满一届后，就要进行相应的考核，陈圣便花了很多钱，把全州上下的官员们贿赂了个遍，力争能有机会再升一级。

陈圣见到王安石之后，小心翼翼地从怀里摸出一个布包："王大人，在下见王大人刚到敝地，生活上颇少照料，这是下官的一点心意，还请王大人笑纳。"

王安石当时便对陈圣道："陈大人，我们为官之人，应当上不辜负皇上，下不辜负黎民百姓，你这样做，如何对得起那些死去的百姓呢？"

陈圣点头笑道："王大人说哪里去了，王大人整日辛苦，在下表示一下心意，也是应该的。再说，在下这点心意，不单是我一个人的心意，也是我们舒州全州百姓的共同心意啊，请王大人千万笑纳。"

王安石看不惯官员们的这种贪污腐败，对陈圣冷脸相对，把陈圣骂了出去，后来在陈圣的考核评语上写了四个字："行为有缺。"

陈圣再一次升官梦破灭。从此以后，再没有人敢找王安石开后门。

在王安石科举高中直至任舒州通判的这些年中，有几件事值得一提。

第一件事情是欧阳修上书推荐王安石。嘉祐元年（公元1056年），欧阳修上书推荐王安石，称其："学问文章，知名当世，守道不苟，自重其身。"

第二件事情，就是当时的有一个叫陈襄的官员本着为国求贤的目的，向朝廷呈上《上荐士书》，书中推荐的人才中就有王安石。陈襄称其："才性贤明，笃于古学，文辞政事，已著闻于世。"

至和元年，王安石在舒州的任期已满，在即将离开舒州赴京之时，他却没有了卸任时的轻松之情，有的只是无限的遗憾与感慨，临别时还赋诗一首：

皖城西去百重山，陈迹今埋杳霭间。

白发行藏空自感，春风江水照衰颜。

不难看出，王安石对舒州一任，是很不满意的，因为自己没有实权，基本没有做出什么成绩，所以才会“白发行藏空自感”。

第三节　短暂京官，屡求外任

刚到京城，王安石就接到了朝廷任命，让他任集贤院校理。这是多少文人梦寐以求的“清要”之位，通常要经过大臣推荐，并经过严格考试才能获得任用。一般人在京城候职往往要等上很长时间，有人等了一年也等不到一个官职，王安石却一进京城就获得此职。其他候职的人看了，难免心生妒忌。更重要的是，一般人担任馆职，需任满一年以后才可以转任他职，换句话说，一年之内还可以升官，这无疑是最大的恩宠了，换作别人早已受宠若惊了。现在朝廷却向王安石许诺，可以不需要干满一年，就可以调任他职。

这就等于暗示王安石，先在集贤院里工作一段时间，马上就会有大用。这无疑使他人的嫉妒心更重了。但出乎所有人意料，王安石却拒绝出任集贤院校理，写了《辞集贤校理状》，说自己“先臣未葬，二妹当嫁。家贫口众，难住京师”，请朝廷收回任命，把他放到地方去工作。

一波未平一波又起，过了一个月，中书再次下发任命，内容与上次相同，仍然要求王安石出任集贤院校理，被王安石再次拒绝。十几天后，中书再下任命，并附了一个附件，要求不得再推辞。此次，众人对王安石的嫉妒之情达到了无以复加的程度，同时也观望着王安石对此会采取何种态度。

王安石却再上一封《辞集贤校理状》，说自己确实是为生活所迫，如果朝廷非要如此任命，“不独伤臣私义，固以上累国体”，就是说，不但让我王安石难办，而且还让政府难办，长此下去，若有人借此机会投机取巧，败坏朝廷，那就是我王安石的罪过了。

但是王安石此举，令天下文人大受刺激，“士大夫恨不识其面，朝廷尝欲授以美官，惟患其不肯就也”。王安石数辞集贤院校理之职，宰相陈执中也为此甚感恼火。

陈执中本来还要下令让王安石就任，但他家里却出了一件事情。一个叫迎儿的丫头被活活打死了。陈执中怕因此事给自己招惹麻烦，于是上书请仁宗派官员来查自己的案子。不久此事就因种种原因不了了之，各种流言蜚语也就销声匿迹了。

所以，受到牵连的陈执中心情原本就十分烦躁，再加上王安石的屡次辞职，这对陈执中来说无疑就是火上浇油，心里愈发不痛快，就把王安石的辞职信往桌上一扔：“这个王安石，简直就是倔到家了，别人想进集贤院还进不了，他倒好，一个劲地推辞，晾他几个月再说。”

王安石就这样被晾在京城里了。

恰就在此时，海门县令沈起前来拜会王安石。

沈起是鄞县人，王安石在鄞县工作时兢兢业业，给沈起留下了极好的印象，所以沈起借进京的机会特来拜见王安石。

沈起告诉王安石，他学习王安石在鄞县兴修水利的做法，正在海门通河疏水筑堤防潮，想请王安石前去指导一下。王安石一向赞成兴修水利，听了沈起的话，十分感兴趣，此时朝廷也没什么新的消息，于是他就随沈起一起到海门去了。

王安石在海门，先参观了沈起主持兴修的几处水利工程，又看了看临海大堤，对沈起的工作很满意，特意写了一篇《通州海门兴利记》，表扬沈起，并希望其他地方官员都能向沈起学习，这样老百姓的日子就好过多了。

从海门回来，王安石顺道去了一趟褒禅山，并写下了名文《游褒禅山记》。褒禅山地处安徽含山县，相传唐代有个叫慧褒的和尚在此修行，死后就葬在山上，可能这个和尚也有点名气，这个山就被命名为褒禅山。

《游褒禅山记》原文：

褒禅山亦谓之华山，唐浮图慧褒始舍于其址，而卒葬之；以故其后名之曰“褒禅”。今所谓慧空禅院者，褒之庐冢也。距其院东五里，所谓华山洞者，以其乃华山之阳名之也。距洞百余步，有碑仆道，其文漫灭，独其为文犹可识，曰“花山”。今言“华”如“华实”之“华”者，盖音谬也。

其下平旷，有泉侧出，而记游者甚众，所谓前洞也。由山以上五六里，有穴窈然，入之甚寒，问其深，则其虽好游者不能穷也，谓之后洞。余与四人拥火以入，入之愈深，其进愈难，而其见愈奇。有怠而欲出者，曰：“不出，火且尽。”遂与之俱出。盖余所至，比好游者尚不能十一，然视其左右，来而记之者已少。盖其又深，则其至又加少矣。方是时，余之力尚足以入，火尚足以明也。既其出，则或咎其欲出者，而余亦悔其随之而不得极夫游之乐也。

于是余有叹焉：古人之观于天地、山川、草木、虫鱼、鸟兽，往往有得，以其求思之深而无不在也。夫夷以近，则游者众；险以远，则至者少。而世之奇伟、瑰怪，非常之观，常在于险远，而人之所罕至焉，故非有志者不能至也。有志矣，不随以止也，然力不足者，亦不能至也。有志与力，而又不随以怠，至于幽暗昏惑而无物以相之，亦不能至也。然力足以至焉而不至，于人为可讥，而在己为有悔；尽吾志也而不能至者，可以无悔矣，其孰能讥之乎？此余之所得也！

余于仆碑，又以悲夫古书之不存，后世之谬其传而莫能名者，何可胜道也哉！此所以学者不可以不深思而慎取之也。

四人者：庐陵萧君圭君玉，长乐王回深父，余弟安国平父、安上纯父。至和元年七月某日，临川王某记。

王安石这种平实的写法，需要人潜下心来去体会，用心去和作者进行一番心灵上的交流，才能从他的文章中，体会到他当时的心境。而且文中一些词句的用法，初看时，平淡无奇，但如果静下心来慢慢体味，才知王安石用字之精妙。王安石在这篇文章里表达的思想是：无论做任何事情，都要尽自己最大的努力，即使结果不遂人愿，但只要自己问心无愧，不给自己留下任何遗憾就可以了。

假使以这种观点来衡量王安石变法的结果，那对于王安石本人来说，未必不是一种成功，王安石虽因司马光尽废新法而郁郁而终，但是王安石已经尽力了，他也没什么好遗憾和后悔的了。

王安石从褒禅山回来，仍在京城待命。这时欧阳修帮了王安石一把，他对陈执中说："王安石既然不想做集贤院的校理，干脆就再提他一把，让他做群牧司判官吧。"

陈执中一想也好，老把王安石晾在京城也不是个事，于是便再次下命，委任王安石群牧司判官之职。

欧阳修也担心王安石还会拒绝，就亲自给王安石写信，并让王安石的好友韩绛前去劝王安石不要再拒绝朝廷的任命，否则可能会影响到他今后的仕途。

韩绛见了王安石，先拿欧阳修的信给他看，然后对王安石道："你不要再一味地固执下去了，胸怀天下之人，从不拘泥于小节，凡事都要慢慢积累，你先在这个职位上好好干着，以便等待更好的时机来施展你的抱负。"王安石思索良久，最终默默地点了点头，答应了下来。

群牧司是真宗朝所设，专管全国马政，直属枢密院，一般情况下由枢密院副使任一把手。王安石所担任的群牧司判官是在群牧司下设的判官厅工作，职务比集贤院校理高一级，而且待遇比较优厚，这样就可以帮助王安石解决经济问题了。事已至此，王安石也不好再推辞，只好赴任去了。

但任命刚刚下来，却发生了一个小小的插曲。

当时有一位馆阁校勘名叫沈康，在朝廷已经任职多年了，听说王安石被破格提任群牧司判官，一肚子不高兴，就直接找到宰相陈执中，希望对方能够任命自己为群牧司判官。

陈执中因之前种种不快而耿耿于怀，恰巧沈康在这时撞到了陈执中的枪口上，陈执中当然不会客气，便指着沈康道："王安石辞让集贤院校理，故朝廷优予差遣。而且，朝廷设馆阁，为的是优待天下贤才，就当以德为先，你却直接来抢，和王安石比，情何以堪！”

一通话，让沈康惭愧不已，沮丧地退了下去。

王安石到群牧司任职之后，认识了司马光。

司马光，字君实，陕西人。他比王安石大两岁，早两年中进士，像是上天特意安排的一样，北宋时代的两个大文学家、大政治家身上有着颇多的相似之处，似乎两人天生就应该是朋友。这两个人都才华横溢，从小都博览群书，文采都相当出众。当时他们只是觉得相见恨晚，彼此非常欣赏，因此很快成为挚友，经常在一起谈诗论赋，讨论国家大事，若有几日不见，彼此都会觉得落寞不已，似乎少了点什么。

虽然有这样的益友为伴，王安石的群牧判官生涯还是十分痛苦。因为这个职务太清闲了，他觉得自己正处在大展宏图的好时光，可以为百姓效力，却不得不在这里蹉跎岁月。而且他感觉和这些京官在很多方面都格格不入，在官场上有一种被排挤的感觉，远没有自己做地方官时的自在与洒脱。

在任群牧判官期间，王安石也曾于嘉祐元年（公元1056年）十二月，任提点开封府界诸县镇公事。这个官职也没多大实权，王安石不愿干这些琐事，因此，写了一封《上执政书》，仍然要求到外地去做官，并说自己一直要求外放，希望朝廷能派他到地方去做一点实事，可以“少施其所学”。

就是在这个时期，他作了许多诗来排遣自己的苦闷心情。

寒堂耿不寐，辘辘闻车声。
不知谁家儿，先我霜上行。
叹息夜未央，遽呼置前楹。
推枕欲强起，问知星正明。
昧旦圣所勉，齐诗有鸡鸣。
嗟予以窃食，更觉负平生。

在这首《强起》中，王安石说自己整夜都睡不着，一直想为百姓做些什么，可是他能做什么呢？他有的只是叹息自己在浪费百姓的粮食，碌碌无为。在这个清闲的位置上，即使是满腹经纶，才高八斗，又能怎样呢？

他经常回忆起自己任地方官时的日日夜夜，想起那个时候自己整日忙碌于兴修水利，劝课农桑，虽然很累，但是心里却很充实。他对南方的一山一水、一草一木感情都太深了，他做梦都想回去。

因此，在任群牧判官两年多的时间内，他写了十多封请求信给朝廷，要求外放为官。他不满在京城无所事事，他觉得应该为老百姓做些实事。至和二年，他在答《钱公辅学士书》中提到，中个科甲，当个京官，只要不傻，谁都可以做到。读书之人，重要的是行道，能够把自己的毕生所学贡献给百姓和国家，这才是读书之根本。如果不能行道，即使贵为天子，拥有天下，亦无所用。

在请求信中，他当然不能写这些内容，他只能继续以家庭为借口，请求朝廷准予外放。过一段时间之后，王安石又说自己身体不好，这在某些程度上来说也是实情。王安石学习时，经常苦思冥想，用脑过度，导致头昏失眠。

最后，他提出了自己的要求：

东南宽闲之区，幽僻之滨，与之一官，使得因吏事之力，少施其所学，以庚禄赐之入，则进无所逃其罪，退无所托其身，不惟亲之欲有之而已。

在这封信里，他吐露了自己的真实心声，他太盼望着能为老百姓做些实事了。

在十多次请求之后，朝廷终于批准了王安石的请求。嘉祐二年（公元1057年），37岁的王安石出任常州知州。朝廷命他五月离京，七月到任。消息传来，王安石掩饰不住内心的喜悦之情，随即赋诗一首：

二年相值喜同声，并辔尘沙眼亦明。

新诏各从天上得，残樽更向月边倾。

已嗟后会欢难忘，更想前官责尚轻。

黾勉敢忘君所勖，古人忧乐有违行。

第四节　空负报国之志，难遇知音明君

王安石于五月处理完公事，和京城里的几个朋友简单道了别。梅尧臣见王安石仍如此朴素，非常敬佩，曾写过一首《送介甫知毗陵》送给王安石，对王安石简约的作风进行了赞扬。

……每观二千石，结束辞国都。丝鞯加锦缘，银勒以金涂。兵吏拥后队，剑挝盛前驱。君又不若此，革鞯陪泥乌；款行问风俗，低意骑更驽。下情靡不达，略细举其粗。曾肯为众异，亦罔为世趋。学诗闻已熟，爱棠理岂无。

梅尧臣在诗里抨击了那些只知向老百姓逼钱催租的地方官员，讽刺了爱摆架子喜好前呼后拥的庸官俗吏，称赞王安石不随波逐流，一身清风明月，实为当世之师表。

王安石在奔赴常州路上生了一场病，有一个儿子也夭折了，一路伤心，走走停停，七月才到常州任所。

到常州以后，王安石还是和在鄞县的时候一样，大力兴修水利，发展当地经济。当时的常州是江南富庶之地，鱼米之乡，农民的基本生活还是能得到保障的，所以，王安石并没有在常州推放青苗钱。

王安石了解到，常州地处江南水乡，特点就是水多地低，常州要发展，还是应该大力整顿水利，开挖运河，这样不但可以将多余的水排走，解决一直困扰这里农民的涝灾问题，还可以将大量的洼地腾出来变为良田。

这个想法，应该说，是很合理的，判断也相当科学，所以王安石在稍做准备以后，就立即着手筹备开挖运河的工作。但这一次，王安石算是初步体会到了改革的艰难与阻力。

这条运河很长，要穿越好几个县，工程浩大，如果按照在鄞县时那样，靠老百姓义务出工是行不通的，还需要和各县的官员共同协商。

然而，出乎王安石的意料，大家都不同意这个计划。官员们说，开凿运河是常州历史上从来没有过的事情，开凿了以后会使一些河流改变原来的流向，是利

是害谁也说不清楚；再说，义务征调百姓，牵扯的事情太多，不利于与农民的关系，大家都认为多一事不如少一事。

王安石并没有以官压人，勒令大家服从，而是做了许多的工作，大部分知县架不住王安石苦劝，同意出工。只有宜兴县知县，也就是王安石变法的死对头——司马光的哥哥司马旦，此人和司马光一样，都是头脑一根筋，出了名的倔，只要他认准的事情，不管你是何许人，他也绝对不服从。对于王安石这一套，司马旦一直拒绝配合，宜兴县绝不出工。巧合的是，王安石也是个倔脾气，他并没有受到司马旦的影响，也没有再去和他啰嗦，与其做一些无谓的工作，还不如争取时间多做点事，于是他决定立即开工。

然而人算不如天算，工程还是遇到了很多的困难。首先是由于各县的官员动员不力，并没有多少老百姓愿意义务出工，每个县派出的仅仅只有几十名百姓，而且多数还是老弱病残。司马旦做得更绝，干脆一个百姓也不出，恰好在这个时候又赶上了连日下雨，生病的人越来越多，工程只好暂停了下来。

对于诗人而言，颇有诗情画意的江南绵绵细雨，却着实让王安石忧心忡忡，奈何老天不帮忙，他也只好等待。因此开凿运河的工作受到了极大的影响，几乎没有进展，待到天气放晴的时候，又到了农忙的季节了。

但王安石并没有放弃，他准备等庄稼收完以后，再行开工。但是天不遂人愿，王安石调任他处的任命很快就下来了。这次的任命是提点江南东路刑狱。因此王安石在常州的这项工作只好半途而废了。

这时，王安石接到了刘敞的一封信，说起这个刘敞，他也算是王安石在京城的一个故交。在这封信里，刘敞劝王安石到了地方以后，没必要和自己的上官闹得不愉快，有时清静无为，也未必就不是一个好官。

王安石给刘敞回了一封信，在信中，王安石首先说明自己当时的心情，对开挖运河失败表示“愧恨无穷”。王安石继续说：“若夫事求遂，功求成，而不量天时人力之可否，此某所不能，则论某者之纷纷，岂敢怨哉。”这是王安石深深的自责，他太希望这件事情能够成功，所以没有仔细地考虑到天时人力，以致有此一失，受到大家的批评，但王安石并无怨言。

但是，王安石对刘敞责备他“初不能无为”，则不以为然。“此非其之所敢闻也”，王安石指出，“方今万事所以难合而易坏”，也就是说天下的事情，之所以败坏到如此程度，就是因为有些人常常以“无为”自居。应该说，王安石对刘敞观点的辩解还是有一定的道理的，他对北宋社会的看法同样是有一定的见解的。这也从另一个侧面反映出了当时为官之人的一些状态。

宋朝的官员调动频率之高着实让人瞠目结舌。王安石于嘉祐二年（公元1057年）七月到常州任职，嘉祐三年（公元1058年）二月就调任新职，在常州只干了不到八个月，由于任期短暂，致使王安石开凿运河的希望化为泡影。尽管王安石心有不甘，不想半途而废，但他也无能为力。为此他亲笔给参知政事曾公亮写了一封信，请求能在常州任满一届，但没有获得批准。嘉祐三年四月，王安石闷闷不乐地离开了常州。

王安石不愿意离开常州是有众多原因的。其中一个主要的原因就是他的母亲年老多病。提点刑狱需要他长时间在外奔波，居无定所，他自己对此倒是无所谓，但是却苦了他的老母亲。此时母亲正需要王安石在身边照顾，王安石是个有名的孝子，他实在不愿意看见母亲在风烛残年之际还孤单一人。

但是作为一个深受儒家思想影响的知识分子，王安石深知自古忠孝难两全，于是又风尘仆仆地就任新职了。

巧的是，前面说的那个跟陈执中要官的沈康，此时他的职位正好和王安石互换了一下。这个沈康，由于他的能言善辩和善于钻营，升官的速度比王安石还快，在江南东路刑狱任上时，此人断案愚蠢，欺上瞒下，声名狼藉。谏官陈旭直接上书，请求朝廷将沈康与王安石对调。

提点刑狱这个官职，说得直白一点，已经是一路（宋时将全国分为若干路）比较重要的领导人了。凡涉及鸡鸣狗盗、坑蒙劫掠等社会治安方面的问题，都归提点刑狱管辖。此外，提点刑狱还要监察部下官吏，对于勤政为民的官员，还要负责向朝廷推荐，职权算是相当大了。提点刑狱往往没有固定的工作地点，要在属下各州县四处巡视，看到哪里有冤案错案，立马处理，若碰见有贪赃枉法的官员，提点刑狱也可以将其革职查办。

任命王安石为提点江南东路刑狱，并不是因为王安石的文采，而是王安石早有明断慎查的名声。早在鄞县任职时，王安石办案就小有名气。他从来都是秉公执法，严格按照大宋律法办事。由于他的严谨固执，有时还有点钻牛角尖之嫌。然而，他的逻辑思维比较强，对律法也非常熟悉，因此办案的时候，总能让案件水落石出。邻县县令有难案无解的，往往会请王安石帮忙决断。余姚就有一个疑难案件经过县、州、转运使三级审理，都难以决断，当时的提点刑狱特意请王安石前往裁定，王安石毫不费力，他做出的裁决上下皆服其精妙，因此王安石更是名声大振。

古时断案，有一个原则，叫《春秋》决狱，意思就是有什么案子拿不准的，可以把孔子的《春秋》拿过来仔细研读，或者根据董仲舒依《春秋》做出的判例，进行一定的比对，依此来对案件进行宣判。至于法律文书，倒是排到了第二位。这种做法虽然到唐朝就已结束，但宋朝的法律基本上已经做到了“礼法合一”，所以，宋朝仍然受到了《春秋》决狱的影响，对同一个案子的断决，不同的文化水平和认知水平，往往会给出不同甚至是相反的判决。

王安石断过的好几个案子，都曾引起过巨大的争议，有的直接惊动了朝廷，其中尤以后来的登州阿云案最为有名，说起这个案子，其实也与司马光有很大的关系。

司马光年轻时“砸缸救人”的故事妇孺皆知，但他用“礼教杀人”的故事却鲜为人知。

清朝著名学者沈家本在其名著《历代刑法考》中重点记录了中国古代法理学的重要案例登州阿云案。公元1068年，登州妇女阿云因不满未婚夫相貌丑陋，就趁未婚夫在田里休息时，用剪刀连捅未婚夫三十多刀，但未婚夫未死。事后，阿云向官府自首。案情并不复杂，但却因党争的关系，层层上报，最后这么一个普通民女的刑事案件竟然要当朝两位丞相司马光和王安石亲自参与审理，要当朝皇帝宋神宗亲自加以裁决。改革派王安石等人认为阿云谋杀未遂，又有自首情节，应判30年以上有期徒刑。保守派司马光等人忽视客观案情，匪夷所思地将阿云这个平民女子的生死同国家社稷的存亡联系起来，认为如果不杀阿云，“夫为妻纲”的天道伦常就要崩溃，而伦常的崩溃将直接导致国家的混乱和灭亡。宋神宗最后支持了王安石一派，亲自判决阿云37年有期徒刑。不过，这事还没完，16年后，宋神宗去世，哲宗年幼，宣仁太后起用司马光总理朝政。没想到，多年来司马光竟一直对阿云案耿耿于怀，上台后，立刻翻案，将阿云以“大逆”的罪名处死。司马光这么做完全就是挟怨报复，草菅人命。而且，此恶例一开，以后历代，只要是妻子谋杀丈夫，不论动机什么，成功与否，有无自首情节，都几乎必死；相反，丈夫谋杀妻子，则往往被从轻发落（如明朝大画家徐渭杀了妻子，只被判刑7年）。毫无疑问，阿云和其他数不清的女性便因为司马光的顽固和蛮横，成为所谓礼教的无辜牺牲品，而此时的司马光也由一个“砸缸救人”的小英雄，蜕变为一个用“礼教杀人”的封建礼教维护者。

令人尤为沉痛的是，司马光的名言虽然为“开卷有益”，但司马光的行为却与这句话南辕北辙。司马光在没有读书前，尚且知道变通，知道应该把缸砸坏，人命更为重要；但他在饱读史书典籍后，却变得如此顽固不化，为了自己一个非常片面的看法，竟一定要将一个柔弱女子置于死地。

阿云案的判决争议一直持续千年，中国的近代法学启蒙人清朝的沈家本也插手其中，可见其影响之深远。但王安石所判的这些案子，如果以现代法律思想来裁决的话，可以说，他的裁决是完全正确的。平心而论，在当时，很少能有人像王安石那样，在鸿博的儒家思想的背景下，还兼有严谨的法家思想，所以，王安石断案，应该说是有理有据，入情入性，情理兼一。

宋时江南属富庶之地，经济发达，人情也较为复杂。王安石在这里就遇到了一些比较难断的案子。其中最有名的当属斗鹑案。

因为风气使然，所以，在当时的城市里极其盛行斗鹑。玩得起这些东西的也多是一些纨绔子弟。如果有谁拿着一只上好的斗鹑在街上走，那应当是一件相当抢眼的事情。

一天，有个富家子弟弄到了一只绝好的斗鹑，于是整天提着斗鹑在街上到处乱晃，见人就说："此乃上好之斗鹑！"某天正好被他的一个好朋友撞见了，朋友要买这只斗鹑。这个富家子弟对这只斗鹑视如珍宝，说什么也不肯卖。结果，朋友趁他不注意的时候，就偷偷拿着跑了。这个富家子弟十分生气，拿着一把刀追到了门外，两个人一时起了口角，由于年少气盛，这个富家子弟当街就把他的这位好朋友给杀死了。

此事发生以后，当地的官府判这个富家子弟故意杀人，依律，杀人偿命，应该斩首示众。被斩之家当然不愿意，就上诉，正好王安石巡回视察，遇到了这个案子。王安石仔细分析了案情，又了解了当时的一些情况，对案子进行了改判。

王安石认为，抢斗鹑之人不经富家子弟的同意，强行拿走别人的东西，"按律，公取、窃取皆为盗"，他的行为已经构成"盗"，而根据律法，"追而杀之，是捕盗也，虽死当勿论"，把富家子弟定名为"捕盗"，依律不应该判死刑。不但如此，王安石还弹劾该案主审官犯"失人罪"，也就是说把无罪错判有罪，或轻罪错判为重罪，需要处分。

王安石的判决一出，立即引起了很大的轰动，常人都认为二人平时是好朋友，这件事的行为只能算是开玩笑过了头，不能算是"盗"，因此主审官也不服，闹到了开封大理寺，大理寺最后判定以主审官所判为准。大理寺卿就是少有神童之名的韩晋卿，他认定王安石判决有误，要求改回原判，富家子弟的罪名仍为杀人，应将处斩，并且责令王安石写书面检查，要求他承认自己的错误。这本是例行公事，但王安石却拒不认错，声辩道："我本无罪，故不当谢罪。"于是韩晋卿便指责王安石改判和弹劾官员错误，上书朝廷，说王安石应该受到降级处分，并要求以朝廷名义责令王安石进行检讨。

仁宗作为一国之君本来事情就多，再加上立嗣的问题还没有解决，所以仁宗也没心思管这些事，就下诏免了王安石的罪。皇帝免罪，官员理应上表谢恩，但王安石却拒不上表谢恩，他对其他官员说："我本来就没错，为什么要谢恩？"估计在宋朝，拒不上表谢恩的，也就只有王安石一人了吧。

此事最终也就这样不了了之。

王安石在江南路的日子过得并不顺遂，由于不是主官，他自己又不愿意和当地的官僚同流合污，所以关系处得并不融洽。由此很多人对王安石产生了一些误解，认为王安石做事刚愎自用，听不进意见。这一说法传到了曾巩耳朵里，他还专门写了一封信劝王安石要随俗一些，莫不可太过于独断专行，否则很不利于仕途的发展。王安石看后立即回信道：

江东得毁于流俗之士，吾心不为之变。吾之所存，固无以媚斯而不能合流俗也。

倔强之情，溢于言表。

虽然王安石在提点刑狱任上做得尽心尽责，并且不为流俗所动，但王安石本人对这一工作很不感兴趣，所以，在给好朋友王令的信中，就曾提到他一直在请朝廷调往他地任职。

曾巩曾写信给王安石，劝他先把工作干好再说，不要坚持调动，只有王令支持王安石，让他一再上书请调，“要得郡而后止耳”。就是说，王令鼓励王安石，应该向朝廷申请一个地方长官的官职，而不要在乎官位高下。这不但因为王令和王安石之间确实情谊非同一般，而且王令也十分了解王安石，对同一个问题，他们常常能够不谋而合，达成共识。

王令终其一生，只是一介布衣，而且比王安石小了十一岁，但王安石与王令自相识以后，便书信往来，无话不说，两人的诗书唱和，使得王令的文学和政治见解为更多的人所了解并得以流传后世。王安石后来亲自做媒，把妻妹嫁给了王令。

王令对时政的看法有时甚至比王安石还要激进，他自己终生不仕，并且还力劝王安石也退隐山林，如他的《寄介甫》一诗：

天门廉陛郁巍巍，势利宁无淡泊讥。
谁与跖徒争有道，好思吾党共言归。
古人踽踽今何取，天下滔滔昔已非。
终见乘桴去沧海，好留余地许相依。

明确提醒王安石，“天下滔滔昔已非”，也就是说任何改革都已不可能挽救大宋的命运了，王安石纵然有心济世，但无力回天。

王令此诗被后人誉为“识度之远，又过荆公”，当然，可能言过其实。王安石与王令在性格上迥然不同，王令选择逃避，王安石则是选择迎激流而上，要击水三千。

所以，王安石在给王令的回信中说：我王安石治学，一是为自己，二是为天下，现在我自己的生活已趋于稳定，就要找机会为天下百姓做点事情，至于我能否有机会，则“系吾得志与否耳”。如果我有机会而不去做，则“吾耻之也”；而如果我想去做而没有机会，“吾不恤也，尽吾性而已”。

这在一定程度上也可以看作是王安石的为官之道，对于官位，王安石并不强求，只愿能为百姓做事，所以，王安石对一些不能做实事的无聊官位的一辞再辞，是有其深刻的心理渊源的。

王安石是个出了名的倔脾气，只要他认准的事情，便会排除万难，义无反顾，也因为他的刚正不阿，很多有求于他的人都不敢直接找王安石，便去找王令做中间人。王令烦不胜烦，在自家门上贴了一个字条：“来则令我烦，去则我不思”。如此一来，再也没人好意思上门求王令引见王安石了。

可惜的是，王令身体一直不好，嘉祐四年（公元1059年）便因病去世了，只活了不到三十岁。王安石对王令的英年早逝感到非常痛惜，不但亲自为王令写墓志铭，而且在王令死后一再写诗怀念他，前后共计有十多首，即使在退休江宁以后，也没忘了给王令的遗腹女找个好婆家。

王安石在江南东路提点刑狱任上只干了半年左右，朝廷又一次下达调令，要求王安石于嘉祐三年十月入京任三司度支判官。在离开江南东路提点刑狱任所饶州时，王安石写下一首《旅思》，其中有两句：

看云心共远，步月影同孤。

在这两句意境幽远、对仗工整漂亮的诗句下，掩藏着王安石一颗孤独而坚毅的心。

接到入京这一消息，王安石喜忧参半，喜的是他可以离开江南东路，不再做这个无聊的提点刑狱了；忧的是，他又得进京，做终日无所事事的京官了。为此，他给富弼写了一封信，要求“载赐一小州，处幽闲之区，寂寞之滨，其治民，非敢谓有能也，庶几地闲事少，夙夜尽心力，易以塞责而免于官谤也”。

三司是国家财政总理单位，度支判官是财政部门的官员，尽管王安石一直想在外做官，但王安石明白身处京师，能够对天下利弊进行更全面、更深刻的思考，进而探明国家的困弊所在。所以，王安石虽然仍想到外郡任职，却也没有推辞此一任命。

纵观王安石前期为官的历程，此时的他在北宋的政治舞台上，似乎一直都是充当着一个无足轻重的角色。尽管他胸怀天下，满腔热忱，却始终未遇到一个真正的伯乐，来给王安石提供一个施展抱负的空间，以至于英雄无用武之地。但王安石依旧在等待，他相信终究有一天他会遇到欣赏自己的伯乐，此时他的境遇不正和当年姜太公的境遇一样吗?

第三章 熙宁执政巧谋合

第一节 胸怀天下的万言书

度支判官是财政部门属下掌管收支情况的官员，职责是“掌天下财赋之数，每岁均其有无，制其出入，以计邦国之用”。职权非常大，任职之人需要对全国的财政情况了解透彻。这份差事干起来其实也是十分累人的。

王安石上任以后，每天都要核算国家的收支情况，算到最后，结果令他大吃一惊：朝廷的财政支出远远大于财政收入，官员和兵员的日益增多加大了财政的支出。这些都加深了北宋的社会危机。

王安石是一个心系国家、百姓的人，见到这种情况，他不可能袖手旁观，在经过了一系列的对社会问题的分析和自己的深思熟虑之后，他以杰出的思辨力和敏锐的眼光，隐约察觉到赵宋王朝在太平盛世的背后潜伏着重重危机。

王安石自进士及第以来，多年的宦海浮沉，使他积累了相当丰富的政治经验与社会阅历。现在他要施展政治抱负，推行变法，他知道首先必须打动仁宗皇帝。

在其他官员为自己的私利钩心斗角的时候，王安石则挑灯夜战，经过一段时间的认真准备，完成了长达万余言的《上仁宗皇帝言事书》，对北宋中期的内外形势、问题和改革方向、任务做了一个透彻的论析。这篇文章是研究王安石变法思想的重要资料。

在中国古代众多的奏疏中，《上仁宗皇帝言事书》是一篇难得的佳作。其思想之深刻，论证之严密，思路之清晰，用词择语之精当准确，让人读后不能不为王安石的卓见和文采所折服。这篇奏疏不但体现了王安石的写作风格，更成为王安石日后变法的思想基础。无论后人如何评价，都无法否认王安石在这一鸿篇巨制中所体现出来的精深的政治思想和高远的政治眼光。

在这篇著名的万言奏折里，王安石直言不讳地指出了朝廷所面临的内忧外患，以及财力穷困、风气日坏、法度不合先前三代之政等一系列危机，说明变法是形势所迫；分析了庆历年间范仲淹主持的改革失败的原因是缺乏合乎国家需要的人才；认为当务之急是培养人才，并建立一整套的教育、养廉、纪律约束、法律制裁、考察、赏罚的办法；同时要以正确的方法治理财政；提醒皇帝当前朝政的严重问题，是从中央到地方奸吏充斥、“官官相护”，国家法律不能得以有效施行。

王安石在奏疏中讲道：“以现在的形势来看，陛下虽然想通过改革实现富国强兵，‘合于先王之意’，我认为却一定不会取得什么成效。陛下是一个奋发有为之君，有恭俭之德，有聪明睿智之才，有仁民爱物之意，再加上一番努力，本应是心想事成，但陛下却忽略了最重要的一点——人才。”

王安石还指出：“大家一直以为现在官员太多，而财政的支付能力已经不足以供养如此庞大的官员队伍了。这显然是不符合实际的，不可否认，现在的官员确实比以前多了一点，但这是造成国家财政贫乏的最终原因吗？非也。以前官员的数量要比现在少得多，俸禄也比现在低，但困扰朝廷的依旧是国家财政的贫乏。其实，官员的俸禄，在国家财政中只是一笔小钱。

“我虽然不懂理财之道，但是也看过历朝历代治理国家财政的方案。实际上就是用天下之力以生天下之财，取天下之财以供天下之费，这才是充实国家财政之根本。

“如今大宋久无战事，边境安宁，百姓安居乐业，按理天下应该是很富足的，但是，现在的实际情况却是，无论个人还是国家，都饱受缺钱之苦，这是为何？究其原因是‘理财未得其道’，这与国家实行的财政政策有着密切的关系，这是其根本原因。当时的富商巨贾们通过各种途径积累了大量的财富，他们把这些财富作为自己扩充实力的资本保存起来，不进行市场流通，以至于最后出现了‘钱荒’，这也是导致北宋财政贫乏的一个不可忽视的原因。

“当今朝廷选拔人才，考试的内容多是记忆性的，这就使得当今读书人对问题缺乏根本性的认识和理解，仅以其博闻强记和略通文采就把他们看作是茂材异等、贤良方正，认为他们才是公卿的最佳人选。但是，单凭这两点是远远不够的，治理国家需要的是敏锐的洞察力和解决实际问题的魄力。若朝廷选拔人才仅靠这两点，无疑会使国家遭受很大损失。可想而知，他们在解决问题时，只能分析事情的表面，而对问题的本质却不提及，这样的人才其实不要也罢。

“纵观历代各个王朝，一旦坐拥江山，皇帝通常要做的最重要的一件事，就是‘慎择公卿’，也就是慎重选取有才能的人担任朝廷要职，然后，再通过这些人进一步选取贤能之人作为他们的下属。如果采用这种办法来选取官员，那么，从中央到地方，就都有称职的人选了。如果让一些没有真才实学的人来当公卿，在各个部门滥竽充数，那么，所有部门单位的行政效率也就可想而知了，如此还会导致一个结果，那就是真正有才学的人，‘往往困于无助，不得行其意也’。

“其次，诸如五经、学究、明法诸科，朝廷把这些作为必考科目，目的在于使人明志。现在朝廷又开设明经之选，用以选拔通晓经术之人。但是这种考试，也是靠死记硬背和略通文采就可以通过的，选不出真正有用的人才。”

王安石认为，朝廷推行的恩荫制度也存在很大弊端。如若一个人做了官以后，就可以恩泽子弟，这些被恩泽之人往往没有丰富的知识，也没有多少真正的才能，国家对其能力及人品都没有做有效的考核却让他们去做官，因此通过这种途径而成为官员的往往只能应付表面上的事情，很难做出什么成绩。

王安石进一步指出，国家对于庸才的处理一向严格，往往将他们流放到外地做官，让这些人很难在中央混下去，“挤之于廉耻之外，而限其进取之路矣”。但现在这些人却被安排去主持州县之事，使他们凌驾于老百姓之上，这种做法就有点不对头了。以他在地方任职时所了解到的情况来看，数千里之间，很多州县官员都是被中央流放下来做官的，这些人几乎就没有能认真负责办事的，而且个个都摆出十足的官气，经常利用手中的职权来谋取私利。

王安石是坚决反对恩荫取士的，他进行的科举改革，被梁启超认为只是一时之计，但后来无人再有王安石之才之力以继承王安石衣钵，所以王安石的科举改革竟然一演而成为八股，与王安石的本意背道而驰，令人扼腕！

王安石接着说道："现在国家选拔人才方法不当，选拔以后也不考察其道德方面，而只问其出身之先后，论资排辈，依次提升；也不考虑他称职与否，而只是考虑任职时间的长短。再者就是不能人尽其才，文章写得漂亮的，却让他去搞财政工作；搞财政还没上手，又让他去搞司法；司法还没理出头绪，又调去管理礼仪制度。"

王安石在"万言书"中还提出了高薪养廉的问题。这个问题，是一个没有定论的问题，是没有什么所谓正确答案的问题，必须结合当时情况来具体判断。王安石在当时提出的高薪养廉思想，与现在的概念，还是有所不同的，但仍然明确体现了王安石务实的政治思想：想要整顿吏治，首先还是要拿钱出来说话。

王安石把人才问题提到了事关改革成败的关键地位，可谓一针见血。在当时的背景下，若不去改革，北宋势必就会朝着衰败的方向发展，而没有人才做改革的基础，改革无疑是天方夜谭。王安石一直都在强调人才的重要，可是，人才培养实在不是短时间内就能培养出来的，他的改革也最终因为没有人才的支持而告失败。

王安石在"万言书"中还指出了宋朝"崇文抑武"政策带来的严重后果。宋朝最为人津津乐道的是所谓文化繁荣，人人以诗酒为乐，唱和为美。应该说，北宋是一个以文人治天下的王朝，自太祖赵匡胤开始，对武将的防范就从未停止过。因为赵匡胤就是以武将的身份发动陈桥驿兵变，黄袍加身做了皇帝，他害怕以后的武将会像自己一样篡夺大宋政权，所以就处处打压武将。由此，北宋一朝文臣的地位、待遇始终都比武将高，最后竟形成了一种特有的社会风气——万般皆下品，唯有读书高。崇文抑武带来的直接后果，是国家抵御外敌的能力降低，致使辽金铁骑屡次侵入中原腹地，掠夺财富，涂炭生灵。

因此，王安石提出了一个军事思想，就是全民皆兵，希望通过这一政策来达到抵御外敌的目的。当时的王安石能有这样的政治眼光，实在是难能可贵。

“万言书”对当时的内外形势、朝廷弊政、社会问题、改革之迫切性等方面，都进行了相当深刻的论析。在王安石看来，曾经支持过范仲淹改革的仁宗皇帝，有可能赏识自己的才能见识而支持变法。然而，这次他估计错了。暮年的仁宗心有余而力不足，已无力来变革现状了。仁宗只是在嘉祐六年（公元1061年）任命曾公亮为宰相，张昇、包拯为正副枢密使，任命司马光为知谏院、任命王安石为知制诰，以起用新人来寄托改善朝政、维护统治的希望。然而，王安石还是不甘心失去仁宗的支持，因为他深知如果仁宗不予支持，就很难施展改革的抱负。所以，他又给仁宗写了一道《上时政疏》。疏中明确指出，新任命的并非都是贤才，而当务之急在于“大明法度”“众建贤才”，绝不能再因循苟安，对时局抱侥幸心理。王安石还提醒仁宗皇帝，改变现在的统治危机，莫过于今天，过了今天，恐怕悔之晚矣。王安石进一步指出，北宋现在虽然表面上看似太平，实则却危机四伏，如果不加以彻底改革，将会断送祖宗创下的宏伟基业。

在封建君主专制统治的时代，王安石能有这样的见识、清醒的头脑、犯颜直谏的胆略和勇气，确实堪称那个时代具有远见卓识、忧国忧民的政治家。然而，仁宗年老而又生性懦弱，受制于习惯势力，且被言私利而不言公义之臣包围，已经不能提拔王安石来开创新的政治局面了。

第二节 丈夫出处非无意，猿鹤从来不自知

宋仁宗嘉祐八年（公元1063年），王安石的母亲去世了，此后的五年，王安石度过了他一生中最闲适、最平静的一段时光。在这五年中，他没有被政事烦扰，没有被各种案件卷宗牵绊，陪伴他的只有书、朋友和他的学生。他在绿荫环抱的家中读书、写文章，还收了几个徒弟，给他们讲学，每天都和朋友、学生讨论学问，这种轻松愉快的日子，是他以前从来没有享受过的。有时候他也在想，

就这样终了一生，不再去为官场斗争而伤神，像陶渊明那样过“采菊东篱下，悠然见南山”的日子岂不是很好吗？

天气好的时候，王安石经常和朋友、学生们去登山游水。江宁，在王安石眼中是江南一座美丽优雅、魅力非凡的城市：钟山郁郁葱葱，气象万千；玄武湖水天一色，波光粼粼；栖霞山到了秋天，红叶遍野，五彩缤纷。这里的每一座山、每一条河，都那么令人向往。这里的每一座桥、每一座塔，都值得亲自去走一遭。王安石每次和朋友登山时，都会文思泉涌，因此留下了许多千古绝唱。如：

自古帝王州，郁郁葱葱佳气浮。四百年来成一梦，堪愁。晋代衣冠成古丘！

绕水恣行游，上尽层城更上楼。往事悠悠君莫问，回头。槛外长江空自流。

这首词的大意是说：登高远眺，往事一幕幕；青山绿水仍旧在，只是已枉然；千百年来的英雄豪杰打拼下来的基业，总是经不起时光的流逝、岁月的消磨，那些往事就像滚滚江水一去不返。

作为一个政治家，身居六朝古都，眼前的一切不能不引起王安石对历史上朝代兴替、人亡政息的深深思索，他发思古之幽情，写出了著名的《桂枝香·金陵怀古》：

登临送目，正故国晚秋，天气初肃。千里澄江似练，翠峰如簇。归帆去棹残阳里，背西风，酒旗斜矗，彩舟云淡，星河鹭起，画图难足。

念往昔，繁华竞逐，叹门外楼头，悲恨相续。千古凭高，对此漫嗟荣辱，六朝旧事随流水，但寒烟芳草凝绿。至今商女，时时犹唱，后庭遗曲。

王安石那种朴素的情怀，那种以天下为己任的责任感，不知不觉又在心中激荡起来，那一年王安石47岁。47岁，对于一个政治家而言，正值黄金年龄，加上他做了多年的地方官，已积累了丰富的经验和阅历。可是，他不知道自己能否有大展才华的机会，能否将他那满腔的爱国热忱化为治国安邦的现实。

王安石是个政治家，也是一个哲学家。他精研了古今名人的穷通之数，而且对此颇有心得。在与朋友的谈话中，他说：“身犹属于命，天下之治，其可以不属于命乎？”这么多年来，王安石一直在等待着一个机会，这种等待对他来说是痛苦的，他心急如焚，却只能等待，这种痛苦与焦急表现在他的许多诗作中。在《明妃曲》中，他用王昭君等人的遭遇来自比，写道：“君不见，咫尺长门闭阿娇，人生失意无南北。”在咏史诗中，他抒发出心中的惆怅：

斗粟犹惭报礼轻，敢嗟吾道独难行。

脱身负米将求志，戮力乘田岂为名。

高论几为衰俗废，壮怀难值故人倾。

荒城回首山川隔，更觉秋风白发生。

宋英宗驾崩、宋神宗即位的消息传到了江南，王安石那颗孤寂的心此时又变得惴惴不安起来。毕竟，他心里装着家国天下，胸怀大志，他不甘心就此屈服于现实，其实也就是他不甘心屈服于自己。此时，朝廷的很多消息传到了江宁。首先是神宗决定英宗皇帝的丧事从简，这个决定让天下所有人为之一震，人们由此佩服新皇帝的干练。接着，神宗皇帝下诏要求天下所有臣民直言朝廷的弊端以及解决弊端的方法，其恳切之情，溢于言表。再者就是开始整顿吏治。宋神宗早就对中央以及地方官吏的贪污腐败明了于心，深恶痛绝。有一次他召见开封知县问一些情况，该知县一问三不知，神宗大为恼火，当堂就罢了他的官。

从宋神宗种种举动中，王安石看到了希望，他感到神宗皇帝是一个有魄力能干实事的皇帝。与此同时，他的朋友韩维也从京城开封给他捎来消息说，神宗皇帝很欣赏他，可能会重用他。虽然消息还不是十分确切，但此时的王安石再也不能心静如水了，他明白他这么多年的苦学没有白费，这么多年的地方官也没有白做，这么多年的等待终于有了盼头，机会也许真的就要来临了。

熙宁元年（公元1067年）四月，正是江南的晚春时节，朝廷的诏书终于到了，王安石终于看到了希望。此时，整个江宁震动了，人们从各种各样的传闻中猜测王安石此去的前程，有人觉得他必得皇帝重用，有人认为这只是象征性的升迁，种种猜测不一而足。他又一次出去游玩，但这次的心情与以往不同，他想再多看一眼这个地方，因为他不知道何时才能再回江宁。

在地方上推行变法的实践，一方面使王安石对于变法的理论，有了更为深刻的理解，也积累了一定的经验。另外一方面，也极大地增强了王安石对于变法的信心，使他在后来的变法中面对众多诘难，能够坚持变法立场不动摇，顶住巨大压力推行变法。

王安石一心想要在全国范围内推行变法，实现自己强国富民的伟大梦想，可惜当时的统治者并不欣赏他的变法主张，所以王安石在全国实施变法的愿望没能达成。不过由于当时王安石的政绩、才能和品德，已经是众人皆知，朝中诸位大臣也深为佩服，于是朝廷一次次予其高官厚禄，要是一般的官员，碰上这样提拔升迁的大好机会，恐怕会欢天喜地，连呼皇天有眼，吾皇万岁、万岁、万万岁，高高兴兴地去赴任了。可是，王安石的性格很固执，既然皇帝不欣赏他的变法理念，无法实现变法理想，他也根本无意去当什么大官。于是，王安石一次次谢绝了朝廷的任命，甚至有一次，官府派人将委任状送上门去，王安石照例不接受，送委任状的人只好跪下来求他，王安石则躲进了厕所里，送委任状的人便将委任状放在桌上走了，没想到王安石却追上来退还了委任状。

从这些事情中，我们可以看出，王安石并不在意当什么官、当多大的官，他看重的是能不能实现他的变法理想。如果在朝廷当大官，但是不能推行他的变法主张，那还不如老老实实待在地方上做一个父母官，在自己力所能及的范围内做一些改革，以待时机来临。

由于自己的抱负无法实现，王安石选择了蛰伏，选择了韬光养晦。他在等待，一旦时机到来，他将让自己的理想变成现实，让这个古老的国家变得更加富强，重现汉唐盛世万邦来朝的辉煌。“大鹏一日同风起，扶摇直上九万里。”王安石就是这样一只蛰伏着的大鹏，他在等待大风，等待可以让他扶摇直上的大风。

新官上任三把火，宋神宗当然想在自己当皇帝的时候把天下治理好，于是他起用了王安石。应该说，王安石对这次应皇帝下诏入京是很高兴的，他抱着改革的希望来到了京城。这从他当时所写的诗中就可以看出来。他在《出金陵》中写道：

白石冈头草木深，春风相与散衣襟。

浮云映郭留佳气，飞鸟随人作好音。

这首诗中，王安石心情之欢愉、轻快，洋溢于字里行间。他可能没有想到今后会有怎样的惊涛骇浪在等着他，也不会料到他自己将会有那样多的困难、压力、痛苦和沮丧，更不会预见到数年之后，他会满怀失望地回到这个曾经让他踏上辉煌之路的地方。

对于这次被皇帝召入京城，王安石的朋友将他比作贾谊和诸葛亮。他虽然不以贾谊和诸葛亮自居，但是却坚信此行一定会有所作为，这在他的诗《酬吴季野见寄》中表现得尤为明显。

漫披陈蠹学经纶，捧檄生平只为亲。

闻道不先从事早，课功无状取官频。

岂堪置足青冥上，终欲回身寂寞滨。

俯仰谬恩方自谦，惭君将比洛阳人。

据《石林诗话》记载，王安石被神宗召入京城后，王介将他比作诸葛亮，说："草庐三顾动春蛰，蕙帐一空生晓寒。"而王安石则说："丈夫出处非无意，猿鹤从来不自知。"玩笑中亦透露出此行欲有所作为的思想。

第三节 帝闻声誉见其人

治平四年（公元1067年）正月，英宗驾崩，神宗即位。宋神宗还在藩邸（亲王府第之称）当太子时，就对王安石的贤名有所耳闻。当时韩维任王府记室参军，常给颍王赵顼讲论经义，得到了赵顼的赞赏。每当他在赵顼面前讲的观点得到称赞时，就说："这其实都是我朋友王安石的观点。"由此，赵顼对王安石的印象极佳。后来，韩维升为太子庶子，便推荐王安石做王府记宝参军。

宋神宗对王安石的"万言书"也是十分赞赏的，刚继承大统的宋神宗还没有亲眼见过王安石，但是王安石在宋神宗心目中的形象已经是非常高大了。推行变法，富国强兵，这也是刚刚当上皇帝的赵顼的强烈愿望，于是他决定起用王安石。为了察看王安石是否真的具有安邦治国的才能，宋神宗先任命王安石知江宁府，几个月后又召为翰林学士兼侍讲，召王安石入京。王安石看到神宗是一位能有所作为的皇帝，等到诏书一到，即心情急迫地起身赴京。

宋神宗一听王安石到京了，异常兴奋，马上召其进宫面谈。这一著名的君臣会，标志着王安石变法的序幕缓缓拉开。一个是雄心勃勃的少年君王，一个是满腹经纶的才子贤臣，为了同一个目标坐在一起，问答间时时碰撞出思想的火花。王安石已经不是那个初出茅庐的书生了，面对宋神宗的询问，王安石胸有成竹，侃侃而谈。

宋神宗问："治理国家，首先要抓什么？"王安石答："首先要选择方法。"宋神宗又问："唐太宗如何？"王安石答："陛下应当效法尧舜，何必说唐太宗呢？尧舜的方法，非常简便、非常关键、非常容易，只是后来的学者不能理解，就以为高不可测了。"神宗对王安石的回答非常满意，叮嘱他全心全意辅佐改革。在又一次召见以后，神宗将王安石单独留下来，咨询变法措施，王安石提出要坚决清除反对变法的人。在听取了王安石关于政治、经济以及军事上的变法改革主张之后，宋神宗深深折服，深感王安石就是能与自己共创大业，让宋朝中兴的治世人才，而王安石亦被宋神宗励精图治、富国强兵的宏大志向所感动。宋神宗最后对王安石这样说："卿可谓责难于君，朕自惟眇躬，恐无以副卿此意。可悉意辅朕，庶同济此道。"意思很明白了，就是说，让我们一起为大宋中兴、强国富民的目标而努力奋斗吧！

神宗初登大位，志气非凡，富有朝气。他自幼就对皇祖屈服于辽和西夏耿耿于怀，不满朝廷软弱无能，也看到了宋太祖时所建立的行政官员人事制度的不合理之处：一方面重用文人借以排斥武将，大开科举，录取官员；另一方面，基于南北朝时期就有的门荫和恩荫制度，很多高官子弟不经科考就可以做官，因此，到北宋中期官员冗余的情形逐渐严重起来。另外，由于军队不断扩充，大量农民被征入伍土地无人耕种，到了神宗时期，军队人数据说已经达到百万之众，给朝廷的财政带来了沉重负担，官员们文恬武嬉，军队战斗力低下，在与辽国和西夏国的战争中屡次战败。神宗锐于学，励于志，早有强国雪耻的愿望。神宗当年还是太子时在东宫听讲学，常不满足于伴读讲解，经常出其不意地提出问题，穷根究底，使讲经史的伴读紧张得直冒汗。日过正午，学而忘餐，内侍（在皇宫服侍的宦官）为此常常催促："恐饥，当食。"而赵顼却回答说："听读兴致正浓，不感到肚饥。"直到英宗皇帝再派内侍传令休读才作罢。

神宗亲政以后，急于物色理国的英才。他对大臣们说："当今理财最为急务，养兵备边，府库不可不丰。"为了使大臣们重视战备，他亲自改太祖创立的景福库名，用自己作的一首三十二字的诗，一个字代表一个库，加以命名。这首诗引录如下：

五季失固，猃狁孔炽。艺祖肇邦，思有惩艾。

爰设内府，基以募士。曾孙保之，敢忘厥志。

诗的大意是，五代丧失幽云边塞，中原暴露，边防无险可守，北方的夷狄遂肆意侵扰。太祖建国的时候，有征服外敌、收复失土的宏图，为此在朝中设立内库，作为招募征士的经费。曾孙赵顼守之护之，岂敢忘记先祖遗志呢？

神宗的确颇想有所作为，他曾经广泛征求大臣们和皇室成员的意见，希望能够找到富国强兵的道路。遗憾的是，他听到的那些劝告，特别是那些元老重臣们的劝告，通常是些空洞无聊的死板教条，这无疑令他非常失望和沮丧。比如，他向德高望重的富弼征询有关边防的事宜，这位当年曾经支持过范仲淹实行"庆历新政"的老宰相忠告他说："陛下如果能够27年口不言兵，亦不重赏边功，则国家幸甚，天下幸甚。"甚至有不少人根本不支持神宗的做法，还给神宗泼冷水。据史书记载，有一天，20岁的年轻皇帝身穿全副戎装来看皇太后，皇太后看到皇帝英武挺拔，欣喜之余却郑重告诫年轻的皇帝："你如果能够永远不贪军功，就是天下臣民的福分。"身着戎装表明神宗对汉唐文治武功的向往，表明他对国盛兵强的渴望。可惜当时神宗周围的人，不论是太后还是朝中大臣，大都不理解他富国强兵的想法，根本提不出有效的、建设性的意见。神宗有一次询问大臣关于富国强兵的政策，一个大臣说要修德，一个大臣答要修身，所有这些人全都语重心长地告诫皇帝，要他爱养民力，要他布德行惠，要他选贤任能，要他疏远奸佞，要他持重安静，要他恪守祖宗成法。这些空洞的答案无疑让神宗无比郁闷，修德修身固然重要，可是没有人告诉他：眼前大宋王朝面临着巨大的危机，快要支撑不下去了，怎么办？国家积贫积弱的状况怎么扭转？泱泱大宋该如何重振雄风？怎样除掉辽、西夏的军事危险？怎样夺回燕云十六州？怎样让大宋王朝扬眉吐气，布天威于海内？没有人能够告诉他答案，甚至愿意和他讨论这一切的人都没有。

当时的大臣韩琦、富弼、文彦博等，自从在庆历新政中败下阵来后，都已经磨光了锐气，变得畏难保守，不赞同神宗富国强兵、养兵备边、主动制敌的政策。朝中的大臣死气沉沉，安于现状，不图革新，既然从他们身上得不到富国强兵的良策，宋神宗只好将目光投向了京城以外，急切地希望找到能治国安邦的良臣，最终王安石进入了神宗的视线。

王安石在仁宗和英宗二朝，虽未受到重用，但在士大夫中，他享有极高声誉，极为突出。很多人都赞扬他质朴节俭，不嗜酒色财利；称赞他视富贵如浮云，不以官职为意；钦佩他好学多思，深通经术，自成一家之学。《元城语录》说："当时天下舆论，以金陵（安石）不作执政（宰辅）为屈。"

神宗即位这一年，河北大旱，国家财政由于救灾费用剧增而出现紧张局面。十一月，朝廷举行祭天活动，神宗让学士们议论救济的方法时，王安石与司马光争论起来。司马光主张缓变，而王安石要剧变，要从根本上解决问题。宋神宗很赞赏王安石的魄力，最重要的是，王安石锐意改革的精神和神宗励精图治的心意相通。于是，宋神宗下决心排除各种干扰，支持王安石变法。

第四节　遇明主，欲行新法

赵宋王朝建立之前，处于五代十国的乱世，人民流离失所，很难有人能够静下心来读书学习，导致读书人锐减。赵宋王朝建立之后，出于维护皇权的目的，皇帝强力推行崇文抑武、优待士人的政策。官员只要不犯错误，就能平稳升迁，这种政策导向使官员们都成了不求有功但求无过的庸官，达到一定级别，还能让子孙荫官、进入仕途。这样做的好处是：读书人的地位大大提高，引导大家都去读书，文化得以迅速恢复。这样做的弊端，除了全民血性丧失，还使已经过度膨胀的官僚机构进一步膨胀，达到了臃肿的地步。太祖、太宗两朝，内外官员不过三五千员，到了宋仁宗皇祐年间，已达到了两万多员。通过科举进入仕途的官员们，书读得当然很好，但能不能做事就很难讲了。朝廷给官员们的俸禄还很高，用大把的银子，养着一个机构臃肿效率低下的官僚队伍。清朝人赵瓯北评论说："恩逮于百官者唯恐其不足，财取于万民者不留其有余。"

宋朝财政收支相当混乱。仅官员、军队就已经开支很多，而皇室开支亦是一笔不小的数目。宋代全国分为十五路（后来分为二十多路），路大致相当于现在的省。中央派往各路的官员称监司官，每路不是一个监司官，而是四个，分别是：帅、漕、宪、仓。"帅臣"是安抚使，管军队；"漕臣"是转运使，管钱，主要任务是把地方上的钱粮输送到中央；"宪臣"是提刑按察使，管司法；"仓臣"是提举常平使，大致承担省民政厅加省粮食局的职能。安抚使、转运使、提刑按察使、提举常平使分别负责一部分事务，将割据的可能性降为零。但如此一来，国家的管理成本成倍增长。各府、州、军、监的官员们需要巴结、打点的上级官员，由一个变成四个，需要出四份常例钱钞。单单是这样几笔开支，已经导致入不敷出的财政赤字了。

宋朝由于未能真正统一天下，因此长期受到北方一些民族的军事压力，也就不得不大量养兵。宋太祖时养兵22万，到宋仁宗庆历年间增至125.9万多。这还不算，北宋采取"将不专兵"的政策。军官的驻地一般不怎么变动，部队却经常调来调去的，防止军官将军队变成私家军，对朝廷构成威胁。但是这样的频繁调动，虽然没有打仗，军费开支却不比打仗少。

由于以上种种原因，就产生了"冗官""冗兵"和"冗费"的问题，简称

“三冗”。随着北宋统治的延续，“三冗”越来越严重。再加上宋朝极为怪诞的“不抑兼并”，到宋神宗即位的时候，社会矛盾已经相当复杂和尖锐。为了改变这种局面，神宗终于下决心起用王安石实行变法以图强。

王安石就任参知政事，为变法做的主要准备工作就是设立了一个叫作“制置三司条例司”的机构。这是个什么机构呢？还要从赵匡胤篡位说起。赵匡胤发动兵变篡得皇位，所以宋朝对武将的戒备心很强，此外对宰相也防得很严。万一宰相权势过大，篡夺赵家的皇位怎么办？所以北宋一朝，君权凌夺相权的情况相当严重。北宋的宰相不仅不能管兵权，而且莫名其妙地不能管财权，财权由三司管理。三司分别是户部司、盐铁司、度支司，三司不归宰相管，直接向皇帝负责。王安石设立“制置三司条例司”——管理三个司，归自己领导；后来，干脆又把“制置三司条例司”并入中书省，总算把财权抓在自己手里。

当然，这也说明了宋神宗对王安石的信任与支持。本来，宰相不管财权，就是君权限制相权的体现，如果宋神宗不支持王安石的改革，“制置三司条例司”这个机构根本就不会出现。

“制置三司条例司”并入中书省，王安石也升任同中书门下平章事（执政大臣、宰相），熙宁变法正式拉开序幕。

变法的过程中，神宗充分利用君权的力量保证新法推行。熙宁二年，新法逐渐出台实施，但是马上遭到朝内外守旧势力的攻击。司马光攻击王安石变法是“与民争利”“侵官、生事、征事、拒谏”，他们不仅从新法的内容、效益上提出非难，而且从思想、道德上指责王安石“变祖宗法度”，“以富国强兵之术，启迪上心，欲求近功，忘其旧学，尚法令则称商鞅，言财利则背孟轲，鄙老成为因循，弃公论为流俗”。在朝议面前，神宗曾一度犹豫，但终不为所动。对学术、道德上的争论，神宗认为“人臣但能言道德，而不以功名之实，亦无补于世事”，讲求道德与功名并重，对守旧势力反对变法、空言道德、在政治上无所作为甚为反感，赞同王安石“天变不足畏，祖宗不足法，人言不足恤”的主张。在王安石与守旧势力的斗争中，神宗为支持王安石，先后罢免了一批反对变法的官员：御史中丞吕公著“以请罢新法出颍州，御史刘述、刘琦、孙昌龄、王子韶、程颢、张戬、陈襄、陈荐、谢景温、杨绘、刘挚，谏官范纯仁、李常、孙觉、胡宗愈皆不得言，相继去”，“翰林学士范镇三疏言青苗，夺职致仕”，欧阳修乞致仕“乃听之”，“富弼以格青苗解使相”，文彦博言市易与下争利“出彦博守魏”。而且，熙宁三年（公元1070年）神宗进一步提升王安石为同中书门下平章事。王安石居相位后，涉及农田、水利、青苗、均输、保甲、免役、市易、保马、方田等方面的新法先后颁行天下。这些新法涉及广泛，几乎涵盖社会的各个方面，新法的全面推行使变法进入了高潮。变法的前一阶段，即熙宁七年（公元1074年）以前，如果没有神宗的支持，王安石在全国范围内实行变法是不可能的，宋神宗的政治抱负和锐意改革的决心，保证了变法的顺利实施。新法的实行，大大增加了国家的财政收入，社会生产力有了巨大发展，垦田面积大幅度增加，农田单位面积产量普遍提高，多种矿产品产量为汉代、唐中叶的数倍至数十倍，城镇商品经济取得了空前发展，军队的战斗力也有明显提高。宋朝又重新恢复了生机与活力。

第五节 响亮的“三不足”口号

王安石早就意识到变法会面临巨大阻力，特别是观念上的交锋会十分激烈，因此他早就做好了向这些阻力开战的准备。当时变法派与守旧派之间实力悬殊。表面来看，变法派似乎占有很大的优势，有皇帝的支持，再加上王安石的强势推动，其实则不然。神宗变法的热情非常高，但除旧的魄力有限，他虽是变法派的坚定支持者，但他又不能完全融入变法派的阵营之中，因为他是变法派与守旧派的调和者。而守旧派实力非常强大，绝大多数皇亲贵族都属于这一阵营，更重要的一点是宣仁太后，也就是神宗的母亲，是守旧派的积极响应者。尽管双方在实力上来说势均力敌，但由于守旧观念的基础是占统治地位的儒家思想，事实上是很难动摇的。

王安石在这场斗争中，表现出了大无畏的战斗精神。他认为社会已经到了非变法不可的紧要关头，如果改革能够顺利进行，使社会生产力得到迅速发展，不仅能够实现富国强兵的目的，而且还能使国家政治、经济、文化等各个方面取得质的飞跃。反之，若改革失败了，国家危机日深、国势衰败，大宋王朝灭亡的日子也就不远了。

神宗对于改革的阻力似乎没有足够的心理准备，所以总是摇摆不定，这也就使得守旧派有机可乘，经常通过各种渠道在神宗面前诋毁变法，试图阻挠改革的步伐。其实神宗也是左右为难，一方面他希望改革能够顺利进行，实现富国强兵的目的；另一方面，他又希望不致引起太多的矛盾冲突，他总想找到一条捷径，一条阻力最小的捷径，但这在当时的北宋是不可能的。

变法派与守旧派进行了激烈的交锋。吕诲在《论王安石疏》中对王安石的变法进行了猛烈抨击，他将政事比作水，认为安静的水才能澄清，搅动水必然会浑浊，凡事都要顺应天命，不能逆天而行，像王安石这样随意变法的人，不应再居于朝廷，应立即贬谪。富弼也指出，王安石在变法时任用小人，违抗了天命，因而到处都有地震、瘟疫，以至于四方人心日益摇动，一片混乱，因此最好能够“安静”下来，也就是尽废新法。

保守派的理论非常简单，无非就是天人感应说。中国传统社会注重天人合一，认为人与天、人与自然是一体的，由天人合一产生了天人感应说，既然天与人是一体的，自然会相互联系，相互感应。

王安石对这种观念持一种折中的态度。他认为天与人确实有联系，人本来源于自然，永远无法割断这一联系，但自然界所发生的诸如地震、瘟疫这样的灾难，与变法是没有关系的。只要采取积极措施，这些都是可以应对的。所以，他认为天变不足畏。

据《长编》记载，神宗年间，有一年某地旱了很久，滴雨未下，神宗亲自下诏罪己，避殿易服，就连平常的膳食也减少了一半，后来，又多次在郊庙社稷及宫观寺院祈祷。神宗为此终日忧心忡忡，叹息不止，甚至听信保守派的谗言，认为此难与推行新法有关。对于这么一位敬天畏神的皇帝，王安石据理辨析，水旱这样的灾难都是在所难免的，即使是像尧舜禹汤文武这样的圣王时期都免不了水旱之灾，难道能说是他们道德不足、为政不明引起的吗？何况神宗即位以来，连年丰收，遇到一点水旱之灾也是正常现象。如果仅凭这一点就认为是上天示罚，未免太过牵强附会了。

王安石这种天变不足畏的精神既有对儒家思想的现实主义、唯物主义和无神论的合理因素的吸收和放大，还有对道家天道观的继承和发挥，也有对佛教义理的传承和发展。

儒家崇古，保守派坚持认为，祖宗之法是万不可变的，变更祖宗的法度是一项莫大的罪名。司马光甚至宣扬一种“越变越退步，越变越亡国”的论调，主张应世世代代遵守祖宗之成法。当然，除了观念上的保守之外，利益的驱使也是他们反对变法的重要原因，因为王安石的变法严重触犯了大地主大贵族们的利益。

就在王安石全面推行变法的时候，司马光在熙宁三年（公元1070年）举行的进士考试当中，出了这样一道题：

今之论者或曰：“天地与人，了不相关，薄食、震摇，皆有常数，不足畏忌。祖宗之法，未必尽善，可革则革，不足循守。庸人之情，喜因循而惮改为，可与乐成，难与虑始。纷纭之议，不足听采。”意者古今异宜，《诗》《书》陈迹不可尽信耶？将圣人之言深微高远，非常人所能知，先儒之解或未得其旨耶？愿闻所以辨之。

这个考题就是针对“天变不足畏，祖宗不足法，人言不足恤”的言论而出的。

司马光表面上是让考生辨析这三个问题，实则早已暗示了答案，谁敢说《诗》《书》是不可信的陈迹，谁敢否定圣人之言？司马光此举确实达到了一箭双雕的目的。明眼人一眼就能看出来这道考题是针对王安石的，司马光其实就是借这次策问来鼓动考生反对变法。

神宗皇帝并不蠢，一下子就识破了司马光的用心，在审阅之时，神宗看出了名堂，用红笔把题目划掉了，并且指令“别出策目”。意图很明显，神宗皇帝在袒护王安石，但是他认识到了问题的严重性。

第二天，神宗和王安石谈话，提到这个事情，神宗问王安石：“你听说过‘三不足’这种说法吗？”

王安石回答：“臣没听过。”

神宗就对王安石道：“外面人都说，现在朝廷是‘天变不足畏，祖宗不足法，人言不足恤’，昨天翰林院拟试进士题，专指此三事，爱卿听说过这样的话吗？”

王安石沉思了片刻，从容说道：“臣未说过这样的话。臣辅助陛下变法以来，陛下励精图治、兢兢业业，每做一件事情，唯恐伤害了百姓，凡事都以百姓利益为本，这就是‘惧天变也’。陛下特别注意听取不同意见，但众人之言也有不值一听者，那些陈旧迂腐之见，必须加以驳斥。至于说祖宗之法不足守，则本当如此。仁宗皇帝号称守成，在位40年，也屡次修改成法，更何况陛下这样的有为之君呢？”

神宗说：“敬天法祖爱人是公认的治理天下之道。爱卿的说法似乎与此全然不合。爱卿学识深厚，见多识广，朕才疏学浅，还请爱卿为朕详细解答。”

王安石说道：“古人一直以为，地震、瘟疫之类的灾难都是上天发怒的象征，并把这些灾异和君主联系起来，臣却不以为然。依臣看来，天地万物自有其规律，日食、月食、地震等都是自然现象，和君王的行为没什么联系。我说的此番话，陛下不一定会全部认同，天地之道，玄虚难测，不谈也罢。但对流俗之言却不必畏惧。流俗之人不学无术、目光短浅，看问题只是从自身出发，不能纵观全局。做大事者，只要认准了一件事是正确的，于国于民是有利的，还害怕流言吗？”

从神宗和王安石的对话来看，王安石不但没有对这种说法进行否定，相反，他以大无畏的精神明确地阐述了这种说法。司马光无论如何也没有想到，他意在攻击王安石的这一考试题目，竟成为王安石改革精神的精辟概括，“三不足”精神在中国思想史上，闪烁着不朽的人文光辉。

神宗毕竟没有王安石这种胆魄，虽没有直接反驳王安石的话，可后来他曾表达过这种思想："朕非好劳苦，也想做点事情，希望在朕的有生之年能够为百姓谋求幸福。朕也不想轻易发动战争，至于兵，虽然可以安天下，但不可轻用，并不是朕不敢杀人，而是担心'天道不祐也'。"

可以看出，神宗还是有畏天思想的。

保守派在诋毁变法的同时，还给王安石加上了一项重要的罪名——拒谏。那么王安石是否真的拒谏呢？据《宋史·陆佃传》记载，当陆佃向王安石进言，说外面有人传言说他拒谏时，王安石回到道："吾岂拒谏者，但邪说营营，顾无足听！"可见，王安石拒绝的只是流俗之人的荒诞言论而已。

然而，总是有人不停进谏，为了不失人心，王安石就和神宗谈起人心得失问题。王安石说，所谓人心，必先符合"理义"，如果符合理义，就算是"周公致四国皆叛不为失人心"，如果不符合理义，"王莽有数十万人诣阙颂功德不为得人心也"。

王安石的意思是，众叛亲离，不一定就做错了；万众欢呼，也不一定就是正确的。所谓人心，并不能作为衡量一件事物正确与否的唯一标准。

得民心者得天下。因此，王安石在制定新法的时候非常慎重，尽量考虑老百姓的意见。每当朝廷下达新的政策之前，王安石都会派转运使、提点刑狱、各地州县长官询问百姓，然后再立法。等立法确定之后，又告知百姓，直到大家都较为满意时，再正式下令实行。不论新法是否全部做到了民无异词，但提出这一标准已充分体现了王安石对百姓意见的重视和对人心民意的尊重。

由于变法触动了大地主、士大夫阶层的利益，因而在包括富商在内的社会上层，一时之间反对变法的声音占了主流。对保守派来说，他们无法想象像王安石这样的士大夫为何会背叛自己的阶层，置本阶级利益和呼声于不顾。其实王安石比他们想得更远，他考虑的是国家整体和长远的利益，为此暂时牺牲上层阶级的利益而让贫困至极的下层百姓得到一点好处，是完全应该的。但保守派视自己利益至上，完全不顾百姓的死活，像王安石这样目光远大、刚正不阿、体恤下情的政治家冲破一切阻力为百姓谋利益，虽然最后没有获得成功，但其精神和勇气却是无人能及，他的贡献更是不可抹杀的。

从王安石不畏艰险、不怕压力、不惧困难的大无畏的气概中，可以看出他坚毅的个性、坚定的信念和强大的人格魅力，这也是永远值得后人敬仰和效仿的！

中篇

展翅翱翔，空留余恨

王安石

第四章　心系苍生，清廉为官始变法

第一节　内忧外患、风雨飘摇的北宋

北宋一朝冗兵现象严重。造成北宋冗兵局面的原因有很多。从客观因素来看，北宋选取了一个无险可守的四面之地——开封，作为自己的都城。之所以选择开封，有其深刻的历史原因。我国自唐末的安史之乱后，经济重心逐步南移，粮食及其他物资的供给多依赖于东南，此时若仍以长安作为都城，物资的运输极为不便，再加上唐末的战乱，此时的长安已是一片狼藉，呈现衰败之势，选在那里也不利于对全国的统治。而开封位于中原地区，交通便利，四通八达，物资丰富，理所当然成为首选。但开封无险可依，若要守住自己的宝地，唯有靠重兵把守。再加上后晋儿皇帝石敬瑭将战略位置极其重要的幽云十六州割让给辽国，而在北宋建国之时，幽云十六州仍未收复。周围的劲敌辽金政权依旧虎视眈眈，给北宋造成了严重的威胁。这些都决定了北宋王朝必须依靠重兵来守住自己的疆土。

另外从主观原因来看，北宋王朝沿用了唐后期推行的募兵制度，这一制度在北宋王朝得到了全面的实行。这种措施不仅有效地缓和了阶级矛盾，也使当时的生产力得到了很大的提高。北宋的募兵制有一个鲜明的特点，即每当遇到灾年和荒年之时，北宋政府便大量地招收流民、灾民、饥民编入自己的军队。对灾民来说，这种办法不仅解决了温饱问题，不至于被饿死，还使自己的后半生有了一定的保障。对北宋政府而言，这种制度的收效是非常大的，编民入军，不仅扩充了军队的数量，而且也使得他们避免了聚集山林，结为盗贼，反抗朝廷，以至于威胁到自己的统治，这种措施可谓是“一箭双雕”。

北宋军队由于这些原因迅速增加：宋太祖建国之初（公元960年），军队总人数为22万；到太宗至道年间（公元995—997年），增至66.7万多人；到真宗天禧年间（公元1017—1021年），已经增至91.2万多人；在仁宗庆历年间（公元1041—1048年），竟然达到了125.9万多。这样庞大的国家军队，在当时的世界上实属罕见。由于朝廷多以招募的形式扩充兵员，所以，养兵费用就全部依赖于国家财政，如此庞大的军队，财政支出之多可想而知了。

处在与北方游牧民族政权对峙政权中的北宋朝廷，不得不花费巨额的费用来养兵。许多人都认为北宋的养兵之费用已占到了全部财政收入的十分之七八。当时北宋的一些有识之士对此也提出了质疑。而且北宋朝廷对武将的防范和兵员的配置、指挥等等各方面的因素造成了宋军战斗力低下，以至每遇战事，宋军多溃不成军，以失败而告终。兵员的增多与低下的战斗力形成了鲜明的对比，逐渐演变成恶性循环。一方面，军队数量的增多壮大了自己的队伍，另一方面，军队战斗力的低下使得北宋王朝在与周边政权对峙时始终处于劣势。

北宋不仅大量养兵，还养着大量的官员。宋初官员人数较少，但到太宗时期，冗官现象就开始出现。太平兴国二年（公元977年）正月，太宗即位后的第一科即擢进士500人。当时的宰相薛居正等人上书言：取人太多，用人太骤。但是太宗并未采纳。此后的端拱二年（公元989年）和淳化二年（公元991年），都有官吏指出冗官太多的问题，太宗依旧未能听取。到了真宗皇帝的时候，官员人数开始猛增。在咸平四年（公元1001年）和大中祥符二年（公元1009年），不停地有官员上奏力陈官员人数过多。据《宋史》记载，此时已有2000余人在吏部等待职位，这足以说明官员已严重超编，冗官局面已经十分严重了。

到了仁宗时，冗官局面进一步恶化。宝元二年（公元1039年）十一月，宋祁上《三冗三费疏》，对于当时的官吏制度及冗官现象提出了尖锐的批评。到了仁宗晚期，庞大的官僚队伍，几乎十倍于开国之初官员数量。冗官局面产生的根本原因在于北宋取士之途太广，除了科举之外，宋朝还有门荫、胥吏出职、进纳等入仕途径。这些通过特殊途径入仕的官员，不仅数量多，而且有些人素质非常低下，直接导致了北宋政府办事效率低下。

北宋的官员还有一个奇特的现象，就是拥有很多虚职。并且北宋中央机构的职能也往往交叉重叠，例如，有枢密院和三衙，兵部就显得很多余，有三司，户部就显得多余……诸如此类的不一而足。朱端熙先生在他的《中国政治制度通史》中形象地说道：

宋朝的中央行政体制犹如一台大型的工作母机，中书门下和枢密院、三司如同三只大型齿轮，门下和中书、尚书三省如同三只中型齿轮，尚书省六部及其子司如同二十四只次中型的齿轮，而审官院、三班院、审刑院、太常礼院、大宗正司、群牧司、军器监等如同一组小型齿轮。在这台母机中，三只大型齿轮和一组小型齿轮在充分地运转，而三只中型齿轮和二十四只次中型齿轮却被废置一边，或者被处于半工作半休息的状态。这样的母机虽然也可能照常运转，但显然要白白消耗许多能量。确实，叠床架屋设置的机构，增加了大量的冗官和冗吏，不仅加重了国家的财政负担，而且降低了中央行政体制的办事效能。

这个形象生动的比喻，深刻揭示了北宋官僚政治存在的种种弊端：机构臃肿庞大，职责交叉重叠，办事效率低下，等等。这些弊端不仅存在于中央政府，在地方政府和机构中也同样存在着。

另外，官方的各种祭祀活动、朝廷修建宫观佛寺等，这些活动规模非常浩大，每次都要动用大量的人力、物力和财力。其中最为隆重的一次应属天禧三年（公元1019年）八月在京师开封举行的道释万人大会，大会当时在天安殿举行，人数竟然达到了1.3万多人。第二天，真宗亲自到场观看，而且还用大量的白银铸造了很多钱币，赏赐给这些人。这些活动，每年耗费的钱财竟然达到了七十余万贯。

由于真宗皇帝把大量的钱财和精力用到了祭祀斋醮等活动上，致使政事逐渐荒废，国家财政出现了巨大的赤字。因此，真宗并没有在太祖太宗所开创的盛世局面下把社会发展再向前推进一步，相反，由于他的懦弱无能，不理朝政，宋朝的国势自景德之后逐渐衰弱。

北宋政府除把大量的钱财用在斋醮祭祀上，还有相当一部分用于官员的赏赐。北宋的文武官员若有功绩或者得到朝廷的赏识，都可以得到丰厚的奖励，甚至官员的升迁乃至生老病死，也往往会得到其他的恩赐。乱封乱赏无疑给北宋的财政加重了负担，使北宋的财政雪上加霜，北宋政府的这些政策也导致了严重的阶级矛盾。

北宋统治者一直采取“不抑兼并”和“田制不立”的政策，纵容地主阶级兼并农民的土地。北宋前期，地主侵占土地的现象已相当严重，到北宋中期，更达到了“势官盛姓，占田无限，兼并伪冒，习以成俗”的地步。官僚、豪绅、吏胥、地主被称为形势户或官户，僧侣、道士地主被称为寺观户，他们拥有大量土地，享受免役特权，还大量隐田、漏税。“不抑兼并”致使北宋政府控制的纳税土地日益减少，到英宗以后，纳税土地仅占全国耕地面积的十分之三左右，大部分耕地都被官僚、豪绅、吏胥、寺观、地主所占有。

冗兵、冗官、冗费导致的直接后果是国家日益贫困，出现了严重的财政危机与社会危机，农民起义不断爆发。比较典型的就是淳化年间的王小波、李顺领导的起义。

宋初，川峡地区还保留着较为落后的生产关系。土地集中尤其严重，宋朝消灭后蜀，除向蜀地人民征收两税等常赋外，还在成都设置博买务，征调各州农民生产一些精美的丝织品，禁止商人贩卖和农民出售，使川峡人民的生路几致断绝。到淳化四年（公元993年）二月，终于爆发了轰轰烈烈的王小波、李顺起义。

王小波说：“我非常痛恨这种财富分配不均的现象，现在我们就要改变这种状况，平均分配。”此话一出，立即获得当地人民广泛的响应。起义军攻占青城，转战邛州（今四川邛崃）、蜀州（今四川崇庆）各县，进而攻打眉州彭山县（今彭山区）。起义军把贪污害民的彭山县令齐元振处死，并把他搜刮所得的金帛散发给农民，起义队伍很快发展到一万多人。后来，王小波在作战中牺牲，起义军推举李顺为领袖。李顺继续贯彻均贫富的主张，凡起义军所到之处，将“乡里富人大姓”家中的财物、粮食，除生活需用外，剩下的全部分给贫苦农民。

淳化五年（公元994年）正月，起义军攻克成都府，李顺建国号“大蜀”，年号“应运”，占领了剑关以南、巫峡以西的广大地区。宋太宗极为震惊，立即派遣两路大军，分别向剑门（今四川剑阁北）和川峡路进军。李顺原想在宋大军入蜀前，先派兵占领剑门栈道，但未获成功。宋军占据栈道，得以长驱直入，李顺也在战斗中壮烈牺牲。起义军余部在张余、王鸬鹚等人领导下，在川南、川东一带坚持斗争，直到至道二年（公元996年）最后失败。起义虽然被北宋政府镇压了下去，但在一定程度上给予封建统治者沉重的打击，使得北宋的统治者不得不改变策略，取消了成都的博买务，川峡地区的封建生产关系因而得到了一些调整。

民族矛盾也是造成北宋财政危机的另一个原因。实际上，北宋始终没有实现过真正的统一。在它的北边，有契丹族建立的辽政权，都城在临潢（内蒙古巴林左旗附近）；在它的西北边，有党项族（羌族的一支）建立的夏政权（西夏），都城在兴庆（宁夏银川市）。此外，还有云南的大理、西藏的吐蕃以及西北的高昌、龟兹、于阗等政权。

宋太宗在灭北汉之后，曾经两度出动大军征辽，企图把契丹势力逐出长城，可是全都失败了。北宋对党项族的战争也多失利，民族矛盾相当严重。

每次战争的结果，北宋都是屈膝求和，并奉献出大量的银、绢。如景德元年（公元1004年），契丹大举攻宋，一直打到黄河北岸的澶州（又名澶渊，河南濮阳县西南）附近。后来宋军虽然打了胜仗，但最后却订立屈辱的“澶渊之盟”。宋方每年给契丹银10万两，绢20万匹，称为“岁币”。

公元1040年至1042年，西夏皇帝李元昊对北宋又发动多次大规模的军事进攻，双方损失都很大。庆历四年（公元1044年）双方订立和约，北宋每年给西夏银7.2万两，绢15.3万匹，茶叶3万斤，称为“岁赐”。契丹乘机要挟，北宋又增岁币银绢各10万。北宋政府的软弱，战争的巨额赔款，使得百姓怨声载道，生活日益贫困，国内矛盾非常尖锐。

宋夏和约订立后，西北边境平静了二十多年。到治平三年（公元1066年），西夏又开始挑衅，战争又开始了。长期的战乱使黄河北面的农民遭受宋、辽和西夏统治者的重重迫害，弄得无家可归，到处流浪。

第二节 变法彰显其本质

嘉祐四年（也有人考证为嘉祐三年），王安石经过深思熟虑，进献了洋洋万言的《上仁宗皇帝言事书》，系统地表达了自己的政治观点和治国方略，但由于种种原因，一直都未得到仁宗的回应。对此，王安石进行了深刻的反思。他知道，仁宗宽容软弱，非有为之君，因而他的主张始终得不到采纳，不过他自己也意识到，自身的因素也是不可忽视的方面，并且他认为以传统儒学作为富国强兵的利器是远远不够的。因此，他开始留意经学，试图从先王之道中寻求变法的理论基础。经过多年的努力，一整套全新的方案在他的头脑中逐渐成形。有了这一套理论基础之后，王安石静静地等待时机，并且利用空闲时间讲学授课，倾尽毕生所学为国家培育英才。神宗的即位使得北宋的历史拉开了一个新的篇章，王安石治国梦想得以实现。于是，圣君贤相就如此因缘聚合，一场惊天动地的变革就此拉开了序幕。

公元1070年，王安石被任命为宰相，由此开始推行新法。早在王安石之前，那位先天下之忧而忧的范仲淹已经尝试进行过改革官僚体制，但是受到保守派官僚的抵制而失败，而王安石的改革是从经济领域开始的。

熙宁变法改变了许多既有规章制度，设立了许多新法，主要内容包括青苗法、均输法、市易法、免役法、将兵法、保甲法、保马法、方田均税法和农田水利法以及建立军器监等。此外，王安石还改革了科举制，整顿各级学校，并对“恩荫制”进行了尖锐批评。

王安石变法中最重要的一项是青苗法。在青苗法实行之前，每年夏、秋两季庄稼未熟，也就是俗称青黄不接的时候，贫困农民需要向地主或者奸商借高利贷，高利贷的利率一般是每年40%~50%，如果农民还不起，抵押的田产就会被放贷者拿走，于是自耕农就成了贫雇农。这是北宋时期土地兼并的途径之一。

青苗法就是在青黄不接的时候，以各路常平、广惠仓积存的钱粮做本钱，放贷给农民，夏收或秋收之后归还，利率是20%。青苗法的意图是让农民在青黄不接之际，不至于受大地主和豪强势力的盘剥，使农民能够赴时趋事，同时也可为朝廷增加一些收入。但从实际效果看，除了最后一条得到实现，对于其根本目的，也就是救济贫民，不仅没有实现，反而对处在社会中下层的老百姓们造成了相当程度的打击。

为什么会这样呢？

首先，青苗法的立意是好的，灾年由政府出面给农民借贷，但王安石的青苗法，虽然自称利息是20%，但却是半年的利息。北宋政坛重量级人物韩琦曾经对宋神宗说：“如今实行青苗钱，春耕时贷款给百姓，半年之内还款时需缴纳20%的利息，秋天贷款时亦如此，贷款时不问远近之地，春秋加起来需缴纳40%的利息。臣想说的是王莽时官府贷款给百姓的年终利息只是10%。比起今天的青苗取利，政府财政虽有所增加，但却给百姓造成了很大的负担。而王莽之后，上自两汉，下及有唐，更不闻有贷钱取利之法。”

这就等于政府把商人的高利贷权拿到自己手中，借此增加财政收入。

其次，在青苗法实施的过程中，地方政府肆意增加还贷利息，更是加大了农民的负担。地主豪强的高利贷，只要农民和奸商说好就行了。而农民要想通过青苗法借贷，按照规章制度，需要写许多正式文书给官府。农民不认字，就要请衙门里的书办来写；而请衙门里的书办来写，那是要奉上润笔费的。等到还账的时候，衙门里的衙役来催账，给衙役的“辛苦费”是少不了的。水过地皮湿，农民实际需要付出的利息，已经远远大于去借高利贷了。因此，王安石在一个县实行青苗法和在全国实行青苗法的效果截然相反，由于官僚体制的弊端，青苗法的实施不仅没能有效减轻农民负担，反而使得农民对新法怨声载道，唯一的好处是政府的财政收入大大增加了，从惠民这一点上说，青苗法的实施是失败的。

与此同时，由于青苗法还肩负着为朝廷敛财的职能，地方官府还要想尽各种办法，变着法地在农民头上动脑筋。有的地方官员因为申请青苗钱的人很多，就擅自提高利息，高达30%甚至40%。更多的地方官员从未做过这样繁杂的工作，他们动用了在历代王朝屡试不爽的办法：以官府之名强行贷款，不管你需不需要，一律贷给你。按人头发钱，到收息日连本带利一同上交。交不上来，就带着衙役上门强行收取，打砸抢掠，抓人拆屋。如此野蛮残酷的手法对百姓而言丝毫无益，但却是这些官员们显示政绩最有利的证据。还有的地方只是把布告贴出去，对来贷款的人推三阻四，最终不了了之。

此外，青苗法中，政府用来做本钱借贷给农民们的，是常平仓和广惠仓积存的钱粮。所谓常平仓，最早出现在汉代。当时创设常平仓，其作用是这样的：丰收之年，谷贱伤农，国家出钱收购粮食，避免谷价过度下跌，对农民造成太深的伤害；歉收的话，谷价过高，国家就出售常平仓的存粮，平抑粮价，避免对市民造成太深的伤害。所谓广惠仓，又称义仓，出现在隋朝。设义仓的目的是，丰年征粮积储，荒年放赈济困，对农民以及市民实施救济，起到济困助贫作用。宋初在各地设常平仓与惠民仓，虽然各地收效不一，但总算也是体现了封建统治者在社会保障方面应起的作用。王安石把常平仓与惠民仓的钱谷挪作青苗本钱，放贷取息，常平仓也就失去了稳定粮价的作用。

司马光说：“朝廷初散青苗钱的本意是抑制地主豪强势力的放债取利，侵渔细民，故设此法。既然是由政府借贷，就应薄收其利。而今以一斗陈米发给饥民，却令他们缴纳小麦一斗八升七合五勺，或纳粟三斗，这样算下来的利息将近一倍。如此以往，物价转贵，所取之利也就增多，即使那些地主豪强势力，趁此机会榨取百姓利息，亦不致如此之重。”

本意是减轻农民受到的高利贷盘剥，并间接遏制土地兼并的青苗法，这样推行下去，反而变成了更高的高利贷了。

由于青苗法肩负着为朝廷增加收入的重要责任，所以，从常平仓和广惠仓拿来的钱粮，是不敢放贷给十分贫弱的老百姓的，因为地方官府知道放贷给这些老百姓的话，别说利息了，就连本钱恐怕都难收回来。因为这些老百姓实在是太穷了，所以不能放贷给他们。那么，放给谁呢？那就只能放贷给有能力的自耕农了。自耕农们一合计，从官府贷款非常不合算，于是都拒绝贷款。自耕农们竟然胆敢不自觉自愿地配合官府实施青苗法，怎么办呢？没关系，官府有的是办法。经过强大的政策攻心，自耕农们都“自愿”地从官府贷到了钱粮。

当贷款都派给了自耕农之后，官府又把目光投向了城乡手工业者。按说青苗法的帮扶救济对象是农民，好让农民在青黄不接的时候能有喘息的机会，跟城乡手工业者是没有关系的。城乡手工业者又不会受到青黄不接的困扰，为什么要接受官府帮扶？可官府就是为了显示出自己的政绩，于是又有相当多的城乡手工业者接受了青苗法的帮扶。

针对城乡手工业者“自愿”接受官府帮扶的情况，北宋政坛的著名人物韩琦再一次跳出来攻击王安石的变法。他上了一道长达几万言的奏章，极力陈述青苗法的弊端，这道奏疏让神宗皇帝大为震惊。在这道奏疏中，韩琦说很多地方普遍存在地方官强令百姓贷款的现象，这无疑使朝廷与百姓的关系更加恶劣。百姓怨声载道，贫困不堪，本可以勉强度日，如今政府强令他们出利息，饭都吃不饱了，哪里还有什么钱出利息呢？接着，他又详细介绍了各个乡、各种农户的贷款情况，描述了一些还不上贷款的百姓，在地方官员的淫威下，不得不卖田卖地，卖儿鬻女，以偿还本息。接着又历数了在农村已存在的各种各样的苛捐杂税，百姓早已苦不堪言，青苗法的实行更使百姓的生活雪上加霜，若不加以制止，“朱门酒肉臭，路有冻死骨”的情形将会再次上演。

这道奏疏，材料充分，证据确凿，洋洋数万言，神宗读了之后大为震惊。而且韩琦作为一个老臣，还能有这样的责任心，让神宗不得不感动。第二天，他便召集大臣王安石、曾公亮、陈升之等入朝，把奏疏拿给他们看，并且说道："韩琦乃真正的忠臣，朕原本以为新法可以利国利民，不承想害民却如此之深。"

曾公亮也是青苗法的反对者，既然老臣韩琦当面反对青苗法，他自然也不能放过此次机会。他说："臣也从亲戚、朋友、百姓那里听说新法给他们带来的诸多不便。臣的老家还有一个兄弟，前些日子来信的时候，还对臣说到了青苗法，自实行后，闹得人心惶惶，百姓皆感不安。由此看来，青苗法确实弊端太多，臣也恳请陛下下诏停止实行。"

陈升之也随声附和道："天下各路反对青苗法的上书不断，确实说明青苗法有不可取之处，陛下若不早点下定决心，臣唯恐祸患益渐。"

这些大臣都是北宋政坛举足轻重的人物，拥有较大的影响力，听取了他们的意见后，神宗皇帝也有些疑惑，对王安石说："像坊郭这些商业区怎么也能适用于青苗法呢？是官员强迫实行的吗？"

面对韩琦等人的否定，王安石颇不以为然。王安石说："变法之初，几位都不曾有什么意见或建议，等变法推行之时，诸位只是在一味地挑毛病，并非真正为陛下出谋划策。诸位所说可能确有其事，但不见得全国到处都是如此，而且青苗法实行之后，并非一无是处。再者，陛下修青苗法以助民，至于收息，也是效仿古人周公的做法。比如西汉名臣桑弘羊笼天下货财以进献朝廷，亦称之为兴利之臣。如今朝廷抑制兼并赈济贫弱之人，置官理财，并非满足一己之私，难道就不能算是兴利之举吗？"

然而，韩琦等人毕竟是北宋朝廷举足轻重的人物，在其他一些也反对变法的小官员看来，既然像韩琦这样的官员都出来反对变法，他们也就不约而同地一起站了出来，加入了反对变法的大军中。例如陈舜俞就说："今朝廷以新法散常平为青苗，唯恐不尽，使仓库既空，饥馑荐至，则兼并之民必乘此时有闲粜而贵粜者，未知州县将何法以制之？"另一位王岩叟也说："说者曰（散青苗）所以抑兼并，而兼并未必能抑也，一日期限之逼，督责之严，则不免复哀求于富家大族增息而取之。名为抑兼并，乃所以助兼并也。"政府既然自己放高利贷，自然就难以抑制民间的高利贷活动。而且，“自愿”借贷的自耕农和城乡手工业者，如果还贷的时候拿不出钱来，在官府催逼之下，不得不向豪门大户也就是所谓的“兼并之家”借高利贷。民间高利贷反而会乘机牟取暴利，使农民的贫困情况雪上加霜，从而加剧社会矛盾。

由于韩琦带领部分官员不停地在神宗皇帝耳朵边反对王安石的变法，神宗皇帝不胜其烦，终于在熙宁七年（公元1074年）下诏扣留半数常平钱物备灾不许出放。这给王安石的改革大业蒙上了一层阴影。

另一部均输法也存在弊端。宋朝的皇位来路不正，生怕别人采用同样的变法篡夺皇位，因此把各地的节度使留在帝都开封养着，这已经是相当有力度的防范措施了。即便如此，封建君主还是不放心，生怕地方形成新的割据，所以规定各地要把征收到的税粮统统运送到帝都开封。各路转运使，就是负责这项工作的。而且北宋税收还实行实物征收，这样，转运起来运费支出也是很高昂的。另外，由于各地每年的征收任务是固定的，丰年不能多收税，灾年不能减税，国家的调控职能大大减弱；征收任务中又有一些地方不能生产或无法按时生产的物资，又给了奸商们操控物价的机会。

均输法就是改变这种死板的实物征收、绝大部分转运的征收方式，在江南西路、江南东路、淮南、浙东路、浙西路、荆湖路东南六路，也就是东南财赋之地，国家税收的主要来源，实施实物征收与货币征收相结合的税收方式，各地发运司预先掌握京师库藏状况，根据需要调控征收的货币与实物，并避免征收“非时、不产”的物资。均输法的颁布能防止商人哄抬价格，囤积居奇，加大了政府对于采购的控制力度，一定程度上减轻了农民的负担。但是此法造成了政府采购垄断的局面，给中小商户和农民带来的损失却是巨大的，行政对于市场的干预很少有成功的时候。

均输法在执行中存在的问题主要有折钱过重、钱米并征和折钱不均三个方面。歉收米贵之际，政府不征米改征钱，反而加重了农民负担。这是因为均输法同样担负着为朝廷敛财的重任，所以各路官员都恨不得多从老百姓们手里多征收一点。元丰后期甚至还出现了发运司把正常经费的籴本冒充“羡余”献给皇帝的现象。

另外，在离汴京较近的淮南一带籴米，向较远的江、湖地区征钱，这是符合均输法“用近易远”之原则的，可以节省运费，但也造成了购买钱款投放不均，客观上加剧了东南其他地区的钱荒。

尽管在执行中有着各种问题，但均输法的总体设计还是不错的，所以支持和反对的声音各半。支持者主要是王安石以及背后的神宗皇帝，反对者则有北宋文坛著名的人物苏辙，后来还包括苏辙的哥哥、北宋文坛另一位著名人物苏轼。

直到熙宁末年，我国古代著名科学家、《梦溪笔谈》的作者沈括担任权三司使，对均输法做了大量的技术性修正，制定实施细则，才在一定程度上提高了均输法的可行性和可操作性。

市易法是由官府设置专门机构，参与交易，吞吐物资、平抑物价的一种政策，本为解决豪商巨贾操纵市场、控制同行、压价收购外地货物并高价出售，从中获取暴利的行为。中国的商品经济在封建社会虽然有一定的发展，但仍然受限于中国封建社会中传统的自给自足的自然经济，尽管历朝历代的统治者都按照士、农、工、商的标准人为地将人们划分开来，而且历代王朝也一直采用重农抑商的政策，但是经济发展有自身的规律，商品经济不可避免地要产生。商品经济的产生也就不可避免地要产生商人这个社会阶层。由于他们有雄厚的财力，由此他们可以驾驭州县，操纵市场。商业具有十分丰厚的利润，由于利益的驱动，一批官僚性质的地主也加入到商业经营中来，他们兼并土地、囤积居奇，成为社会上最富有的阶层。这种畸形的“民富”与政府的“国穷”形成了一种很鲜明的对比，这样一来，就不得不引得官府介入或者干涉商人的商业经营。在汉代，朝廷设立的平准令，责任是转运物资、平抑物价，防止商人囤积居奇牟取暴利，这其实也就是政府在参与商业的经营。政府参与后，天下的货物，贵则卖之，贱则买之。由此，民间的富商大贾就不能够赚取很大的利润了，他们也就不会再囤积货物，因此，此法被称为“平准”。汉代的平准，实际上就是政府参与经营后牟取商业利润。

王安石设立市易法的最初目的就是抑制商人对市场的操纵，平抑物价，保护小商小贩不破产，与此同时增加政府的财政收入，其实质与汉代的平准令是一致的。王安石在考虑了设立市易法的优越之处的同时，也看到了当时市场上存在着一定的弊端，因此他上书神宗皇帝说："现在市场上物价混乱，皇上无法制止，而富商大贾却趁此机会牟取暴利，而牟取的这些利润全都归于了他们个人，国家没有拿到什么钱，这种情况现在如果不革除的话，这个弊端将会越积越深。"

市易法的主要内容有：确定市易务组织，由政府指派提举官一人主管，下设监官两员，勾当公司官一员，并招募商贾充当市易务的行人和牙人，从事货物买卖；参加市易务的行人须以财物作抵，五人以上相互作保，方可向市易务赊购货物出售。贷款须在半年至一年内还清，半年付息10%，一年付息20%，过期不还，每月另加2%的罚款。对外来客商的货物，许其至市易务投卖，由务中行人、牙人会同客商公平议价，支官钱购买，客商也可与务中其他物品折合交换；三司（户部、盐钱、度支）诸库所需的物资，也可由市易务统一在京收买。

自从在京城开封实行了市易法后，全国的很多城市也相继开始实行市易法。熙宁六年（公元1073年），京城的市易务改称都提举市易司，管辖各州的市易务，至此，市易法在北宋王朝得到了全面施行。市易法的普遍实施，收到了很好的效果，它改变了全国各大城市中富商大贾控制和操纵市场的局面。虽然这些人操控市场的局面得到了有力缓解，但是其本质在于官府替代了这些富商大贾。市易法的实行，为北宋王朝积累了大量的财富。从熙宁五年（公元1072年）到熙宁九年（公元1076年），京城开封府的市易司就收到了133.2万余贯的利润，由此可见市易司的利益所在了。可是，虽然富商大贾这方面的弊端被控制住了，但朝廷这方面的弊端又随之而产生，民间的商人被抑制住了，官商却乘机崛起。

熙宁三年（公元1070年）保平军节度使推官王韶在陕西古谓寨，用官钱设市易司，控制西北边境贸易，一年可收入10万～20万贯。熙宁五年，王安石接受魏继宗建议设“常平市易司”，先在汴京试行，后改为都提单市易司，又在重要城镇设市易司（务）隶属都市易司。

市易法设置的市场管理机构“市易务”，设立市易司，由政府拨款作为本金负责平价购买滞销货物平买平卖，其价格由市易司规定，这一措施是为了维持市场价格均衡，不至于出现巨大的价格波动从而影响经济和稳定。市易法使得朝廷拥有了庞大的官家产业和钱庄，由王莽时期传下来的官家垄断商业经营的状况在北宋得到了极大的发挥。行政干预市场造成了不均衡，但是对于王安石和宋神宗来说，大大增加了的利润是他们所乐意看到的，商人们由于利益损失而发出的不满声自然就被朝廷忽略了。设置“市易务”的本意是收购滞销货物，待至市场上需要时出售，以期稳定物价。然而实际执行中，“市易务”的官员们根本不会收购滞销的货物，他们只会利用行政权力疯狂抢购畅销货以牟取暴利，从而推动物价的上涨和混乱。别忘了，“市易务”也肩负着为朝廷敛财的重任。

免役法又称募役法。什么叫免役法，这还要从差役法说起。宋代沿用唐的两税法，按说徭役都纳入税钱里上缴过了。但由于北宋官僚机构不断膨胀，官员队伍不断扩大，官府入不敷出，老百姓们缴完了税，照样还得服役。

宋代差役又称职役，分为四类：“以衙前主官物；以里正、户长、乡书手课督赋税；以耆长、弓手、壮丁逐捕盗贼；以承符、人力、手力、散从官给使令。”官府根据民户财产及男丁多少确定等级，差役分派大致是这样的：小地主、富农或者家境富裕的手工业者，充任衙前、里正；上中农担任户长、乡书手、耆长、弓手、承符；下中农充任壮丁、人力、手力、散从。贫雇农因为太穷不用出差役，最富有的品官形势之家，也就是官僚、大地主享有免役特权，也不用出差役。

在免役法实施之前，差役法的破坏力是相当惊人的，其中衙前、里正负担最重，应役者往往破产，其余各种差役也使应役者苦不堪言。城市或农村的中下等人家，均畏之如虎。北宋政坛著名人物韩琦曾经上疏说：“州县生民之苦，无重于里正衙前。有孀母改嫁，亲族分居。或弃田与人以免上等，或非命求死以就单丁，规图百端，苟脱沟壑之患。”韩绛也说：“闻京东民有父子二丁将为衙前役者，其父告其子云：‘吾当求死。使汝曹免冻馁也。’遂自缢而死。又闻江南有嫁其祖母及老母析居以避役者，又有鬻田产于官户等者，田归官户不役之家，而役并于同等见存户。”吴充说得更厉害：“民间规避重役，土地不敢多耕，而避户等，骨肉不敢义聚，而惮人丁。故近年上户寝少，中下户寝多，役使频仍，生资不给则转为工商，不得已而为盗贼。”

可见，差役继续实行不但民户深受其苦，国家亦因农户避役造成农业生产发展迟滞与赋税收入流失。就连司马光都说：“故置乡户衙前以来，民益困乏，不敢营生，富者返不如贫，贫者不敢求富。……臣尝行于村落，见农民生具之微而问其故，皆言不敢为也。今欲多种一桑，多置一牛，蓄二年之粮，藏十疋之帛，邻里已目为富室，指抉以为衙前矣，况敢益田畴、葺庐舍乎！”

差役既有害于民，又无益于国，因此，当时上上下下要求改革差役法的呼声很高。在王安石变法之前一年，就已经有输钱免役的尝试。熙宁变法的免役法也就应运而生了。

我国古代，县以下，各乡村一般是没有牢固的政权组织机构的。那么，县以下的公务怎么办？这就要靠地方上的自治能力了。汉朝时，地方上有三老，三老之下有啬夫游徼。三老掌教化，啬夫主收田租，游徼管抓捕防备盗贼，他们都代表地方，协助政府。这一制度，到隋唐便没有了，而唐末五代，地方上的公务不是少了，而是大大增加了。唐末五代乱世，各路军队开来调去，每到一地，就要向地方上要房子住，要稻草，要马料，要用具，要壮丁，要给养。这种差事明知道不好办，但地方官也得勉强办。地方官也有办法，就地找上一户或几户人家，把差事强行摊派给他们，就是差役。差役是极为沉重的负担，差役户长则三五年，短则几个月，必定破产；然后地方官再把差役派给新的差役户。

免役法的实行，就是把差役户免掉，按照民户等级征收钱粮，地方政府再拿征收来的钱，雇人当差服役，就是募役。这样做有很多好处，首先是维护了社会的公平和稳定：过去是官府逮住一家民户使劲宰，宰得破产之后，再去宰下一家；免役之后，大家都出一点钱，也都不用破产了。

其次有助于民户提高生产积极性。过去因为怕当衙前、里正，百姓宁肯把桑树砍掉，不养蚕，宁肯少打一点粮食，宁肯穷点、再穷点，宁肯当下中农，也不当富农。免役之后，有条件的民户就可以积极生产了。

此外，免疫法还有一个亮点：过去享有特权的"品官形势之家"，也就是官僚、大地主，也要出钱了。当然，为了体现他们的特权，他们出的不是免役钱，而是助役钱，以免役钱的一半为标准，按人头收取。但地主老爷毕竟开始出钱了，这也在一定程度上提高了社会公平。至于社会最底层的贫雇农，因为太穷，不用出免役钱。

看上去很理想的政策，但在执行中也出现了各种各样的问题。

和青苗法一样，免役法也担负着为朝廷敛财的重任。这样，在收取免役钱的时候，就难免会对老百姓们横征暴敛。《宋会要辑稿·食货志》记载，熙宁九年征收免役、助役钱计1041万余贯，支用648万余贯，收支相抵，余额达392万余贯，这还不包括增收的免役宽剩钱。

什么叫免役宽剩钱？就是官府以"宽备窄用"为借口，向民户征收免役钱的时候多征收的一部分钱，宋时叫免役宽剩钱，在清朝时则叫火耗钱或火耗银子。但免役宽剩钱归地方官府，火耗银子归地方官。

同样因为免役法担负着为朝廷敛财的重任，而且是地方官政绩考核时的重要项目，聪明的地方官们自然会动动脑筋，变着法子让老百姓们多出。据有关学者考证：东明县知县老爷贾蕃就是这样的聪明人，他在民富等级划分的时候，故意把第四等农户划成第三等，这样，不用缴纳免役钱的贫农，就变成了需要缴纳免役钱的下中农。官府收到的钱也就增加了。但农民们觉悟不高，不知道舍小家为大家，尤其是为贾蕃老爷，尽管下中农缴的钱不多，但贫农本来就穷，区区几个铜板也看在眼里。东明县是开封府下属的一个县，离帝都开封很近，居然有一千多人跑到王安石的家门口大吵大闹，严重影响了王安石的信心。

面对这种局面，王安石以大无畏的革命精神，严厉制止了反对声音。在朝堂之上，王安石驱逐了所有反对变法的谏官，全部换上自己人。本来宋代台谏官员对宰相有钳制作用，宰相是换不动谏官的，但神宗皇帝支持王安石，王安石就可以完成对台谏官员的大换血。

至于民间的反对声音，王安石也有办法。为了防止百姓不满而诽谤朝廷的新法，熙宁五年春正月，朝廷下令在首都设置逻卒兵丁，对百姓实行“监谤”，不许乱讲新法如何。

“深疾谏者，过于仇雠；严禁诽谤，甚于盗贼……潜遣巡卒，听市道之人谤议者，执而刑之。”在消除了所有的反对声音之后，王安石说出了著名的“三不足”，即“天变不足畏，人言不足恤，祖宗之法不可守”。

将兵法又叫“置将法”。该法废除北宋初年订立的更戍法，用逐渐推广的办法，把各路的驻军分为若干单位，每单位置将与副将一人，专门负责操练军队，以提高军队素质。王安石一方面精简军队，裁汰老弱，合并军营，另一方面实行将兵法。自熙宁七年始，朝廷在北方挑选武艺较高、作战经验较多的武官专掌训练。将兵法的实行，使兵知其将，将练其兵，提高了军队的战斗力。王安石还建议取消士兵刺脸刺手背，指出朝廷对士兵应该“以礼义奖养”，而不要“使其不乐”，做于事无补的事情，规定实行大营制，规定将军带兵为本部兵，就不用再刺青以区分兵将了。

王安石整顿军队，最能够吸引人眼球的事情莫过于裁兵了，这可能是中国历史上最大规模的一次和平裁军。王安石作为直接指挥者，其魄力和勇气，都不是一般大臣所能及的，如果刚裁完兵的北宋就遇到了大规模的战事，那这次的裁兵岂不是就成为反对派攻击王安石一个最好的把柄吗？敢于去做，就足以说明王安石的魄力，此时的王安石早已将身家性命献给了这个国家，恐怕不是仅用“高尚”一词能形容的。

为了提高军队的战斗力，淘汰军队中的弱者，王安石命令将领对禁军和厢兵进行了全面考核，以便在百万人的军队中真正选拔出一支战斗力精良的部队。因此，这一次的考核是非常严厉的，王安石经过与其他大臣商量后，制定了一系列的施行措施。对于军队中那些身高不合格体能不达标通不过的，不管已经当了几年兵，一律淘汰，逐级下放，直至免为平民。而对农村保甲中的那些人来说，凡是有能力的人，都可以破格选进军队，无论做什么工作，都发给军饷，以此来鼓励农村中的青壮年加入军队。除了淘汰那些战斗力低下的人，王安石还对各地兵力进行合并精简，大批地裁减，其中仅陕西一路，骑兵和步兵加起来原本有327个营，现在只保留227个，整整减掉100个营。魄力之大，由此可见一斑。通过并营，王安石有效地精减了各地军队。

王安石整顿军队的另一个大的举动是置将。王安石首先对全国的军事部署进行了调整，在京畿设37将，鄜延五路设42将，东南六路设13将，全国共计设92将；同时，派具有丰富战场经验的大将军掌管训练，每天早晚各训练一次，天天练习武艺。在王安石看来，兵经过考核裁减以后都是好兵，关键就是要看带兵的将领了。有句俗语不是说“兵熊熊一个，将熊熊一窝”吗？这句俗语也许正切合王安石此时的想法。宋朝时的一将，麾下人数往往从3 000到10 000不等。

从军事部署上看，力量最强的是鄜延五路，直接面对西夏，明显带有主动向西夏开战的意图。宋朝除了前期以外，主动开战的事例几乎可以说是不存在的，但在这里对西夏却是主动开战，这是何意呢？因为北宋的统治者认为自己的力量虽然不能对付辽，但对付西夏还是足够的。再简单点来说，一个王朝不能一直处于对外求和的一面，也得有胜利的一面，而北宋王朝的统治者认为西夏似乎可以充当这个胜利的奠基石。可惜这一切的如意算盘都打错了。力量其次的为京畿，毕竟是皇帝的根基所在，不得不重兵护卫，37将“拥卫京师”，主要用于防范辽国的南侵。

等到军队部署完毕以后，王安石就命令士兵不能再随意调动，每个军队拥有自己固定的将领，让大家彼此熟悉，打仗时才能让自己的士兵出死力。这就彻底改变了北宋王朝初期“兵不识将，将不识兵”的局面。更重要的是，将领在此时拥有了一支相对较为固定的军队，能对其进行严格的训练，且将领的权力不受州县长官的干预，这无疑增加了将领的权力，同时提高了军队的战斗力。

想当年范仲淹在陕西进行变法改革的时候，就曾经对军队编制进行过调整。他把鄜延路禁兵18000人分成六将，每将派人指挥训练，当时蔡挺正在范仲淹手下。等到王安石主政时，蔡挺被提到枢密院任枢密副使，将兵法在蔡挺的主持下展开，有人据此认为王安石整兵置将的思路源自范仲淹。其实思路源自哪里并不重要，范仲淹也好，王安石也罢，他们的目的都是相同的，都是希望通过自己的变革来改变现有的矛盾，延长北宋王朝的寿命，从这一点来说，他们是一致的。将兵法也确实在一定程度上加强了北宋王朝的军事力量，这一点是毋庸置疑的。

通过裁兵置将这一套办法，宋朝军队的人数从116.2万锐减到55.86万人，仅从数字就可以看出，裁军呼过半！此举不仅节省了大量军费，而且还大大提高了军队的战斗力，军队的士气也大大提升。一时间名将辈出，例如郭逵能在战场上将自己的技能发挥得淋漓尽致；高永在遇到敌人的时候每次都能身先士卒；刘昌祚对于箭术则非常擅长，百步穿杨，无人能敌，致使西夏的官兵都以为他是神明。由此也就造就了一批战无不胜的骁勇之师，以致后来宋朝在对西夏作战的过程中，屡次能够以少胜多，曾经出现过“不满千人，却贼数万”的非凡战绩。这种辉煌的战绩放在历朝历代都可以称得上是骄傲和自豪的，也正是因为这样的胜利，让敌人闻风丧胆，在一定程度上洗刷了宋军之前的颓废之气，这在以前都是不可想象、更不可能做到的事情。

因为裁军幅度较大，所以军费节省也相当明显，根据漆侠先生的计算，熙宁年间军费支出比庆历年间减少1.3万多缗。熙宁六年六月，北宋政府置军器监，专门管理内外军器之政。王安石变法前，宋军使用的兵器大多“朽窳不可复用”，虽然全国各地生产的弓、弩、胄等数量“以千万计”，但“无一坚好利实可为用者”。据《续资治通鉴长编》记载：宋军士兵常“执钝折不堪之器械”，“铁刃不钢，筋胶不固，长短小大，多不中度”，严重地影响了宋军的战斗力。造成这种局面的原因主要是北宋当时十分缺乏制造兵器的良匠，生产的兵器质量低劣，而掌管收藏兵器的官吏，在收购兵器的时候，又只“计其多寡之数而藏之，未尝责其实用”，以致造成“所积虽多，大抵敝恶”的后果。王雱上疏神宗“择知工事之臣，专其职，且募天下良工，散为匠师。而朝廷内置工官以总制其事，察其精窳而赏罚之”，得到宋神宗赞同。于是，设置军器监，“总内外军器之政”，统一管理全国各地武器的制造，奖励发明，以改进兵器。军器监的设置情况如下。

机构设置方面，设置判官一人，通判一人。判官、通判之下“其属有丞、有主簿、有勾当公事”，改变了以前的“军器领于六司”的隶属关系。

管理办法方面，择“知工事之臣”，“使专其职”，并且“遣吏以利器诣诸路作院，谕以为式，第工为三等，视其器之良窳而黜陟其官吏”；积极招募天下良工，鼓励“知军器利害者，听诣监陈述”。当时“吏民献器械之法式者甚众”，乃令“三帅视实利便者制造”。

军器监成立以后，网罗天下，广收人才，广纳各方意见，为了更好地发展并壮大自己的军事实力，北宋政府曾做出了这样的规定，即天下凡是懂得军器的人，可以随时到军器监谈论自己的想法；同时，对军器监各级主管严加考察，一旦发现不合格者，立即予以撤职。如果武器制作不精者，视情节轻重，黜陟其官吏。军器监分工也很明确，有火药、青窑、麻作等共11目，并且有一套严格的规章制度，严禁把相关技术外传。

军器监设立后，成效明显，此后北宋各种武器的制作都非常精良。《续资治通鉴长编·卷249》熙宁七年春正月庚戌亦载：“初，在京及诸路制造军器多杂恶，河北尤甚，至是所制兵械皆精利。”特别是神臂弓，既坚韧又锋利，最为优良，能“射地百四十余步，入榆木半，……而他弓矢弗能及”。沈括也说，神臂弓能“射三百步……最为利器”。神臂弓在制夏战争中显示了一定的威力。如元丰四年（公元1081年），宋军夺取磨脐隘时，刘昌祚以“牌手当前，神臂弓次之，弩又次之”，向夏军猛攻，“夏人遂大败”。其他武器，也都发挥了各自的威力。如熙宁九年十二月，在反击交趾侵略的自卫战争中，交趾“以象拒战”，郭边先“使强弩射之”，后又“以巨刀斩象鼻，象却走，大兵乘之，贼溃去”。

不仅武器的质量大为提高，数量也非常可观，“戈矛弧矢甲胄刀剑之类，皆极完具；等数之积，殆不胜计”，“可足数十年之用”。

不仅如此，军器监还致力于兵器制造理论研究，总共讨论编写了110卷“军器法式”专著，对兵器种类和制造方式进行了详细介绍，为传之后世做好了准备。王安石全面整顿军队，取得了非常明显的效果，大宋军力达到了前所未有的水平。因为大宋军事力量增强，人猛马壮刀枪锋利，使得长期欺负大宋的辽国也心生畏惧，在加紧武备的同时，也不忘把修城蓄谷定为守备之计。

这种转变，是建宋以来百年所未有过的事。将兵法的实行，使兵知其将，将练其兵，提高了军队的战斗素质。

王安石的军事改革基本上是成功的，淘汰老弱残兵，部队留下的是相对精壮的士兵；裁军之后，兵员减少了，战斗力反而有所提高。正赶上西夏毅宗驾崩，继位的夏惠宗才8岁，外戚梁氏专权，将领们不服，西夏政局陷入混乱。宋趁机招诱青唐羌等羌人部落归附，“开地二千里”，是北宋少有的主动扩张举动。

熙宁三年司农寺制定《畿县保甲条例颁行》。其主要内容是：乡村住户，不论主客户，每十家（后改为五家）组成一保，五保为一大保，十大保为一都保。凡家有两丁以上的出一人为保丁，以住户中最有财力和才能的人担任保长、大保长和都保长，同保人户互相监察，农闲时集中训练武艺，夜间轮差巡查维持治安。王安石推行保甲法的目的主要是为了防范和镇压农民的反抗，以及节省军费。保甲法既可以使各地壮丁接受军训，可提高预备役的军事素质，又可以建立严密的治安网，把各地人民按照保甲编制起来，以便稳定封建秩序。保甲法的本意是把农村住户编为保甲，农闲时军训，农忙时回家务农，很有一点类似后世的民兵或预备役的味道，可以提高全民军事素质、加强治安，并有助于官府加强对人民的控制。北宋实行“重文抑武”政策，国民血性不足，王安石这么做也是有的放矢。然而规定是由人执行的，而执行者难免在执行的过程中上下其手，捞取好处。什么时候算是农忙，什么时候算是农闲，农民们说了不算，要保长说了才算。眼看地里的庄稼就要熟了，保长却非说农民们的武艺没有操练好，还要继续操练，非得农民们给保长老爷送上常例钱钞，才能回家割麦。保长得了钱，再孝敬上官、上差。

这样一来，保甲法实行下来，老百姓们的武艺倒没有怎么提高，口袋里的钱倒是有不少被各级官吏搜刮去了。

熙宁六年（公元1073年），保马法颁布，规定京东、京西、河北、河东、陕西五路，“义保愿养马者，户一匹，有物力养马者户两匹……以监牧见马给之，或官与其值使自市”。府县不超过3 000匹，五路不超过5 000匹，马匹随时准备官府征用。养马者三等户以上十户为一保，四、五等户十户为一社。“官养一马，以中价率之，为钱二十七千，募民牧养，可省杂费八万余。”（《宋史》卷198）此后保马法推行到其他各路。

自此政府陆续将河南河北各监牧废除，租监牧地给农民，获取了一笔很大的收入。元丰三年（公元1080年）“废监租钱遂至百一十六万”（《宋史》卷198），但保马法并未解决马匹供应问题，元祐元年（公元1086年）又“议兴废监、以复旧制”，于是各州马监又相继恢复。

根据保马法，民养官马，平时可以自家做农耕用，战时归还官府做战马，马死或病，照价赔偿。此举目的是要用民养代替官养，解决宋军的马匹来源。“骑兵在整个中世纪一直是各国军队中的主要兵种”，与宋对阵的辽、夏、金、元，都有强大的骑兵部队，而宋朝不仅骑兵少而且有限的骑兵中战马也严重不足，《宋史》中就多处提到缺马情况。骑兵的落后，是宋军在多场战争中败北的重要原因。规定看起来也不错，然而在平原甚至江南水乡，养马是很困难、很费钱的一件事情。而且作为农耕之用，养马还不如养骡子，更何况农耕用马和战马还是有区别的，农民们养出来的马，很难做战马使用。农民们往往把领养官马当作一件苦差事，不愿意去做，像逃避差役一样逃避养马。然后地方官员又要动动脑筋，让农民们自愿养马，致使有些农户因此破产。

结果，保马法实行下来，并没有给大宋王朝提供可用的战马，反倒像募役法一样为害民间。

方田均税法是改革土地征税制度的一项重要措施。其主旨是通过丈量田亩，整理地籍，以实现均平税收负担，增加财政收入。

北宋初期，由于土地买卖兼并已久，地籍紊乱，富者田产日增而田赋并未随之增加，贫者田产日少而田赋随之减少。据《宋史》载，当时纳税者仅占30%，甚而有私田百亩者，只纳四亩的税。

仁宗时，大理寺郭谘首创千步方田法，在徽州肥乡试行，据以免除无地而有租税者400家，纠正有地而无租税者100家，收逃漏税款80万，逃亡的农民又重新归来。个别州县继续试办此法，都是屡试屡止。王安石任宰相后，将郭谘的原办法加以补充，于神宗熙宁五年（公元1072年）六月，首先推行于京东路，以后逐渐推行于其他各路。

均税是王安石变法的内容之一，包括方田与均税两个部分：方田，是一种清丈土地整理田赋地籍的制度。具体办法是以东西南北各千步，相当于41顷66亩160步为一方。每年九月县令派人分地丈量，按照地势和土质的肥瘠分为五等，依地之等级和各县原来租税数额分派定税。至次年三月丈量完毕，公布于民。均税，是对清丈完毕的土地重新定税，做到：纠正无租之地，使良田税重，瘠田税轻；对无生产的田地，包括陂塘、道路、沟河、坟墓、荒地等都不征税；一县税收总额不能超过配赋的总额，以求税负的均衡。

方田均税法的本意是通过丈量土地，确定税额，避免豪门大户逃税，并在一定程度上遏制土地兼并，出发点不错。但是方田均税法规定每年九月都要重新丈量，而每次丈量，都是各级官吏中饱私囊的好机会，豪门大户仍然可以通过贿赂官员的方法来逃税。方田均税法不局限于北方诸路，在南方许多地区也曾推行过。

方田均税法的施行对社会发展起到了一定的积极作用，它消除了部分隐田逃税现象，增加了赋税收入，一定程度上减轻了农民的负担。但它却侵害了豪强地主阶级的利益，遂遭到他们的强烈反对，元丰八年（公元1085年）基本废止，共推行了14年。先后所方之田，仅及五路，所清丈的田达2 484 349顷，占当时全国垦田总数的一半以上，可算是中国古代历史上丈量田亩的一次壮举。

熙宁二年（公元1069年）十一月，神宗正式颁布实行《农田利害条约》（又称《农田水利约束》），这是一部大兴农田水利建设的行政法规，对各地兴修农田水利的组织审批方式、经费筹集、责任和权利分担、建议人与执行官吏的奖赏等，都有具体规定。它是中国古代第一部比较完整的农田水利专法，全文共分八条，1200余字，其内容有：凡能提出有关土地耕种方法和某处有应兴建、恢复和扩建农田水利工程的人，核实后受奖，并交付州县负责实施；各县应上报境内荒田顷亩，所在地点和开垦办法；各县要上报应修浚的河流，应兴修或扩建的灌溉工程，并做出预算及施工安排；河流涉及几个州县的，各县都要提出意见，报送主管官吏；各县应修的堤防、应开挖的排水沟渠要提出计划、预算和施工办法，报请上级复查，然后执行；各州县的报告，主管官吏要和各路提刑或转运官吏协商，复查核实后，委派县或州施工；关系几个州的大工程，要经中央批准；工程太多的县，县官不胜任的要调动工作，事务太繁重的可增设辅助官吏；私人垦田及兴修水利，经费过多时，可向官府贷款，州县也可劝谕富家借贷；凡出力出财兴办水利的，按功利大小，官府给予奖励或录用；不按规定开修的，官吏要督促并罚款，罚款充作工程费用；各县官吏兴修水利见成效者，按功劳大小升赏，临时委派人员亦比照奖励。据漆侠先生分析，神宗颁布《农田利害条约》主要目的是：无论官员或居民，只要熟谙农田耕作或水利修建工程，都可向各级官府陈述自己的意见，经各级官员商量或核实清楚，如确属有利，即由州官员实施。其中较为巨大的工程，即奏明朝廷决定，等到实施完毕，按功利的大小，对条陈意见的人给以一定奖励，兴利极大的，即量才录用。

《农田水利条约》在实行过程中又不断完善。熙宁四年（公元1071年）补充规定，对兴修农田水利有功的官员，按灌溉顷亩千顷以上、五百顷以上和百顷以上三等分别予以奖励。熙宁五年（公元1072年）又补充兴修水利占用民田，应以官田补偿的办法，以及对无力承办兴工者，出官钱资助的办法等。这本是好事，可急功近利地去执行，反而闹出了笑话。《邵氏闻见后录》和司马光《涑水纪闻》记载了同一件事情："王荆公好言利。有小人谄曰：'决梁山泊八百里水以为田，其利大矣。'荆公喜甚，徐曰：'策固善，决水何地可容？'刘贡父在座中，曰：'自其旁别凿八百里泊，则可容矣。'荆公笑而后止。"刘贡父跟王安石是诗友，关系不错；王安石曾经出过一个上联：三代夏商周。刘贡父对下联：四诗风雅颂。对句的妙处在于《诗经》中的"雅"又可分为"大雅"和"小雅"，与"风""颂"合起来恰成"四诗"。当时传为雅谈。后来刘贡父挖苦王安石凿泊引水一事，传为笑谈。

贡举新法，顾名思义就是关于改革考试制度的法令。这项法令颁布于熙宁四年（公元1071年）二月。隋唐以来，各代王朝的统治者都开始实行科举取士，我国的科举制度也由此开始。科举制度的实行，打破了自魏晋南北朝时期的九品官人法，为广大的庶族地主和广大的寒门人士提供了参政的机会，有力地打击了士族门阀的势力，人才的选拔也较为公平。因此，科举制度带来的进步作用是很显而易见的。但是隋唐时开始的科举制，把广大的读书人都控制在了诗赋儒经之中，所学的知识，都脱离了实际的社会，时间越长，其显示出来的弊病也就越来越明显。北宋王朝的政治家也看到了这种弊病所带来的影响，都很想采取一种办法来对此加以改革。范仲淹在宋仁宗庆历新政期间向朝廷上书陈述要求的进行变革的方案中，其中的第三条就是"精贡举"，由此可见封建士大夫对选拔人才的重视程度。与范仲淹一样，王安石也意识到了其中的弊病，所以在他进行变法之前，对科举考试的改革亦有所思考。王安石对科举改革所作的思考是：考进士时取消以前要考的诗赋记诵，而是改考对朝廷实际政治问题的见解；考经学时取消以前要考的记问传写，而是改考对礼乐等实际问题的看法。王安石所思考的这些，在他执政以后的变法中，全部被付诸实际行动。熙宁四年二月，颁行了科举考试的法规，其言如下：

古之取士皆本于学校，道德一于上，习俗成为下，其人才皆足以有为于世。自先王之泽竭，教养之法无所本，士虽有美才而无学校师友以成就之，议者之所患也。今欲追复古制以革其弊，则患于无渐。宜先除去声病对偶之文，使学者得以专意经义，以俟朝廷兴建学校，然后讲求三代所以教育选举之法，施于天下，庶几可复古矣。

这个法令，提出了科举改革的根本目标与目前任务。根本目标就是恢复三代的教育选举之法，目前的任务就是改革现有的以诗赋、记诵、传记为主的考试。鉴于此，又做了如下六项规定：

一是废罢明经及其他诸科，只保留进士科。

二是京东、陕西、河东、河北、京西五路先设置学官，予以教导。礼部所增进士名额，只能在这五路中录取，为的就是诱导这几路的诸科人士努力考取进士。

三是进士科考试罢废诗赋、帖经、墨义，只选《诗》《书》《易》《周礼》《礼记》等本经中的一经，并涉及《论语》《孟子》等兼经。

四是每次考试分为四场。第一场为本经，第二场为兼经并大义十道，要求“务通义理，不须尽用注疏”，第三场论一道，第四场时务策三道，礼部五道。

五是凡诸路从应诸科改应进士科的，皆另场考试。今后新人应举，不得应诸科，渐令改习进士。

六是殿试策一道，限千字以上，分五等。第一等、第二等赐及第，第三等出身，第四等同出身，第五等同学究出身。

熙宁科举改革的目的，在于造就和选拔为新法服务的人才。宋神宗对这一项改革所取得的成绩和实际效果非常满意。熙宁六年（公元1073年）三月，宋神宗说：“今年从南方所得的大多数是很有名的举人，大家都很倾向于义理之学，这是一件好事。”科举法的改革，在宋一代确实造成了读书人都很倾向于义理之学这样一种风气。

但是，王安石的这一项很合时宜的改革，却遭到了反对。而且反对这个改革的人很多，其中苏轼反对得最为激烈。苏轼认为，从文章的角度来看，策论是有用的，诗赋就没有什么用处；从政事这个角度来看，则诗赋、策论均成为没有什么用处的东西了，虽然知道这个没什么用处，但是从创国之初以来就没有废除。

他又说："从唐朝到现在，靠诗赋起家而成为名臣的人，大有人在，多得数都数不过来，又何曾有负于天下，而现在必须要废除呢？"应该说，苏轼的这一说法在某种程度上具有一定的道理。

王安石的改革，固然有他自己的道理，但是以苏轼为代表的反对派的意见，也不是没有根据的。王安石废诗赋而倡导经义和策论，其用意在于引导读书人关心政治理论和国家的现实问题，而不是把精力都放在与现实无关的诗赋传记之学上面。但是，这样改革的问题在于习经义和策论，并不等于这样就能解决现实中存在的政治问题。诚然，诗赋和传记固然脱离了现实政治，对政事没有什么实际的帮助，但是，经义和策论又何尝一定是切合政治的呢？对解决实际的问题又能有多少帮助呢？站在今天的角度来看待，空洞无物的经义和应试所学的策论不知有多少，也不知道这些到底给当时的社会带来了多少益处。用历史的眼光去看，这些还不如诗赋，诗赋虽然对政治没有什么大的帮助，但是对文学的发展却是大有益处的。

总的来说，这些改革措施还是相当不错和富有改革精神的。也难怪后世许多人，包括许多大人物们，对此都赞誉有加。

第三节　众建贤才，人才迫切

王安石对人才选拔的要求基本上可以从《上仁宗皇帝言事书》中表现出来。这篇被梁启超称为"秦汉以下第一大文"的上书，是王安石在嘉祐四年（公元1059年）任提点江东刑狱任满返京述职时，写给仁宗皇帝赵祯的上书。这封上书，实际上不仅是王安石要求革新变法的具有纲领性的政治论文，而且也是他的人才政策和方案的基本设想。王安石《上仁宗皇帝言事书》中的人才观和变法主张，没有引起宋仁宗和当政大臣们的注意。治平四年（公元1067年）正月，年轻有为的宋神宗即皇帝位，王安石于四月应召回到开封。宋神宗在做颖王时就对王安石的为人和才学有所闻知，即位后，看到法弊风衰的现实，急欲力图革除历世之弊，以建振邦非常之功。熙宁二年（公元1069年）二月，王安石被擢为参知政事（副宰相），次年十二月，又被任命为宰相。这时，王安石的人才观才得到实际的运用和较充分的发挥。

宋自立国以来，实行文臣治国政策，重视科举择人。真宗以后，科举制度的腐败、恩荫的宽泛、学校教育的废弛，使得官僚行政机构十分庞大和腐朽，科场流弊丛生，加之考试内容、方式的陈腐、死板，只重文辞，不尚实学，于是，官场上无能的人特别多，而且还白拿国家的俸禄，真正有才能的人，往往一直到老也没有机会参政。所以，到了北宋中期，统治阶级内部出现了许多有志改革的人物，他们都把改革学校和科举、搜罗人才、革新吏制作为头等重要的内容。如范仲淹的庆历新政，就是以改革吏制，选拔贤能为中心的。在他的十项改革大纲中“明陟黜”“抑侥幸”“精贡举”“择官长”等，都是涉及人才问题的，其旨意即在于从改革科举、考察官吏中选拔一批具有实际从政能力，通晓政令案牍和具有真才实学的人才。欧阳修也主张“尽去寻常之格，以求非常之人”，并认为“苟非不次以用人，难弭当今之大患。”他还说：“当今天下之大，不能说没有可用的人，但在朝廷上没有才能的人也能滥竽充数。宁肯用没有才能的以败事，也不肯费心去选择有才能的人，因为这个原因，所以才感觉无人可用。”苏轼在上书中也要求选拔人才，改革吏制。他说：“天下之所以不能被很好地治理，失误就在于所用非人，而不是法律的原因。”他主张“择人要精”，“任人宜久”，并且要有真才实学，坚决反对任用那些多空文而少实用的儒生和“平生五千卷，一字不救饥”的书呆子。这一时期的这些有志于改革的人物的人才主张，或归于失败，或没有实施，但他们重视人才、改革人才选拔制度的思想，无疑对王安石的人才改革思想起了积极的、直接的影响。王安石的《上仁宗皇帝言事书》写于庆历改革失败后的低潮中，它不但是北宋中期一些进步的士大夫重视人才、改革吏制、变法图强思想的结晶，也是北宋以前历代“人才观”的总结和发展。

在《上仁宗皇帝言事书》中，王安石首先从政治改革的要求出发，提出了人才问题的严重性和迫切性。他分析当时人才严重不足的状况：一方面，在位能真正干事的人不多，能推行朝廷法令，知道轻重缓急的人也不多，而没有才能且卑鄙贪污的人，倒是有很多；能讲先王之意以合乎此时变法的人，看看朝廷上所有的人，基本上可以说是没有的。不但如此，这些人还往往借推行变法而骚扰百姓，使新法反受其污，百姓反遭其害。另一方面，草野闾巷之间，人才也未见其多。这就是说，由于不重视教育和培养，以及人才的选拔导向不当，整个社会已处于人才严重匮乏状态，“九州之大、四海之远，孰能称陛下之指，以一一推行此而人蒙其施者乎？”因此，要想进行社会改革，就必须首先改革这种人才缺乏的状况，选拔和培养改革事业所需要的人才。王安石指出：“如果人才不足，就是陛下原本想着要改变天下的事，以符合先王之意，但是这种形势也未必能如您所愿。现在最急需的，就是人才。如果能使天下有才能的人增多，然后朝廷也就可以在这些有才能的人之间选取人才了，在位的人有才能以后，再想变更天下的弊端，以符合先王之意，那么相对而言就很容易了。”

在王安石看来，人才是变法的根本和核心。变法的主体是人，而变法首先也是为了人，人的改变是变法的先决条件和最后归宿，如果没有众多的具有真才实学的人才，要变更法制、革新吏制、整顿财政、维护国家的安定、国富民强是根本不可能的。“徒法不能以自行”，“得其人而行之，则为大利；非其人而行之，则为大害”这个思想，在他以后的几次奏疏和文章中，都一再加以强调。如在《度支副使厅壁题名记》中，王安石说：“能整合天下之众的是财，能理顺天下之财的是法律，能遵守天下之法的是官吏。如果官吏不好，即使是有法也不能遵守。”嘉祐六年（公元1061年）《上时政疏》进一步阐述：能长久地守住天下，没有很明确的法律，是不足以维持的；不广泛地重用有才能的人，是不足以保守住的；有才能的人不用，法律不去修缮，旷日持久，则天下是不可能不乱的；变法和人才，是治理国家的两件根本大事，就好像一辆车子上的两个轮子，相辅相成，缺一不可。不仅如此，王安石还从反面警告仁宗说，如果不重视人才的培养、选拔和合理使用，那么，在位之人才不足，而闾巷草野之间，亦少可用之才，“……社稷之托，封疆之守，陛下其能久以天幸为常而无一旦之忧乎？”看汉代之张角，三十六万兵马同日而起，所在郡国莫能抵挡。唐朝的黄巢，横行天下，其所至将吏无人能与之抗衡，汉唐之所以亡，祸端就是由此开始的。这就是说，北宋王朝如果不赶快培养和选拔真能治理国家的人才，实行变法，就会有亡国乱政之祸。

王安石认为，培养人才，是国家政治的首务，是人主的神圣职责，“人之才，未尝不自人主陶冶而成之者”。他总结历史经验指出，周继商而立，就是因为文王能陶冶天下之士，而使他们都能有君子之才，然后让这些人出任各个官职，所以出征能制胜敌人，守国能修好政事。宣王之所以能中兴，就是因为宣王器重仲山甫，并通过他来遴选天下士子，振兴人才，才出现了“宣王中兴”的大好局面。周朝兴衰的历史说明，人主是否重视人才，事关重大。

因此，要培养社会国家所急需的人才，首先要求人主要有“至诚”之心。“至诚”之心的核心就是要求“人主”以社会安危为己任，“长顾虑后”，革除因循苟且的社会弊风，振兴人才。只有以真诚之心，身体力行，以身作则，才会真正形成良好的尊重人才的社会风气。

王安石清醒地认识到，陶冶人才的工作是一个复杂的社会过程，绝非仅学校教育过程本身所能完成的。因此，必须从整个社会出发，从各有关方面建立和健全一整套合理的制度。这就是他主张的“教之、养之、取之、任之”等各个环节皆“有其道”。

“教之之道”

所谓“教”，主要是指由政府主办的学校教育。王安石把官学教育看作培养和造就人才的基地，而主张取缔私学。他认为三代以后“私学乱治”，私学泛滥的结果是其他思想的盛行，为了适应天下的需要，就要取缔私学，振兴由君主和国家直接控制的官学。他针对当时学校教育的弊端，提出了以下改革措施：

一是普遍设立学校。庆历以来，虽然中央明令全国普遍设学，但多数学校空有其名，既没有教师，也没有教学活动。因此，王安石提出要从中央到地方，建立一套完整的学校教育体系，从京城到州县都要有学校，彻底解决人才的来源问题。

二是严选学官。当时的学校，不仅名同虚设，而且没有教导之官。而中央太学虽有教导之官，也没有经过严格选拔，因而，很难胜任学校的教学和管理任务，所以必须广泛严格地选取教导之官，广泛地尊师立学，严格地选拔教学人员，才能完成学校培养人才的任务。理想的教师，既要品学兼优，又有实际工作经验，这样的人才能所教所学皆所用，不致流于空洞说教。

三是改革学校的课程设置。王安石集中批评了当时学校教育内容的空疏和腐朽、对现实的政治需要漠不关心、学非所用、用非所学的现状，指出这样的教育内容，不仅不能培养出对社会国家有用的人才，反而会败坏人才，为此，他提出了改革学校教育内容的实用的原则：治理天下国家要用的不能不教，而且关于这方面所有有用的都要学。今天所学的，就是以后治理天下国家要用的，而凡是于国家政治没有实际用处的都一律要从学校教育内容中删除。

“养之之道”

“养”是针对物质待遇和管理而言的。在严格管理的条件下，保障必要的物质生活待遇，是人才得以正常生活、安心工作和顺利成长的前提条件。因此，必须抓好这一环节。王安石对人才的待遇和管理，提出了三条具体措施：

第一条是“饶之以财”。王安石认为，当时朝廷对现职官吏的俸禄规定得太低。一般地说，除在皇帝身边的大官、亲信外，其他人稍微遇到一些事情的，没有不兼农商之利维持生活的。尤其是地方上的“州县之吏”，靠“一月所得”，很难维持日常生活，更谈不上道德修养。按人之常情，一般人没有起码的生活保障，就自然会道德沦丧。人没有足够的钱就会有贪心，且会想尽办法去捞钱。在中等人之上的，虽然穷但却不失为君子，在中等人以下的，虽然老实却不失为小人。只有中等的人则不是这样的，穷就是小人，老实则就是君子。而在社会上，中等之人是大多数，他们直接影响社会的风化，因而使一般人有生活保障，才是保障人才成长的基本条件。而按当时生活待遇，不但人才不能得以正常成长，社会风气也很颓靡。

由此，王安石提出要“制禄养廉”，使知识分子出身的人有基本的生活保障：由平民百姓而当官的，他的俸禄应足以代替他耕地所得。由此而推，每个官阶的人，都应该使其有足够的俸禄以养廉，而远离贪污腐败。不但如此，就连“世禄”及其子孙，也应该使其没有身前身后之忧。

第二条是“约之以礼”。王安石认为，按照人之常情，当人有了生活保障，如果不加以严格地制约，就会成为腐败的祸根，人就会“以奢为荣、以俭为耻。”这样一来，有钱的人贪污而不知道停止，穷的人则再节省也很难生活下去。因此，必须按照人的不同的社会地位和经济条件，对其生活、社会交往、礼仪等方面，加以严格地限制和管理。

第三条是“裁之以法”。王安石认为，当时的法律仅是“重禁贪吏而轻奢靡之法”，“禁其末而弛其本”。因此，他提出，在有了基本的生活保障和严格管理的基础上，对不服从管教的，必须施以严刑峻法，才能使前两项措施发挥其应有的教育培养人才的作用。

总的看来，王安石的“养之之道”，是一条以管理为中心的人才培养措施，其基本思路就是从“制禄养廉”出发，在增加俸禄、保障生活的基础上，建立健全必要的制度，防止放荡、侈靡的发生，在教育和制度都不起作用的时候，就要用刑罚制裁，以保证官吏在国家政治需要的轨道上正常地发挥作用，这对于专制集权制度下的人才管理来说，是有极其现实的针对性的。

“取之之道”

“取”即人才的选拔。无论是由学校培养出来的人才，还是从实际工作中成长起来的人才，都需要有一个认定的过程，即合理的选拔，否则，真假难辨、优劣不分，人才的培养、管理和使用都会失去根据。

王安石对当时的人才选拔提出了尖锐的批评：“就科举考试所选拔的人才而言，只能是死背硬记而略通于文辞，这样的是贤良方正；不用强记也不必广博的，只略通于文辞，而又尝学诗赋，这样的是进士。”这是北宋科举取士的两种主要类型，国家社会所需要的人才，主要由此而来。此外，又有“明经”一科。总之，科举取士的内容和方法都极度的空疏，不切实用，而这样选拔出来的人，就是可能位列公卿的人。实际上，这些人中真有公卿之才，能胜公卿之任的只是极少数，多数人只会说章句文字，应付科场考试。相反，在这种考试中，往往那些有真才实学的人，却困于无补之学，郁郁不得志而屈死于深山荒野之中。更为严重的是，那些受祖宗恩泽的世家子弟，既没有经过学校教育，也没有经过国家有关部门考问其才能，甚至也没有父兄家长的担保，而朝廷却按规定授予其官职，这种“官人以世而不计其才行”的做法，危害实在是太大了。还有一种“流外”的铨官办法，其危害也十分可怕。王安石指出，朝廷把那些“挤之于廉耻之外，而限其进取之路”的不符合要求的官吏派到地方，派他们管理州县的事，实际上是把地方政权，即国家政治的基础交给他们，他们危害地方政教是必然的。由此，王安石提出了他的“取之之道”。

第一，把学校教育纳入社会的人才选拔制度范畴，使学校教育为社会政治服务。人才必须从学校教育中选拔，进而建立严密的人才选拔制度和体系。由人君直接控制取士大权。古代的人君能得天下者，他们选择公卿是非常谨慎的，然后由公卿选拔贤能及四方之官吏，选拔的公卿是有贤能的人，他们选拔的各级官吏也就会是贤能的人，则在朝廷各个衙门办事的人都会是有才能的人。

第二，基层推荐上级考察。他主张选拔人才要“试之以事”，最好的办法是推举与考察相结合，让大家都知道他的能力所在，然后详加考察。他提出：考察人才不能光凭道听途说或只听一个人的意见，而应当审查被推举人的品德，还要审查他的才能；了解其才能后，还必须有实践，即在实际中考察他的才德如何。他认为，有才能无才能，在形貌上没有区别，如同千里马和劣马拴在马棚里，饮水、食当、嘶鸣、啼啮，没有异样，如果把它们从马厩里拉出来，负荷奔驰，千里马和劣马立即可判。

“任之之道”

“任”是指人才的使用而言。在王安石的思想中，人才的使用是人才陶冶的最后一步，是人才的完成。使用得当，就能发挥人才的作用，人才的价值才算实现；使用不当，人才就没有发挥作用，甚而会对人才的培养、教育起反作用。

王安石指出，当时朝廷用人，“不问其德之所宜，而问其出身之后先；不论其才之不称否，而论其历任之多少”，这种只问出身先后和资历深浅的做法，已成风气并根深蒂固。在这种情况下，就很难破格提拔有真才实学的非凡的人才。他还指出，当时朝廷用人任职不够专一，且调动非常频繁，这是非常不利于人才的培养和发现的。以文学进入仕途的人，让他去治理财政，财政治理一段时间后，又让他去管理监狱，这样频繁的调动，对于经验的积累是没有一点好处的。另外，由于论资排辈的用人制度，朝廷用人赏罚原则也不以功过。对明知有才有德、工作称职的人却不肯加以重用，而对无真才实学、力不胜任的人，因为没有人告发，也不能撤职。

针对这些问题，王安石提出了他的“任之之道”的三原则：

一是“宜”。他认为，“人之才德，高下厚薄”不同，其所任有宜有不宜，并没有贵贱之分。朝廷用人应该以称职为原则：“知农者以为后稷，知工者以为共工，其德厚而才高者为之长，德薄而才下者以为之佐属。”

二是“久”。“设官大抵当久于其任。”久于其任，则上下相知，成绩可著，错误可彰，上狃习而知其事，下服驯而安其教；贤者则其功可以至于成，不肖者则其罪可以至于著。这样，才能调动人的工作积极性，“智能才力之士，则得尽其智以赴功，而不患其事之不终，其功之不就也。偷惰苟且之人，虽欲取容于一时，而顾僇辱在其后，安敢不勉乎！”

三是“专”。王安石认为，“夫人之才，成于专而毁于杂。”从人才的使用来说，就是要信任，使人才有信心、有机会尽职尽责，“得行其意”，而不要“一二以法束缚之”，一举一动都得受到约束，否则，即便“贤者在位，能者在职，与不肖而无能者，殆无以异”。

此外，还应对任职官员加以考绩，“黜陟幽明”，才能形成完整合理的任职制度。对工作没有绩效、不合格的人，即便没有犯错误，也要撤下来，而对有工作成绩，工作尽责尽职的人，要给予奖励和提拔，即使有错误也不要紧，不要求全责备。

从王安石的诸项主张中，我们不难发现，王安石的人才陶冶及教育改革思想有以下几个特点。王安石把陶冶人才与政治改革和教育改革联系起来，使陶冶人才为政治服务。他的人才陶冶的纲领，都是针对当时社会现实中人才的培养、使用上的弊端提出来的，具有强烈的现实针对性，从而使得他的人才理论具有坚韧的斗争锋芒。这种教育为政治服务，理论与实际相联系的人才培养教育的思想，在当时的历史条件下，是非常难能可贵的。他的陶冶人才的见解，不局限于学校的狭隘范围内，而是统筹全局，把对人才的有效培养和造就同必要的生活待遇、严格的管理、合理的选拔及恰当的使用等各个环节有机地结合起来，其实质是把教育改革纳入吏制改革，企图通过吏制改革来解决教育的问题。因此，在他看来，教、养、取、任的人才陶冶过程是一个有机的整体，既有原则意义，又有操作意义。但根本地说，它并不是依照一个简单的先后顺序。学校教育既是培养、选拔、任用人才的基础，又是人才成长的土壤。而从养士的角度来看，它本身既是人才的培养，也关乎人才的选拔与任用。另一方面，人才的选拔和任用，又直接指导着学校的办学方向和发展水平，影响着学校的学风，人才的教育结果成功与否最终又是通过选拔任用来衡量的。即“任”与“取”的关系来说，也是任取结合，取以任行，任以取合。总之，教、养、取、任并不是可以截然分开的四个步骤，而是一个辩证的统一体，其根本精神是要把吏制改革与教育改革联系起来，通过教育的改革来控制选士大权。

历史的经验也表明，人才的陶冶，光靠学校是无法完成的。人才的教、养、取、任四方面，如果没有一套完善合理的制度和有效的执行措施，即使学校培养了人才，仍然会被埋没和浪费。何况在这种背景下，学校教育也会走入歧途，根本就不可能培养什么人才。因此，必须使人才陶冶成为整个社会的事情，成为具体的社会过程。王安石提出的陶冶人才的一些具体主张，无论是整顿学校的措施、物质待遇的规定，还是选拔人才的方法、使用人才的制度，其中都有不少合理因素，反映了人才陶冶过程中的某些普遍性和根本性的问题。比如，重视学校教育培养、造就人才的作用，强调学习有用的知识、保障人才必要的物质生活并加强对人才的管理，实行推荐与考察相结合的选才方法，注意长期使用人才，反对论资排辈，要求德才与职任相称等，都是有一定的思想深度和理论价值的。

王安石在《上仁宗皇帝言事书》中针砭时弊、极言变法，并从变法的政治需要出发，论述了人才陶冶对于政治改革的重要性和迫切性，并针对当时在人才的培养、选拔、任用等一系列问题上压抑、浪费、埋没人才的不合理现象，全面、系统地阐述了他的人才思想，提出了教、养、取、任的一系列具体原则和措施，既解决了人才的有效培养问题，又涉及了人才的管理、选拔、使用问题，成为他后来执政时进行教育和科举改革的基本蓝图。清人蔡上翔在《王荆公年谱考略》一书中，对王安石的《上仁宗皇帝言事书》给予高度的评价，称它是“秦汉而下，未有及此者”“斯文之在天壤间，终不失为悬诸日月不刊也”，并认为“后安石当国，其所注措，大抵皆祖此书”。可见该文对王安石政治改革事业的影响。王安石的人才观和改革变法，基本上是为了达到富国富民强兵的预期目的。但新法触犯了世世荫封的大官僚大地主的利益，遭到了他们的强烈反对和攻击。元丰八年（公元1085年）三月，宋神宗去世，次年，垂帘听政的宣仁太后起用了司马光为执宰。在司马光任宰相的八个月内，王安石的新法全部被废除，其他改革人物也相继被贬逐，变法失败。尽管如此，王安石的功绩，仍然彪炳史册。对此，鲁迅先生在《老调子已经唱完》一文中说过：“宋朝的读书人讲道学，讲理学，尊孔子，千篇一律，虽曾有几个革新的人们，如王安石等等行过新法，但不得大家的赞同，失败了，从此大家又唱老调子，和社会没有关系的老调子，一直到宋朝的灭亡。”鲁迅的这些话，既是对北宋王朝灭亡原因的总结，也从侧面肯定了王安石的变法精神，肯定了王安石打破常规选贤任能、唯才是举的人才观。

第五章　日落西山终归败，一人之力终归小

第一节　党派之争互交锋

王安石在宋神宗支持下进行变法，从一开始就遭到许多人的反对。以司马光为首的反对派在太皇太后和歧王赵颢的支持下，对新法进行了全面的攻击。守旧派反对改革，首先制造谣言，阻挠王安石上台参与大政，王安石以身许国，义无反顾，面对流言，毫不畏缩。公元1067年，神宗刚把王安石调到京师，守旧派就预感到力主改革的他将被重用。一时间，朝廷中刮起一股阻挠王安石参政的“阴风”。当他被任命为参知政事后，御史吕海急不可待地捏造了王安石十大罪状，攻击他“大奸似忠，大诈似信”。当时王安石刚上任几个月，连司马光也感到惊讶，觉得吕海操之过急。神宗看完吕海的弹劾文，立即退回，弄得吕海难以下台，不得不要求辞官，神宗于是让他做了地方官，王安石推举吕公代替吕海任御史。韩琦规劝神宗停止实行变法，神宗有些犹豫，刚想同意韩琦的意见，王安石立即要求辞职。后来，司马光为神宗起草的诏书中有“士大夫沸腾，百姓骚动”等言语，使王安石大怒，他立刻上章为自己辩护。神宗深感王安石的说法有道理，于是没有采纳韩琦的意见，而继续任用王安石管理政事。反对派认为，变法针对那些地方富豪是不应该的，他们是国家政权的基础，如果把他们都搞垮，一旦边境形势紧张，需要兴师动众，军需钱粮将没有着落。他们反对保甲法，担心保丁习武，一旦出现灾荒，保丁就会拿起武器造反，成为国家的大患。对于青苗法，反对派认为这实际上是在放高利贷，有损朝廷体面，而且荒年借贷肯定要亏

本。在推行免役法上，曹后、高后亲自到神宗面前哭诉，说她们的亲属被强迫交纳很重的免役钱，恐怕京城会因此发生动乱。对于反对派的责难，王安石据理反驳。“三不足”的说法是公元1072年王安石提出来的。熙宁五年（公元1072年）春，司天监灵台郎亢瑛奏言：“天久阳，星失度，这是由于强臣擅国，政失民心之故，应当罢免王安石。”枢密使文彦博为了阻挠市易法，居然上书说：“市易，招民怨，致使华山都崩塌了，这难道不是上天在警告吗？”反对派企图借一些自然异常现象动摇神宗，打败王安石，以废新法。因此，王安石勇敢提出“天变不足畏”的响亮口号。公元1075年10月，彗星出现，在当时被称作“妖星”，反对派趁机又掀起一次反对变法的高潮。由于王安石对天象有朴素的唯物论知识，保守派的阴谋才未得逞。

但是接下来发生的一件大事，却对王安石变法运动产生了致命的打击。这件事情是一位名叫郑侠的看城门的小官引起的。他原本是由王安石亲自提拔上来的，可是在他目睹了变法运动给老百姓带来的惨状之后，实在是忍受不住了，道德良知促使他一定要把实际情况向宋神宗上报，以解万民于倒悬之苦境。按理说在很多朝中大臣接连上奏折都没能让宋神宗改变主意、停止新法，而这么一个小官的情况上报，怎么可能引起宋神宗的重视呢？估计郑侠在上奏折前，一定也是大费思量，思忖着如何写这奏折，才能引起宋神宗的重视。最终，郑侠选择了一个与其他大臣都不相同、非常特殊的情况汇报方式，郑侠并不是上了一道文字奏折，可能他知道，宋神宗肯定对普通的奏折已经提不起兴趣了。于是，郑侠画了一幅“流民图”，呈见宋神宗，并附言此图所绘皆他亲眼所见的民间流民扶老携幼之困苦之状，俱是实情，请神宗观其害，罢废害民之新法。并且郑侠还立下军令状：“十日不雨，乞斩臣宣德门外，以正欺君之罪。”也是说，他请求宋神宗废除新法，是在为万民请命，如果罢废新法后，十天之内还不下雨，就让皇帝斩了自己。从郑侠所立下的军令状来看，他为了罢废新法，可以说将身家性命都全部押上去了。

宋神宗收到此图后，打开一看，不由倒吸一口冷气，只见图上无数流民扶老携幼，身无完衣，啼饥号寒，口嚼草根野果，许多人身披锁械犹负瓦揭木、卖以偿官，百姓尸体，奄毙沟壑，累累不绝。但是面对这样的惨状，酷吏还在威逼恫吓，怒目追索，无数百姓流离失所、呼天抢地……看完，神宗不禁潸然泪下，他非常痛苦、非常无奈，也非常迷惑，因为宋神宗实在想不明白，以“富国、裕民、强兵”为目的的变法运动，怎么会造成这样一个“民不聊生、天下万分悲苦、海内民怨沸腾”的局面？他实在是想不通啊，到底变法运动错在什么地方？“流民图”所绘之天下黎民百姓的惨状，不仅惊动了忧国忧民的士大夫们，使得请求罢废新法、贬黜王安石的奏折像雪花一样朝宋神宗飞来，还惊动了两位太后。慈圣、宣仁两位太后也是一把鼻涕、一把眼泪地述说“安石乱天下”，恳请皇上罢废新法，罢免王安石。在这样的压力下，宋神宗不得不选择了妥协，他将王安石降为观文殿大学士、知江宁府，而且基本停止了新法的实行。

吕惠卿等改革派坚持新法是正确的，并把郑侠交御史治罪。吕惠卿、邓绾言于帝曰：“陛下数年以来，忘寐与食，成此美政，天下方被其赐，一旦用狂夫之言，罢废殆尽，岂不惜哉！”相与环泣于帝前。于是，新法一切如故，唯方田暂罢。

这一次政治较量中唯一被废除的方田均税法，也是唯一以遏制土地兼并为目的的新法。不伤害老百姓的被废除，伤害老百姓至深的则统统保留，真让人啼笑皆非。

虽然以后宋神宗又重新起用王安石为相，变法运动仍是时断时续，但是整个变法运动发展至此，基本可以宣告它的失败了。

第二节　元祐更化废新法

公元1085年，被列宁称为“11世纪的改革家”的王安石主持的变法运动落下了帷幕。之所以这样，是由于元祐更化的出现。这期间的风风雨雨，究竟是怎么回事呢？

目前，史学界大多认为王安石变法具有进步意义，而把元祐更化看作一场复辟和历史倒退，并将变法失败的原因归结于元祐党人的反对，甚至把北宋的中衰和灭亡也归罪于元祐更化及其代表人物。其实，从王安石变法到元祐更化是一个必然的历史过程，是北宋社会矛盾发展的结果。因此，不能把这个历史过程中的某一个环节拉出来孤立地肯定或否定。

元祐元年（公元1086年）司马光执政，尽废新法，苏轼、范纯仁等人皆曰不可，司马光却执意而行，熙宁变法以司马光的元祐更化结束。不久王安石在江宁病死，同年九月，司马光病逝。史书上记载王安石退居江宁时："闻朝廷变其法，夷然不以为意；及闻罢助役，复差役，愕然失声曰：'亦罢及此乎？'良久曰：'此法终不可罢也。'"元祐元年二月，罢青苗法。到了三月，范纯仁以国用不足，请复之。八月，司马光奏称"散青苗本为利民"。其实，司马光最后也承认了青苗法是利国利民的，虽然承认了，但终究于事无补。

元祐八年（公元1093年），在宣仁太后主导下，重又恢复祖宗旧制，"凡熙宁以来政事弗便者，次第罢之"。支持变法者被称为"元丰党人"，反对变法者被称为"元祐党人"。

今天，历史的迷雾散尽，我们以一个局外人的眼光来看那段历史，其实熙宁年间到元祐年间反对变法的这些人，也不能全部冠之以顽固保守的帽子，否则有失公允。不可否认，他们中有一部分是为了维护自己的私利，但同时也应该承认，他们中也有一部分人的言行带有兴利除弊的成分，对新法的指责也基本上符合客观事实。他们根据自己的经验，认为积弊不可能在朝夕间就得以改变，改革也不可能迅速取得成功，这些都有一定道理，不能视为守旧。其实，在王安石变法之前，朝野上下要求改革的呼声已经很高了，因为各地的农民起义加上辽国的欺侮，这些都刺激着北宋统治集团的神经。有一些大臣也曾提出过很多办法，这其中包括文彦博、司马光、包拯等人。他们尽管思路各不相同，主张并不一致，可是都曾发出要求改革的呼声，最终的目的都是一样的。不过他们想走的是一条循序渐进的道路，当他们见变法如此苛峻，就只好转而投向保守派的阵营。王安石在变法中的激进做法，把这些主张采取缓进式改革的大臣，推到了对立面。

在所谓的反变法派中，有苏轼、苏辙、黄庭坚，甚至有王安石的亲弟弟王安国等人。这些都是非常正直、有才华的人物，他们冒着与皇帝作对的政治风险，强烈反对新法，其理由同样是为了能让国家安定，他们认为这种激进的做法过于冒险，一旦失败，后果不堪设想。他们只是想稳中求胜，虽然最后想要的都是胜，但是却与王安石的做法背道而驰了。在新法的实行过程中，他们看到、听到的来自民间的疾苦呼声，触动了他们的良知。其实，相当一部分人并非盲目反对新法，他们只是要求纠正新法的弊端，新法的合理之处他们也是赞成的。譬如，当司马光要把作为减轻农民负担的免役法废除时，苏轼等人再三力争，认为这项免役法已获得一致拥护，只不过对少数权势人家不利，万不可改。由此可见，这些所谓的反对派也是在为百姓考虑，并非冥顽不化、故意阻挠变法。

但不可否认的是，在反变法派中，的确有一部分人排斥和仇视一切新生的事物，他们沉醉于祖宗之法，认为那是让国家长治久安的秘诀，改变了，就是对祖宗的不敬，就要招来亡国之难，这些人只愿意守着陈腐的教条过日子。就元祐更化时期来说，反变法派中的司马光，就是北宋大官僚、大贵族、大地主既得利益集团的代表，他所采取的措施确实是一种历史倒退，称之为保守派也不为过。因此，在看待反变法派时，要根据事实，对他们进行区分，不能一概称之为保守派。

元祐更化不是北宋社会发展中的一个偶然事件，而且是北宋社会自身矛盾发展的必然结果，有着深刻的社会背景和多方面的原因。

首先，王安石变法触动了北宋大官僚、大贵族、大地主集团的既得利益，引起他们激烈的反对，这是元祐更化发生的主要原因。北宋在积贫积弱、内忧外患日益严重的形势下，统治集团中的一些人都意识到不能再照老样子继续统治下去，他们认为有必要革新政治以摆脱社会危机。不过有一个先决条件，那就是不能损害自己的既得利益。从总体上来说，什么新旧党争并不是要不要改革之争，而是怎样进行改革之争。

虽然王安石变法对巩固宋朝的统治、增加国家收入，起了积极的作用，却在不同程度上损害了北宋大官僚、大贵族、大地主集团的既得利益，这是他们不能容忍的。变法招来的不仅是公愤，而且是全体既得利益阶层疯狂的反扑。反变法派称王安石的诸项新法为聚敛之术，“聚敛害民”；说王安石的理财之策是兴利之道，“剥民兴利”。为了推翻新法，他们在政治、学术等方面做了大量文章，下了不少功夫。

其次，王安石的变法与宋朝一贯恪守的“祖宗之法”是背道而驰的。宋朝自建立以来，经历代朝廷的不断实践与完善，逐步形成了一整套的统治制度。随着时间的推移，这套“祖宗之法”越来越深入人心，成为王朝统治的重要依据，但同时它也愈来愈不适应社会的发展。然而，中国历代王朝对“祖宗之法”的继承和固守，以两宋为最。两宋对于“祖宗之法”的重视与强调，达到了前所未有的程度，上至皇帝大臣下至平民百姓，对北宋王朝前代帝王所施行的法度一以贯之地追念与推崇。尤其是北宋中期后，“祖宗之法”越来越不容置疑，它已成为臣僚们阐发政治主张时立论的依据、谏诤规劝皇帝时通用的利器。熙宁年间，王安石变法的大规模推行，在朝野掀起了轩然大波。新法主要是针对国家的财政经济问题，之后便逐渐由经济问题演变为激烈的政治冲突，关键就是因为新法涉及了对于“祖宗之法”的更变改革，一旦“祖宗之法”动摇，也就意味着统治政策受到质疑，由此还会引发一系列深层次的问题。

事实上，对于“祖宗之法”的守与不守、变与不变，始终是改革派与守旧派争论的核心。守旧派主张坚决维护“祖宗之法”，以此作为治国的主要依据。改革派则力主在各个方面实施改革，以此改变国家积贫积弱的局面。无论是哪一派的主张，出发点都是一致的，就是要维护和延续赵宋王朝的统治，只是选择的道路不同。北宋的改革派与保守派的争论主要是围绕政策法规层面展开的。王安石变法要改革的内容也是政策和设施层面的问题。但是，由于在实施变法的过程中，触动了“祖宗之法”的本质，动摇了“祖宗之法”的根基，牵扯到了更深层次的问题，这无疑是在向北宋统治者所实行的统治政策提出质疑，这一点是封建统治者所不能容忍的。尽管王安石在实施新法的过程当中，并非完全否定“祖宗之法”的作用，但同时他也从不将“祖宗之法”过度理想化。他毕生所追求的，不是以恪守成法、因循守旧来维持统治的稳定，而是要通过“择利害、辨是非”，通过“询考贤才、讲求法度”的“大有为”措施，来达到治弊防乱、富国强兵的目的。他倡行变法的指导思想，即要根据现在的形势进行相应的改革，以解决“内则不能无以社稷为忧，外则不能无惧于夷狄”的严重问题。王安石还提出“天变不足畏，祖宗不足法，人言不足恤”作为理论根据，来反击守旧派的攻击，支撑变法。王安石始终坚持，无所畏惧，遗憾的是宋神宗并不像他那么坚决，朝中反对的人日益多起来之后，神宗改革的决心也就慢慢动摇了。

王安石用发展变化的观点看待“祖宗之法”，给希望变法的士人注入了一针兴奋剂，但在思想还很保守的宋代，改变“祖宗之法”无疑会招来守旧派的激烈反对。反变法派要宋神宗不事更张，奉行“祖宗之法”，这种思想在当时的士大夫中是很普遍的。守旧派司马光、文彦博等人则主张“祖宗之法不可变”，“祖宗法未必皆不可行，但有偏而不举之弊尔”，“祖宗法制具在，不须更张以失人心”。因此，王安石的变法在一开始就遇到了强大阻力。王安石面对的不只是既得利益集团，而是全社会的守旧势力。

再次，新法本身及其实施过程存在不少问题，在实际操作中对平民百姓的伤害不可低估。王安石变法是一场自上而下的政治革新运动，从整体上说具有进步意义，但对各项新法，不可一概而论。变法中的许多措施都不完善，有广泛地利用金钱的趋势，以集体负责的方式主持，实际上是不符合当时的社会历史条件的。

王安石新法立意虽佳，但制定推行中却是弊端丛生，在政治上和经济上给劳动人民增加了新的负担。这种动机与效果的巨大反差，是变法屡遭攻讦的重要原因。新法没有把富国与富民很好地结合起来。虽然王安石在变法之初，曾做出过“民不加赋而国用饶”的许诺，但在实践中却没有做到，来自民间老百姓的抱怨日益高涨。王安石变法在实际操作上和效果上，在不同地方不同时期有着很大的差别。随着时间的推移，新法逐渐演变，向着王安石意料不到的方向转化。有的地区新法在实施中被严重扭曲，实施的结果更是出人意料地恶劣。推行新法导致了农民大量破产、工商业急剧萎缩，在政治上导致了统治阶层的分化。特别是元丰年间，新法对内激化了阶级矛盾，对外劳而无功，王安石本人是没有能力挽回这个局面的。随着时间的不断推移，变法所产生的弊端越来越明显，形势越来越不利于变法。

更何况，由于种种原因，导致王安石变法没有彻底解决当时迫切需要解决的冗官、冗费、冗兵三大问题，反而加剧了朝廷与农民的对立和冲突，激化了阶级矛盾，这正是变法失败的根本原因。因此，变法失败不在于反对派的反对，而在于没有减轻对人民的盘剥压榨和缓和阶级矛盾。所以，元祐更化并不是王安石变法失败的根本原因，元祐更化的出现只是一个契机，也是一个必然的结果。

最后，新法没有得到持久有力的贯彻，大部分遭到了废除，新法的废除也就同时意味着改革的失败。纵观中国古代的改革，一场改革的成功与否，在很大程度上依赖于当时的帝王，也就是说帝王是否真正拥有实权来支持和保证这场改革进行，再者就是帝王所依靠的官员是否得力、可靠，是否真心为国。遗憾的是，宋神宗在变法后期的举棋不定，无疑令步履维艰的变法形势雪上加霜，而此时的王安石已失去了开始时的锐气，再加上反对派声势的高涨，宋神宗对王安石的不信任日益增加，变法的决心也开始动摇。宋神宗的动摇，导致王安石两次罢相。

元祐更化能够发生的直接原因，是神宗的死和宣仁太后的垂帘听政。元丰八年（公元1086年），宋神宗死，年幼的太子赵煦即位，为宋哲宗，宣仁太后垂帘听政，起用司马光、文彦博、吕公著、范纯仁等反变法派。宣仁太后在政治上极为盲目和固执。宋神宗时代，她就是变法的主要反对者之一，曾与仁宗曹皇后一起在神宗面前哭哭啼啼，控诉王安石新法败坏祖宗家法，害苦天下百姓。宣仁太后垂帘后的第一件事就是召回反对变法最坚决的司马光。宣仁太后不仅一味信任司马光，对其委以重任，还在司马光死后，将其反对变法的措施贯彻到底。

此外，元祐更化的出现还涉及朋党之争、天灾等，由于篇幅原因，在此不一一详述了。

其实元祐更化的实行，大部分是针对王安石变法，从以下几个简单的方面可以窥见一斑。

在政治上，废除新法。正如前所述，哲宗即位后，司马光被召为执政，而司马光执政的核心就是恢复过去祖宗的法令、礼教。在司马光执政一年左右的时间里，王安石所实行的各项新法，几乎全部被罢废了。司马光曾说：“这些祸患不除，我死都不会瞑目的。”司马光在废除新法的同时，一一恢复了旧法，但这一切所造成的后果比原来更差。这一点，不知道司马光在实行“废新复旧”时有没有意识到。

在军事上，实行弭兵政策，宋朝为了求得一时的和平，一再命令守边将士不要妄动，这个政策使西夏认为宋朝软弱可欺，因此不断进攻兰州等地。在对西夏的政策上，司马光也完全改变了王安石的抵抗主张，先前对西夏的那种蓄势待发的态势也一去不复返了。哲宗即位后，西夏统治者欺其年幼，经常派使臣勒索兰州、米脂等边地，北宋不仅不发兵征讨，反而对西夏提出的要求一口应允，并斥责不赞成的大臣。西夏趁机侵占了北宋的大片土地，北宋仍然无动于衷。神宗时千千万万的将士用生命和鲜血换来的土地，就这样被西夏占去，而身为宰相的司马光此时却没有任何举措，这是一种出卖国土、苟且偷安的行为，这无疑又是元祐更化的一个失败之处。

在思想和学术上，崇儒禁法。这是从思想上对变法派进行打击。学堂停止使用王安石的《三经新义》教材，改科举考试法，明文规定崇儒禁法，使其合法化。

在人才任用上，排挤变法派。以司马光为首的反变法派在宣仁太后支持下，一举夺取全部的军政大权，贬黜熙宁、元丰时任用的诸位大臣，对变法派进行根除。起用大批反对派官员如文彦博、吕公著、范纯仁和吕大防等人，从而激化了统治集团内部的矛盾。

但是对元祐更化“尽废新法”，并不能简单看作是一个反对变法的行为，它在某种程度上也有对已经自行失败的新法进行合理的否定的作用，对扭转元丰年间国富民穷的局面，促使社会经济正常化，都有着值得肯定的作用。值得注意的是，废除的新法并不是完全由王安石设计的。在王安石辞去相位不久，宋神宗等人就把改革的重点转向职官制度，而削去原来新法中抑制豪强兼并和发展社会生产的内容，只重视扩大税源和加强各项军事措施，企图求得对辽、西夏战争的胜利。因此，元祐更化所废除的新法，有些是被严重扭曲的“新法”。

虽然元祐更化有着值得肯定的一面，但是它带来的负面影响远远超过熙宁变法。废除新法，不仅仅意味着新法的不合理之处被废除，它更意味着新法的合理得当之处也被废除。没有吸取新法的合理成分，就把新法废除，一一恢复旧法，给当时的北宋社会带来了极大的灾难，深深地影响了整个社会的发展，对当时北宋的政治、经济、军事等方面造成了不可估量的沉重打击。元祐更化造成了土地兼并继续急剧发展，官户、形势户、地主更加依仗权势、贪赃枉法、公开掠夺、经商走私、诡名挟佃、影庇税户，导致国税流失和阶级关系紧张，农民造反与士兵暴动此起彼伏。

某些旧党人士把元祐年间的形势描述为圣政日新、天下安静，史书上有“元祐之治，比隆嘉祐”之说。这些属于夸张不实之词，元祐年间同嘉祐时期一样都不是什么治世，北宋王朝的某些积弊进一步加深。

一是官员更冗滥。元祐三年（公元1088年）十一月，各级各类官员多达34 000余人，比元丰初年多出整整1万。这意味着朝廷要剥削压榨更多老百姓的血汗来供养这批官员。

二是财政更拮据。当时，不仅“熙丰余积，用之几尽”，而且拆东补西，“借贷百出”。几年的“更化”结果，将国家通过变法积蓄的钱财耗散殆尽，引起普遍不满。

三是吏治更腐败。这与将是否反对新法作为选人标准有关。元祐年间，官员“贪冒不职，十人而九”。当时“朝廷务在宽大”，对官吏既无严格要求，也不严格考察，以致官吏为非作歹，简直肆无忌惮。

四是党争加剧。宋人说：“朝廷大患，最怕有党。”元祐年间不仅积弊加深，而且党争加剧，并对社会造成恶劣影响。元祐年间，官僚集团的内部矛盾不仅有新党与旧党之争，而且在旧党内部又有朋党之分，各自抱成一团，互相攻击。更令人悲哀的是，由于朋党之争，新法的存废问题已不再是主要的了！

元祐更化最主要的问题在于没有认真考虑并解决新法出现的问题，吸取新法的合理之处，而是意气用事。以司马光为首的守旧派废除新法，全盘恢复旧法，这完全是一种不分青红皂白的做法。司马光彻底废除新法，但是，在废除新法后没有拿出一套适合当时需要的统治方案来，仅仅暂时缓解了北宋王朝的危机。因此，元祐更化的失败，也是必然的。元祐八年（公元1093年），宣仁太后死，宋哲宗亲政，重新起用变法派人物为相，又恢复新法，并贬黜元祐臣僚，史称“哲宗绍述”。这其实也是当时社会矛盾的发展变化所致。

王安石变法的确亟须救偏补弊，诸如人民负担加重、财政开支增长、贪官污吏横行、对西夏作战失利等，就应当采取措施。但是，从立法设计看，变法的宗旨是富国强兵，减轻百姓负担，实现政府与老百姓“双赢”。绝大多数变法条款在发展生产、富国强兵方面确实收到了某些效果，在一定程度上扭转了积贫积弱的局面，特别是在财政上，熙宁、元丰年间出现了“中外府库无不充衍”的局面。然而，这一切依然不足以动摇司马光走回头路的决心。相对王安石变法来说，元祐更化确实是一场复辟和历史倒退。

元祐更化不只是废除了一部新法那么简单，它还是北宋中期改革高潮的终结，影响了整个宋朝的发展，甚至影响到中国历史的发展进程。元祐更化结束了王安石变法，也压制了变法派，因循守旧的观念进一步渗透到中国社会的各个方面。在这之后，对王安石变法及所牵涉的人物的褒贬一直没有停止过，这在无形中压制了试图改革中国社会的思想。这段历史深深影响了中国后来的知识分子，知识分子本应是拥护和推动变法的主力军，可当一些先进人士起来变法时，知识分子却反对得最为激烈。因此，在中国历史上留下了这样的遗憾——传统知识分子的保守和固执让人不可思议，这是士大夫的悲哀，也是中国历史的悲哀。

由于元祐更化的发生，北宋王朝的改革高潮戛然而止。从此之后，无论是激进式改革派还是渐进式改革派，都没有再拿出一套适应形势的改革方案。“无论是变法派内部还是变法派与保守派之间的斗争，都演变成派系倾轧和争权夺利的斗争，对哪一方来说都无积极意义可言。”虽然不能把北宋的中衰和灭亡完全归罪于元祐更化，但是因为元祐更化，致使许多社会问题没有得到很好解决，反而愈演愈烈，这是不争的事实。北宋亟需改革才能发展下去，却因为种种原因而没有将改革进行下去，从而导致北宋的内忧外患继续恶化，并且最终断送了北宋王朝。在元祐更化三十多年之后，便爆发了方腊、宋江农民起义，而金兵也进入中原，北宋王朝不久就垮台了。

元祐更化是统治集团内不同利益阶层试图重新进行利益分配的产物。元祐更化的发生，标志着中小地主阶级与官僚地主阶级即所谓豪强斗争的失败。随着隋唐农民战争摧毁了门阀世族的势力，封建领主制逐渐退出历史舞台，代之而起的是封建地租制，我国封建社会进入了它的第二个阶段，即地主经济阶段。到了宋代，地主经济有了较大的发展，此时自耕农、中小地主、小商人、小手工业者众多，他们是当时最广大的人民群众，又因为科举制度的建立，一些有才华的中小地主阶层的知识分子走上了政治舞台的中央，于是形成了一股强大的政治力量。而他们一旦掌握了权力，就站在中小地主阶级的立场上，为维护广大民众的利益与官僚地主即所谓豪强展开激烈的斗争。很不幸的是，相对北宋大官僚、大贵族、大地主集团这类所谓豪强，中小地主阶级的力量比较弱小，没有足够的力量推翻他们取而代之，上升为社会的主要统治力量。这种局面的出现，是由中国社会历史发展的客观规律所决定的。

从王安石变法到元祐更化，北宋大官僚、大贵族、大地主集团这类所谓豪强势力虽然不能与以前的门阀世族相比，但还是占据着政治舞台。宋代虽然自宋太祖以来，总结了以往的经验教训，特别是唐末藩镇军事集团过于强大而酿成祸患的经验教训，采取了控制并分散兵权的方法，故而从未发生过豪强以军事力量威胁中央政权的事例；但是在北宋时期，官僚地主依靠其各种特权，大量兼并土地，使中小地主、自耕农、半自耕农经常处于破产的边缘，甚至沦为佃户，同时他们还凭借其权势隐田漏税，将其税负直接或间接转嫁到贫苦农民身上。总之，官僚地主即所谓豪强的力量在不断发展，其结果一方面导致国家积贫积弱，另一方面破坏了封建社会的稳定。事实上，纵观中国历史的发展，官僚地主阶层真正退出政治舞台，中小地主阶层占据主要政治舞台的历史现象，是随着明朝的建立及发展而逐渐产生的。

第三节 君臣失和动根基

王安石变法指导思想是正确的，目标是明确的，法令措施是可行的，推行步骤也比较适当，效果也较为明显。可是，由于北宋社会的复杂性，变法实施之后又出现了一系列问题，使得王安石的变法之路举步维艰。

其中对变法影响较深的是市易法的推行。在北宋社会，大商人操纵和控制了各种交易，他们压低价格收购各种商品，却以很高的价格批发给小商人和普通市民，投机倒把，垄断市场。在巨商大贾们富得流油之时，小商人和老百姓却只能勉强度日。

种种弊端，在朝的大小官员心里都很明白，却没有一个人能够上书皇帝。在他们看来，商业之事不是读书人该关心的，但王安石对此事却给予了高度重视。他意识到社会财富的分配，因为这些豪商巨贾的欺行霸市、操纵市场而变得不合理，必须扭转这种局面。

恰好，熙宁五年（公元1072年）四月，有一个穿着十分破旧的中年人到王安石府上进言。这个人名叫魏继宗，没读过几年书，是个普通百姓。王安石见到他写的文章粗俗浅薄、错字连篇，但还是硬着头皮读了下去，读到最后，他发现此人对当时的社会问题颇有见解。

魏继宗在文中写道，在现在京城之中，物价上涨非常厉害，同样的东西，在这个月卖一贯钱，到下个月可能就变成了五贯。这种情况严重影响了百姓的生活，这全都是豪商巨贾们操纵市场、投机倒把的结果。因此，魏继宗建议官府出面，动用钱财，买卖商品，平抑物价。

王安石执政以来，一直动员百姓建言献策，可是响应者寥寥无几，魏继宗的建言使他非常兴奋，尽管文章错漏百出，但却有一定的见解，而这正是王安石所看重的。经过一系列的准备，王安石制定实施了市易法。

王安石在对待这个问题上，有他自己独特的办法。他命令市易务在京城的御街东边摆了数十个水果摊，命官监进行贩卖。在他的主持下，市易法取得了初步的成效，市场物价趋于稳定，官府的财政收入有了很大的提高。

然而，中国社会自古以来都是鄙视商业的，视农业为本，商业为末，这在传统文人的思想观念中表现得尤为明显。老臣文彦博看到这种情况，便上书皇帝说："就为了这么一点点蝇头小利，就与商人斤斤计较，这不是有损国体吗？外国使者看到了，会让人家看不起的，而且堂堂的朝廷命官，竟然上街叫卖水果，真乃我大宋王朝的耻辱啊！"

文彦博的观点代表了当时朝廷中大多数官员的看法。王安石的这一法令在当时的确有些超前，以至于连皇帝都接受不了，在看了文彦博的奏折之后，神宗对王安石说："让市易务卖水果，你也太不像话了，确实有伤国体，不要让他们再卖了。"

王安石立刻回答道："为什么卖其他商品就不伤国体，卖水果就是有伤国体呢？历来政府禁止私盐，卖公盐时不也是一斤斤地卖吗？也没见哪个朝代说朝廷贩卖食盐就有伤国体的！"神宗觉得王安石说的有些道理，也就没有继续坚持，但此时的神宗已经表现出对变法的动摇。

宋神宗和王安石经常不能达成一致意见的当属人事问题。王安石认为，为了能让新法顺利彻底地实行，须将一些年老没有心力办事的及一些反对变法的官员全部罢黜，大力提拔有才华的年轻官员来推行变法。但宋神宗却不同意王安石的这种做法，因为反对变法的很多官员都是朝廷元老，名望很高，如果把这些人全部贬出朝廷，未免太不得人心了，仅从这点来看，宋神宗看问题要比王安石全面。司马光、韩琦等几位大臣都是变法的反对者，但他们资历都很深，尤其是韩琦，他是三朝元老。按照王安石的意思，他们反对变法，应把他们全部排斥在外。王安石的儿子王雱是一个态度十分激进的人，王安石的态度可能或多或少地受了他儿子的影响。据说王安石在变法之初，王雱就鼓动父亲以商鞅为榜样，要杀掉几个带头反对变法的大臣，以儆效尤。他认为只有这样，新法才能得以顺利实行。《宋史》载，有一天，王安石正在征求变法派官员的意见，问新法为何难以推行，王雱没打招呼就蓬头垢面地走过来，手里还拿着一顶妇人的帽子，大声说："斩韩琦、富弼之头于市，则法行矣！"由此可见王雱的性格及态度。

由于在变法问题上分歧渐多，宋神宗与王安石的关系已不如变法初期那么密切了。神宗尽管佩服王安石的才能，但也对他的缺点非常不满。王安石非常固执，脾气很倔。有时候做事一意孤行，听不进任何人的意见，因此得了个绰号"拗相公"。他的这种性格，让他很难与朋友长期相处，这也成了他致命的弱点。原本跟王安石关系很好的朋友，有的背叛了他，有的远离了他。作为一个实施变法的宰相，这种性格对他而言是可悲的，导致了他不能团结身边的人，梦想着只靠皇帝的支持和自己的能力就能改变庞大的北宋帝国百年以来的积弊，这显然是水中月、镜中花般的虚幻。用今天的话说，王安石缺乏的就是团结协作的精神。

虽然神宗和王安石惺惺相惜，但免不了会出现矛盾。如在对程昉的任用问题上，神宗和王安石就有很大的分歧。

熙宁初年，程昉为河北屯田都监。在职期间，他曾多次治理黄河，王安石大为赏识。熙宁五年，王安石要提升程昉为押班，神宗表示反对，说："虽然此人治河成效显著，但他劳民伤财、骄暴恣肆，把这样的人提拔为押班，恐有朝中大臣不服。"

王安石认为神宗对程昉存有偏见，多次在神宗面前替程昉说好话，但无论怎样为程昉说情，神宗始终不肯答应让程昉担任押班。直到熙宁八年，提起此事，王安石还是耿耿于怀。

同样，在怎样对待李评的问题上，神宗和王安石也发生过激烈的争论。李评家世显赫，为皇亲国戚，神宗对他非常信任。熙宁初年，李评曾对变法提出批评，王安石因此非常厌恶他。此后在有关李评的问题上，神宗与王安石一直争论不休。

李评在朝廷内外是一个颇受众人非议的人物，可他偏偏受到神宗的赏识，以至于神宗不惜得罪自己的爱臣王安石来袒护李评。原因很简单，李评久侍神宗，知书达理，熟悉典故和朝廷礼仪，又懂得一点智谋术数之学，这一点少有人及。

神宗既想留下李评，又想用王安石。用李评是想来拉拉家常、聊聊天，用王安石则为主持大政。一公一私，正好满足了神宗的需求。王安石则认为，这样一个为神宗钟爱整天在神宗面前说自己坏话的人是最危险的，这也是王安石长期揪住李评辫子不放的根本原因。

王安石对李评深恶痛绝，要神宗将李评治罪或者外放，与皇帝争执不下。为此，王安石竟提出辞相。神宗没有办法，只好让步。

在这件事情上，王安石最终胜利了，可他没有意识到，在他胜利的同时，失败也在悄悄地向他逼近。神宗因为这件事伤透了心。自此以后，神宗和王安石经常发生争论，对王安石也不像以前那样崇拜了，对他的话也不像以前那样言听计从了，他们之间的裂痕越来越大了。

熙宁六年（公元1073年）正月十五，在这个喜庆的日子里，发生了一件令神宗皇帝和王安石都十分意外的事件。

正月十五元宵之夜，王安石应邀陪同宋神宗到皇宫观赏花灯，地点是皇宫正门宣德门。当年开封的宣德门类似于后来北京的天安门，高大雄伟，巍峨壮丽，是门楼合一的建筑，故也称宣德楼。门前有开阔的广场，国家的重大庆典活动都在此举行。当晚，神宗皇帝就要带领众臣登楼观灯，与民同乐。

此时的王安石正得宋神宗的恩宠，踌躇满志，春风得意。当他兴致勃勃骑着高头大马直接进入宣德门时，不想这个看上去很平常的举动竟惹了麻烦。在这里值守的太监张茂则先是冲他大声叫停，随后示意守门卫士上前揪住为王安石牵马的马夫，不由分说上来就是一顿拳脚。马夫骂道："瞎了狗眼啦，这是王相公的马！"张茂则呵斥道："相公也是人臣，难道要当胡作非为的王莽吗？"原来，张茂则如此大胆是因为王安石进宣德门不下马，犯了规矩。

一个当朝宰相居然遭下人如此侮辱，王安石自然十分恼火，马上找到宋神宗给评理："陛下，门内下马，并非我王某开的先例，先前随同曾公亮宰相陪皇上进皇宫都这样。"这一提醒，神宗也觉得有理："是嘛，朕做亲王时，地位可是在宰相之下的，不也是在门内下马吗？今天这事何故如此？"不料一向与王安石不对眼的老臣文彦博，却冷冷地甩出一句阴毒的话："老臣从来只于门外下马。"言外之意这是当臣子的应该懂得的规矩，难道就你王大宰相特殊？

不过宋神宗还是向着王安石的，但若明着偏袒王安石，又怕落人口实，于是，决定将此案移交开封府审理。

接手宣德门一案的是开封府判官梁彦明、推官陈忱。这俩法官脑瓜灵光，深知王安石与皇帝的关系不一般，于是，毫不犹豫将门卫判处杖刑，把两个大胆狂徒打了个屁股开花。

事情至此，本可以画上句号了。但王安石觉得这事并非偶然，不然一个小小的门卫哪来这么大的胆，所以，强烈要求神宗皇帝彻查幕后指使人。

宣德门一案在朝中大臣中引起议论，不少官员也毫不客气地指责王安石。御史蔡确就公开站出来为受冤屈的门卫辩护："卫士的职责就是拱卫皇上，干宰相不按规矩下马，卫士理应喝止他。而开封府的两判官只知道仰高官鼻息，不仅不秉公执法，反而重责卫士，从今往后，卫士谁还敢忠于职守？"

神宗感到蔡大人所言亦不无道理，然而也不想追究王安石的责任，他要维护王宰相的面子，只为自己魂牵梦萦的改革大计。为了平息官员中的不满情绪，神宗只能拿那两个开封府的官员开刀。于是，拿出了一个两全其美的处理意见：对开封府的两名官员各罚铜十斤。这场沸沸扬扬的宣德门事件遂告平息。

熙宁五年，谏官唐坰大闹宫廷一事几乎使王安石名誉扫地，在当时影响非常大。

唐坰是一个年轻气盛、急于向上爬而又胸无城府的人。熙宁初年，他就给神宗皇帝上书，得到了皇帝的赞赏。在变法之初，他对变法是大力支持的，这使得王安石非常高兴，于是就在神宗面前大力推荐他，唐坰得到了赐进士出身，为崇文殿校书。但过了不久神宗就看出此人思想过于片面，会有后患，就令其知钱塘县。王安石也逐渐认识到此人做事太过草率，没有责任感，因此也不同意提升他的职位。

唐坰心怀记恨，认为自己不能升迁全是因为王安石从中作梗，在神宗面前说自己的坏话，他决定狠狠地参王安石一本。熙宁五年八月二十六日，当大臣们准备退朝的时候，他站出来说有本要奏，唐坰此举令众大臣皆惊。神宗告诉唐坰有事明日再说，唐坰不肯，血气方刚的他不顾众人的反对，执意展开奏疏，盯着王安石厉声喝道："王安石，你也靠前听听吧！"唐坰这一招真厉害，王安石还没明白是怎么回事，因此不知是进是退，平时思路敏捷言语流利的他竟憋得满脸通红，一句话也说不出来。得意忘形的唐坰步步紧逼，迫不及待地大声宣读，内容全都是攻击王安石的，没等唐坰念完，神宗立刻制止，但唐坰抱定了必死的决心，毫不退缩。

唐坰念完后，大殿里的气氛非常紧张，没有一个人敢说话，安静得似乎能听到大臣们急促的呼吸声，神宗也不知说什么好，场面十分尴尬。唐坰完成此惊人之举后，自己乘马直奔东门永宁院待罪。等唐坰走出大殿，神宗问众大臣，为何唐坰敢这么做？王安石只能叹息道："此人疯狂，又被小人指使，也没什么奇怪的。"尽管如此，王安石还是久久不能释怀，唐坰当着众人羞辱他，任他王安石再怎么心胸豁达，也不可能对此毫不在乎。

唐坰此举在朝野上下产生了极大的影响，他的举动没有让他飞黄腾达，而王安石却因为这件事情名誉扫地、颜面全无。同时，这也影响了神宗对王安石的信任，神宗与王安石之间的分歧越来越大，这一切最终导致了王安石的辞职。

第四节 用人不当，可恨惠卿

熙宁二年（公元1069年），宋神宗授王安石为参知政事，随即就开始了一系列的变法。变法在刚刚起步的时候，便遭到了反对派的强烈反对。一些豪族、大官僚群起反对，就连原来主张和支持王安石变法的革新派人士也起而反对，甚至连早年有着很好私交的好友司马光也成了他的政敌，而且是头号政敌。起初最推崇他的文彦博以及对王安石有知遇之恩的欧阳修，都成了他的反对派。与他有着深厚感情的苏东坡也站到了他的对立面，连他自己亲自挑选的革新集团中的人物程颢和苏辙也背叛了他，加入了反对派的阵营。而革新集团中的中坚力量吕惠卿及章惇等人，也只是看到王安石受到神宗皇帝的大力支持，想借助他的力量获得更多的权力而已。因此说，王安石在进行变法时，选人不当是他所犯的一个致命的错误，很多人并非真心想进行变法，只是打着变法的幌子攫取各自的利益而已。在变法的这条路上，除了神宗皇帝的支持外，王安石可谓是单枪匹马，这也就不难理解他为什么会失败了，为什么在他失势后大部分新法会在一夜间全部废除，虽然这不是最主要的因素，但也是一个不可忽视的重要因素。

纵观王安石变法的用人政策，基本实行党同伐异的做法。除去真正拥护新法的人之外，只要是哪怕只在口头上拥护新法的，不管其人品怎样、学识如何，就是王安石重用的对象。为了改变国家积贫积弱的面貌，实现富国强兵的最终目标，王安石虚怀若谷、博采众家之言、忍辱负重、团结同仁，希望能目标一致将改革进行到底。这一点实在难能可贵。但是王安石忽略了一个问题，而这是关系变法成败的主要问题，就是用人是否得当的问题。王安石所信任的这些人，大多数是出于政治投机的动机，并非真心拥护变法改革，只是想通过借用这一捷径，来实现自己飞黄腾达、青云直上的目的。曾布是王安石推荐为主管变法的司农寺的少卿，也是青苗、市易诸法的参与制定者。作为王安石变法的元老旧臣，他本应该将变法进行到底，但当看到朝野有人反对、皇帝对变法有所动摇时，他的立场也开始转变了，随即联合另一个市易法的倡议人魏继宗，公开诋毁变法。只此一点，曾布、魏继宗等人的人品可见一斑。首倡差役诸法的前三司使韩绛（王安石第一次罢相继为宰相，继续推行新法）与王安石的得力助手吕惠卿多有不和，王安石复相后，由于在市易司人选问题上与王安石意见相悖，韩绛自请辞职外任知州。王安石荐用吕嘉问为市易司，招致吕惠卿不满，双方时有摩擦。王安石的儿子王雱知道后，指示御史中丞邓绾上书弹劾吕惠卿在华亭县借富民家财置田产，由县吏收租，交接贪污，致使吕惠卿罢政，牵连故友章淳，使王安石又失两臂膀。王安石在变法中使用的这些人，看似拥护变法，实则居心叵测，心怀诡诈，目的不一。这样一个临时拼凑的、貌合神离的变法集团，最终禁不住反对派的疯狂打击，断送了改革。用人不当无疑是王安石变法失败的一个不可忽视的原因，以至于到最后，王安石几乎是孤军奋战，尽管有心力挽狂澜，却最终无力回天，变法的失败在所难免。如此松散的变法集团，怎能不让王安石陷于内外交困的境地呢？

接任王安石宰相的枢密使吴充，是王安石的儿女亲家，却不心许新法，率先变换阵营。王安石的弟弟王安国，竟然与前宰相富弼的女婿冯京联合支持言官郑侠上书攻击“吕惠卿朋党奸邪”。闲居洛阳四年的司马光上书言及新法弊端：一是青苗钱，使民负债，官无所得；二是免役敛钱，养浮浪之人；三是保甲扰民。确实也触到了新法在推行过程中官吏借机盘剥勒索，扭曲新法，使新法变味的弊端。在外有强大政敌、内部离心离德的情况下，独木难支的王安石只有息政告退，哪能有其他的选择？至此，新法便成了蔡京六贼（蔡京、梁师成、童贯、王黼、朱缅、李彦）揽财害民的工具，致使天下纷扰，民不聊生，内忧外患纷至沓来。

假如王安石能开诚布公地与韩琦、富弼、范纯仁、司马光、文彦博这些曾经的改革者、重臣作倾心之谈，以国之根本打动他们，相信这些人大多数绝不会抱残守缺，坚持腐朽之见，仅以利己来论国事。因为，他们毕竟不是贪赃枉法、利欲熏心的腐败官僚。王安石在建立改革统一战线方面首先失之偏颇，以致树敌过多。假如王安石在用人上，听其言而观其行，坚持任人唯贤的路线，而不是党同伐异，至少新法在实行过程中不会变味，成为某些人以变法之名行营私舞弊、中饱私囊之实的工具。名臣们反对变法，恐怕很大程度与王安石的用人不当有关，他所任用的一些人，为名臣们所不齿，自然不屑与之为伍。而且，像苏轼兄弟也不是一概反对变法，否则便不会有“司马牛”的故事了。

第五节　被呼拗公，大贤之玷

王安石被人称为“拗相公”，就是说他的为人、文章，所持观点每每与人不同时，必非常固执地维护自己的观点。

首先，他这个人刚正不阿，对权势从不趋炎附势。他不迷官恋权，考中进士后，宁愿在一个偏远的地方当一小吏，也谢绝朝廷召他入京做官。嘉祐四年，他做了朝廷的三司度支判，上“万言书”要求实行政治、经济方面的变法，但没能引起仁宗皇帝的重视，被迁知制诰，不到两年便借故因丁母忧而解官归江宁待业了。而后，他一直谢绝赴京师做官达25年之久。仁宗驾崩、英宗即位后，王安石由于曾上奏朝廷反对英宗接班，不愿复官。直到神宗即位明确表示对他欣赏时，王安石才重回京师，就任参知政事。

英雄有了用武之地，王安石一上任便颁行新法大刀阔斧地进行改革。先是“清洗队伍”用新人。他把自己编著的《三经新义》中的观点作为科考的题目，还把对变法的态度作为选人用人的标准，一下子，左右御史台被清洗了14人之多，由此，一些深孚众望的大臣开始公开反对王安石。皇帝问：“为什么所有的大臣乃至全朝的读书人都群起反对新法呢？”王安石回奏：“陛下要师法先王之道，不得不清除这些反对的旧臣。反对新法的旧臣与陛下之间的夺权之争，不会以陛下善良的愿望而得以避免。这是改革派与保守派的生死之战，关乎国家与陛下存亡，是领导权掌握在谁手里的大问题。”虽然新法实施步履维艰，王安石也在实践中碰得头破血流，但是王安石那种坚定执着的精神令人佩服，最起码他没有为明哲保身对皇帝唯唯诺诺，也没有睁只眼闭只眼姑息养奸，更没有说一套做一套。

其次，他洁身自好，对历代官员任情放纵、贪污腐败现象深恶痛绝，尤其对当时士子们热衷的纳妾风气嗤之以鼻。有一次，王安石的妻子吴氏专门买了个侍妾进献给丈夫，晚上侍妾前来侍寝，王安石惊问："怎么回事？"得知该妇人因家产卖尽不足以还官债，所以她丈夫把她卖掉用来凑足赔款后，王安石找到她丈夫，命其将妇人领回，连钱也没让妇人的丈夫退还。王安石不近人情被苏洵视作大奸之无比虚伪："是不近人情者，鲜不为大奸慝。"确实，他性格上的另类与生活上的不拘小节，使他吃了不少暗亏。

王安石有点清高自大、刚愎自用。其能耐学识方面，同代及后人从无异议，王安石自己也颇为自负："自百家诸子之书，至于《难经》《素问》《本草》、诸小说，无所不读。"

据说王安石在政治辩论急眼时，就会毫不客气地斥责对方"君辈坐不读书"，政敌们也不得不承认他博览群书。

关于王安石的执拗，还有两个小故事。

大宋皇祐六年（公元1054年），在欧阳修、曾巩等人的大力推荐下，王安石进京做了群牧司的一名判官。在当时，地方官能入京城被视为荣耀，而王安石对加官晋爵并不感兴趣。进京时，他头戴斗笠，长袍半新不旧，似乎好久没有洗涜，脚上穿着草鞋，与众大臣的衣冠形成了鲜明对比，更加显得与众不同。

王安石上任不久，恰逢阳春三月，群牧司按常例要举行牡丹宴。酒过三巡，菜过五味，此时群牧司的长官是大名鼎鼎的包拯，他向手下的官员一一敬酒。由于包拯在朝廷里甚有威望，这些官员开怀畅饮，以示亲密之情。这时和王安石同为群牧司判官的还有司马光。包拯来到司马光面前，斟满一碗酒，请他干杯。这时司马光面露难色，表示自己不胜酒力。包拯只说了一句话，司马光就全喝了。包拯说："我和你第一次饮酒，怎可推托。"随后，包拯来到王安石桌前，发现他的酒碗是空的，便往碗中斟酒，王安石却用双手盖住酒碗，说道："下官从来滴酒不沾。"包拯不依，一定要斟上，而王安石涨红了脸，寸步不让。包拯说："今日为牡丹宴，不多喝，也应该沾一沾。"王安石执拗道："一滴也不沾！"

此时众人前来相劝：岂能不给包大人面子，少喝也行啊。可是王安石一拗到底，就是不喝。包拯扔下酒杯，很不高兴，丢下一句：“真是拗得可以啊。”

嘉祐六年（公元1061年）八月，宋仁宗殿试春闱举人。这一年殿试是选贤良方正进谏之士。这次应试中，就有四川的苏轼、苏辙弟兄俩。苏轼、苏辙颇有文采，许多人都以为第一名第二名非此二人莫属。初试后，令人瞠目结舌的是，兄弟二人并未夺得头彩，苏轼的考卷录为三等，而苏辙的考卷被视为不合格。原因是苏辙在卷中严厉地批评皇帝不关心西北边防、沉溺后宫、不问朝政，致使朝政日益黑暗，并且在引文方面不够仔细。考官司马光颇为欣赏这两兄弟的才能，重新审核后认为合格，列为四等。于是，苏轼、苏辙被双双录取。但是，任知制诰的王安石不给苏辙拟写“告身”（即授官凭信，似后代任命状）。宰相问理由，他说苏辙以攻击圣上而中进士，自己坚决不赞成。于是，宰相反唇相讥：“三年前你写的《上仁宗皇帝言事书》岂非攻击圣上？仁宗皇帝不是依然欣赏你的才能，破格录用你吗？”一句话，把王安石问得无言以对，两颊涨得通红。但是，拗相公王安石是个做事不回头的人；他想干的事，无论反对者势力如何大，也会坚持下去；他不想干的事，即使众人都说可以做，他也不会做。王安石最终也没给苏辙拟写“告身”。如此倔强的性格，执拗之中却也不失那么一点可爱。

如果是一个小人物，执拗也不是什么大缺点。可王安石是个政治家，这一个缺点所造成的影响就非常明显了。他在担任宰相期间，大刀阔斧改革，想改变积贫积弱的国家面貌，但是改革最后还是失败了，原因除了大地主、大官僚的反对，以及改革本身的局限外，他的执拗也导致了用人不当，使他的变法变了味，最后失败。如他任命的副手吕惠卿，就是一个见风使舵之徒。司马光早就告诫过他，此人不可重用，但是王安石不听。起初吕惠卿是变法的急先锋，比王安石还“激进”，后来变法失利，吕惠卿反过来倒咬一口，说了王安石不少坏话，还故意出难题难为王安石。当然，这样的人还有不少，比如蔡确之流。

变法把北宋王朝拖入党争的旋涡，朝廷空前分裂。一边是“熙宁新党”，但除了王安石，没有一个正直的人，可以说，宋神宗和王安石带着一群心怀鬼胎的人在做事。另一边的“保守旧党”，非但有司马光、苏轼这样的社会精英，还有韩琦、文彦博这批范仲淹改革时的旧臣。变法开始后，王安石性格里的拗劲，发展成一种实践理想的狂热，让他看不到政策执行中的问题。比方说青苗法，青黄不接的春季，官府低息贷粮给农民，秋收后农民再按息还粮。王安石夸海口说，“民不加赋而国用足”，两全其美。但结果呢？一个农民敲开了县衙的大门，官吏说，借粮可以，先填申请表吧。农民是个文盲，花钱请了书吏，交了表，石沉大海。一咬牙，掏钱，给官吏好处费。到了还贷时，一算利息，好家伙，竟然比地主的高利贷还高！王安石改革至此成了一场黑色幽默。老天也不作美，熙宁七年，大旱，民不聊生。郑侠画了流民图献给神宗，哀哀哭泣：这是天怒人怨，只要您肯停止变法，十日之内必会下雨，如若没雨，我以人头抵欺君之罪。神宗无奈，诏命：暂停青苗法、募役法、方田均税法、保甲法等八项新法。三日之后，倾盆大雨从天而降。神宗站在御花园里，瞠目结舌；王安石站在皇宫门外，呆若木鸡。这场雨彻底浇灭了两个理想主义者心头熊熊燃烧的改革之火。王安石知道，他再不会拥有神宗的信赖了。罢相、复职、再罢。终于，王安石回到了江宁。在听到最受好评的募役法也停止推行后，他拂衣悲喊：“亦罢至此乎？”抑郁而终。

执着和固执、一往无前和一意孤行，就像硬币的两面。然而恰是这一种“拗”，让我们今天还能看到王安石可敬又可悲的背影。

第六节　不谙政治，终成遗憾

变法中所制定的所有的政策，必须要靠切实可行的制度以及可靠的官员来推动进行。王安石拥有在地方任职的实际经验，他自己也很重视这些经验。因此在进行变法时，他首先对中央政府的一些政治机构进行了改革。由于新法偏重于经济和财税，因此王安石便设立了“制置三司条例司”以配合新政的进行。另外，他还设立了“提举官”，到各地去监督、推动新政的实施。王安石虽然具有较为丰富的地方工作经验，但是缺乏在中央政府工作的经验，以及在人事协调方面的技巧。正因为如此，在对人的能力及性格的判断上常犯错误，这从他在变法中的用人可以很清楚地看到。王安石进行的新政看起来一切似乎都很合理，都很符合中央政府及老百姓的要求，这些也确实是当时所需要的，其中一部分也是他任地方官时的成功经验。不过，王安石认为这样就可以通用于全国，则多多少少有主观认定上的错误，也就是犯了以偏概全的错误，这对于变革而言，是致命的。

秦始皇曾经将在秦国成功实行的法律制度在统一后的大中国实施，造成了秦朝在政权建设及运转上严重的错误，这也是秦朝成为一个短命王朝的一个不可忽视的原因。《宋名臣言行录》中有这样的记载：王安石为明州鄞县知县的时候，对读书和写文章很是用心。他努力进行水利建设，起堤堰，掘陂塘，官府贷给农民的谷物在偿还时只需付很低的利息。这样做还可以使官仓里的谷米进行循环。他还创建学校，实行保伍制度，这一切都很成功。新政在这里的成功实施，让王安石看到了希望，但他没意识到以此新政实施于全国会产生什么问题和连锁反应。

的确，中国的地方太大了，各地的风俗习惯、政治、经济、文化等差异很大。在宋朝时，由于经济重心南移已经完成，所以长江流域以南经济十分繁荣，而中原地区则处在一种严重的停滞状态。或许有些地方确实需要新法，但有些地方或许就不是那么迫切，新法的实施必然会改变人们原来的生产和生活方式，对于因循守旧、求稳怕变的人来说，难免会有顾虑，新法实行起来有阻力也是必然的。当然，最重要的一点是，中央的政令很难真正有效、不走样地在各地区被执行。

在新政推行过程中，最严重的问题就是政府与民间无法进行有效的交流，而且官僚集团基于自身特权及利益的维护，根本不愿让新政成功，使得在执行上产生了非常严重的扭曲及偏差。例如，青苗法本来是一种救济贫农的方法，王安石曾骄傲地说，只要实施两年，全国所有的农民都不会再有春天无钱买秧播种的现象。理论毕竟只是理论，理论上可行的东西，在实际执行中就未必可行了，而且还可能产生相反的效果。当年王安石担任地方官的时候，由于地域狭小，行政层次简单，对于信息的了解和分析，能够比较充分和符合实际情况。因此，他可以贷粮给农户，而且监督和管理成本也相对较低，使得这一个农业贷粮系统可以有效运行。另外，虽然没有上级政府的考核压力，像王安石这样有着良好的道德品质的人，也不会利用职权搞腐败。而且王安石对那些因为各种原因暂时无法还本付息的农户，肯定不会强迫他们拆屋卖地卖儿卖女来还钱。地域狭小，管理层次简单，对信息的及时了解和分析，具有良好的道德品质，这些因素决定了青苗法可以低成本地有效运行，这也是青苗法在王安石任职的地方推行获得巨大成功的根本原因。但是，青苗法全国实际执行的结果是：青苗虽然只取两分的利，但农民实际付出的远远不止这些，包括手续费以后就达到七八分，要比理论上的高出了好几倍。表面上看着利低，但由于手续烦琐，加上其他一些不必要的费用，实际的利息甚至比高利贷还要高了。据史料记载，利息竟然高达原来的35倍，其恶劣程度可见一斑。原来是变法的中坚人物的苏辙就曾经警告过王安石："青苗法的这些钱借给农民，是为了解决农民的燃眉之急，而不是政府去赚利息钱。但一旦这些钱借出去了，也就在所难免地为某些贪官污吏制造了贪污的机会，国家虽然明令禁止这样做，但也无法完全禁绝。还有就是，农民借到的这些钱，难免会用于他处，等需要还钱的时候，他们就拿不出钱来了。此时，须按照法律来进行惩罚，势必增加地方政府的麻烦。"王安石回答说："你说得很有道理，我们得从长计议啊！"由此可见，新法在实施过程中的确困难重重，而王安石在进行变法时根本没有将这些问题考虑进去。变法的中坚人物苏辙，在退出新党时曾经说过，王安石新法的目的就在于为国家增加财富，但新法属于计划经济，忽略了人性的一面，不懂得利用人的心理来处理事务，所以想收到实际效果恐怕就很难了。如果再加上官员在执行过程中有私心，问题势必更为严重。例如，吕惠卿等人根本就不是真心变法，也不如王安石那样清廉爱民，只不过是一个投机的政客而已，因此在政策的执行上，几乎无法避免严重的扭曲。

王安石没有很妥当地处理与同僚的关系，而且变法也没有把推行变法与整顿吏治很好地结合起来，这也是一个严重缺陷。王安石在变法时，对反对派毫不留情地予以打击和排挤，就扫清变法障碍而言，此举无可指摘。然而，对那些只是指责新法过失、并无恶意的大臣，以及居于中间立场的大臣，王安石也没有采取积极措施争取他们，而是一律予以压制，把他们推向了反对派一方，壮大了反对势力，给改革造成了十分不利的后果。而宋神宗出于权力均衡等原因，对王安石进行牵制，使王安石对变法障碍的清除没有收到很好的效果，让反变法派得以不断攻击、阻挠变法，使新法推行举步维艰。变法之初，王安石就提醒宋神宗不要为异论所惑，宋神宗表面允诺，却又把司马光、冯京、文彦博等反对派留在朝中，以牵制和监视变法，为反对派阻挠变法提供了条件。他们在等待时机，一旦取得权力，就开始全面废除新法。

王安石把重点放在经济改革方面，急于推进变法，以对变法的态度选人用人，任用了吕惠卿等一伙道德品质很坏的势利小人，撤职、调离了一批反对“急进式”变法、主张“渐进式”变革的优秀官员，这就埋下了扭曲变法、人事纠纷和“窝里斗”的祸根，导致变法派内部分裂，不能齐心协力。用人不当，造成变法派成员良莠不齐，出现了危害百姓的现象，使变法派的社会政治形象大打折扣。变法本来就有问题，像吕惠卿这样的小人们再在其中上下折腾，结果可想而知。新法的推行，也因这些人的影响而被严重扭曲。某些新法条文本身虽然不错，但一到贪官污吏手里便走样变形，引起百姓不满。在吏治不清廉、官僚地主的阻力没有扫清之前，改革是会遇到许多意想不到的困难的。王安石的一位学生曾经对此评论道：“法非不善，但推行不能如初意。”

失败的原因，远远不止这些。例如，王安石个人意志力特强，坚如磐石，正像他的名字一样，他做事一向雷厉风行、大刀阔斧，但优点过于突出了，往往会变成缺点。改革不但需要勇气，更需要政治智慧，而有时候后者更重要。王安石是个坦坦荡荡的君子，从不结党营私，但是缺乏斗争策略。首先，是不会团结人，凡是与自己意见不合的，一律“道不同不相为谋”，没有做到积极争取大多数，最大限度地孤立反对派。结果既不能得到朝内元老派的支持，也不能得到老百姓的理解，被群起而攻之。其次，他做事过于仁义，对自己的对手只是逐出朝廷，至多是予以排挤，而没有置自己的对手于死地，没有最坚决地斗争，给了反对派卷土重来的机会。

王安石最大的不幸是遇到了司马光，针尖对麦芒，水火不相容。但有一点他们二人是相通的，那就是为国为民，他们都认定自己是在为苍生社稷谋福祉。

司马光的眼光过于狭隘，王安石的眼光过于超前。有人一语中的：天还没有亮，而王安石却起了个大早。

本来都是以拯救天下苍生为己任的两个人，本来可以吟诗唱和把酒言欢的两个人，却因政见不同而变得水火难容、视如仇敌。走不到一条战线上的王安石和司马光注定要分道扬镳渐行渐远。恰恰王安石与司马光都不是坏人，悲剧的根源在于他们既不能互相理解，更不能得到天下人的理解。

第六章　壮志未酬，泪洒官场

第一节　屡上辞呈，君臣相惜

王安石执政前后共计七年，其功过是非神宗最为清楚。在变法方面，王安石对反对派予以坚决反击，或者降官，或者逐出京城，为了实现富国强兵的伟大夙愿，王安石可谓排除了一切困难，积极推行新法。似乎正是因为王安石不信天命而招致的报复，就在王安石推行变法日渐深入之时，一场北宋历史上最大的旱灾从天而降，这无疑给了变法当头棒喝。变法的反对者们似乎正在等待这一场大旱，饥民遍野、白骨累累的惨景不知道比他们的多少道奏折都有效。他们认为，这种乱象充分说明王安石的倒行逆施已经引起了天怒，这更使得原本已日渐平息的反对浪潮又重新高涨起来。饥民的增多，直接引发的就是流民的增多和各地的暴乱。禁军马队，挥动着马鞭到处追逐着饥饿的流民，逃躲追逐之间，马蹄声，斥骂声，鞭打声，哭叫声充斥着京城的每个角落。这更使得变法的推行雪上加霜。每天都会有众多关于流民的奏折和大臣反对的奏折源源不断地呈送给神宗皇帝，即使神宗再怎么信任王安石，可摆在面前真实的证据，让他渐渐对王安石的变法产生了怀疑。

而此时，郑侠的流民图震撼了神宗，加之郑侠在折子中写道："如陛下行臣之言，十日不雨，即乞斩臣宣德门外，以正欺君之罪……"读罢，神宗深受感动。这样一个小小的官员都能豁出性命来为国为民，神宗没有理由不接受他的建议。

此时，一直处于变法后台的太皇太后和皇太后走上了前台。她们在神宗面前痛哭流涕，声称新法变乱了天下。这种情况下，神宗又一次动摇了。尽管王安石几经解释，但神宗皇帝还是心存疑虑。

神宗思索了许久，第二天一大早，神宗皇帝没有征得王安石等变法派的意见，在上早朝之时直接颁布圣旨：在东京城广设粥厂，倾尽官府存粮，赈济百姓；命各地官员迅速详细汇报各地灾情；新法暂停，令天下之人对此各抒己见。

新法的暂停，对王安石的打击是巨大的。这不仅意味着神宗皇帝对他信任的动摇，更意味着他为之付出一生的宏伟事业有可能会付诸东流。他不在乎高官厚禄，不在乎荣华富贵，可他在乎的却是百姓的认可，国家的强大。

事已至此，王安石已经没有退路了。他的新法被暂停了，他在朝廷也被彻底地孤立了。他从一个受人瞩目的位置上滑落到了孤立无援的境地，这是何等悲哀啊！此时，不仅满朝的文武百官反对他的变法，连变法的基础老百姓都因他的变法而深受其害，他已没有什么颜面继续留在朝廷，除了辞职，他别无选择。

因为一场天灾而导致变法的失败，这是他在执政时期所未曾预料到的。在王安石看来，他的新法纯粹是为着国家利益着想，他一心装的只有整个大宋王朝。他的新法不是没有错误，不是没有弊端，这些他都承认，可任何事情都不能尽善尽美，有利就有弊。自他执政以来，大宋王朝入不敷出的境况已经得到了很好的改善，甚至还有一点结余；在对西夏的战争中，也取得了前所未有的胜利。可是就因为这一次突如其来的天灾，他的新法就功亏一篑，他接受不了这样的现实，他自叹这是何等的荒唐，可是，眼前的这一切已经告诉了他，他失败了，输得很彻底，已经没有任何翻身的余地了，他满心苦涩，无奈地摇了摇头。

辞职的奏折很快就呈上去了，可一直没有回应。其实，新法虽暂停了，但神宗并没有罢免王安石的决心，毕竟王安石是他深受尊敬的老师啊。他们拥有共同的理想，拥有共同的抱负，为了实现这些理想和抱负，他们曾经一起并肩作战，相互勉励。而今，要罢免昔日的挚友，神宗皇帝又于心何忍呢？而且，罢免王安石就意味着自己几年的一切努力全都付诸东流了，他能下得了这样的决心吗？

神宗暂罢了新法，王安石心里有抵触，变法派的吕惠卿、邓绾二人进宫面奏神宗，请求继续推行新法。神宗犹豫不决。吕惠卿声泪俱下地说："几年来，陛下废寝忘餐，推行新政，已经取得了很大成果，天下百姓也一片赞颂，怎能仅凭一个狂夫之言，说废就废呢？如此一来，多年的心血不是白费了吗？"

而此时的邓绾附和吕惠卿，也劝说神宗继续推行新法。变法图强，本来就是年轻的神宗皇帝梦寐以求的理想，也正是因为有了这个理想，才有了对王安石的提拔，才会有了后面这许多的风雨。他下令暂罢新法，也只是看到流民图上那悲惨的一幕，让这位从小生活在深宫之中的人的心灵为之深深震撼。但静下心来仔细一想，将推行几年的新法全盘否认，实在是心有不甘，他不想就这么承认自己的新法失败了，一方面是不想新法失败，另一方面也是想为自己挽回一点做皇帝的自尊。见两位大臣苦苦相劝，变法图强的意识在思想里又占了上风，于是同意了继续推行新法。两人领旨而出，新法继续推行，而且力度比以前更大。

此时，在王安石一再坚持下，神宗皇帝接受了他的辞呈，并让王安石推荐接替他的职务的人选。此情此景我们不难看出，神宗虽然免去了王安石的宰相之职，但并没有完全放弃富国强兵的理想，而是要继续推行新法。

王安石推举了两个人，一个是前宰相韩绛，一个就是曲意奉承的吕惠卿。

熙宁七年（公元1074年）四月，王安石正式罢相，出知江宁府。

大宰相王安石秉政七年有余，大张旗鼓地推行新法，在中国历史上掀起了一股巨大的改革风暴，许多人都被这场风暴刮出了政坛，刮出了京城，甚至丧命，最后却被一个名不见经传的小人物掀翻了。

王安石离京之后，韩绛和吕惠卿迅速被提拔重用。韩绛任同平章事，吕惠卿任参知政事，变法运动由韩绛、吕惠卿等人负责。至此，神宗已经将变法的希望放在了这两个人身上。起初，两人深感王安石的提拔之恩，所以继续实行王安石制定的方针政策，真正是萧规曹随，一点儿不肯改违。因此，京城的一些人送他们二人两个美号：韩绛称为"传法沙门"，吕惠卿唤作"护法善神"。但是，过了一段时间以后，他们为了各自的利益，走上了不同的道路。

吕惠卿是个极具野心的人，且极善于钻营。王安石在位时，为了取得王安石的信任，以达到自己升官发财的目的，他极力鼓吹变法如何如何好，曾被视为王安石变法最得力的助手。王安石离开之后，他妄图取代王安石的地位，为了达到目的，提拔族弟吕升卿、吕和卿等人，以此来扶持自己在朝廷的势力，打击变法派内部的其他成员。此时的吕惠卿已经完全由一个变法的拥护者转变成了一个变法的利用者，他打着变法的招牌，肆意妄为。吕惠卿执政以后，因为之前与三司使曾布有嫌隙，便想利用现在手中的权力拔去这个眼中钉，真可谓“公报私仇”。恰在此时，曾布上表请求废除市易法，认为此法不良。吕惠卿便趁机抓住这个借口，以阻挠新法罪弹劾曾布，将曾布逐出京城，贬到饶州去做知州。

吕惠卿采用吕和卿的建议，创行手实法，具体内容为：命令民间的土地、房屋、宅基地、牲畜和所有资产，都要据实估价报官，官府按估价总额抽税，凡隐瞒不报者，重罚，举报者有赏。这实际上就是征收资产税。如此一来，民间寸土尺椽，都要纳征，养鸡饲牛，都要纳税，老百姓苦不堪言。

吕惠卿的所作所为激起了郑侠的愤慨，他再次画了一幅画，题名为《正人君子邪曲小人事业图》，在这幅图中，他将唐朝的宰相进行分类，其中魏征、姚崇、宋璟等，称为正人君子；李林甫、卢杞等，号为邪曲小人；将冯京比做君子，吕惠卿比做小人，借古讽今，呈献给神宗皇帝，并附上一道奏折，弹劾吕惠卿。吕惠卿绝不容忍郑侠对他的攻击，在他一手操办下，郑侠被贬谪到偏远的英州。本来，吕惠卿要置郑侠于死地，但被神宗阻止了。神宗说郑侠谋国而不谋身，忠诚可嘉，不可重罚。皇帝都这样说了，吕惠卿也只能见好就收。

王安石的弟弟王安国，一直不赞成哥哥的新法，但却丝毫不影响兄弟间的感情。为此，他曾特别提醒过哥哥王安石，要时时刻刻提防吕惠卿。有一次，王安石正在和吕惠卿商量政事，王安国见势，故意在屋外吹起了笛子自娱自乐。正在兴头上的王安石冲着外面的弟弟喊道：“停此笛声如何？”王安国应声回敬道：“远此佞人如何？孔夫子曾说，驱郑声，远佞人。哥哥如能远离这等阴险小人，吾便停此笛声。”兄弟俩的一问一答，实际上王安国是引用了孔夫子的话告诫王安石远离吕惠卿，这令处在一旁的吕惠卿甚是尴尬。

虽然吕惠卿当时没有说什么，但怀恨在心，时刻想寻找时机报这“一箭之仇”。恰巧，郑侠流放英州之后，吕惠卿便以王安国与郑侠交往甚密为由，撤掉他的职务，贬到四川去了。吕惠卿总算出了一口恶气，报了一箭之仇，这也在无形之中助长了他的嚣张气焰。在将郑侠、王安国逐出京城之后，吕惠卿依旧觉得不解气。对上他一味阿谀奉承，对下四处走动，拉帮结派，慢慢地在朝中建立了自己的地位。于是他处事更加独断专行，很少同宰相韩绛商量。但最令他担心的还是王安石的复出。虽说王安石早已远离了朝政，但皇帝却时刻没有忘记他，总想找机会再请他出山。他怕王安石的复出抢了他的风头，更害怕自己好不容易建立的地位就因王安石的复出而瞬间崩塌。索性他一不做二不休，对恩师王安石开始下黑手。

当时，山东有一个谋反案，主犯是一个亲王，犯罪团伙中有一个人是王安石的朋友。本来，这件事与王安石八竿子也打不到一块儿。但吕惠卿欲置王安石于死地，便以此为依据，诬陷王安石与这起谋反案有染。

吕惠卿的所作所为引起了包括宰相韩绛在内的朝中大臣的诸多不满，很多人强烈要求王安石复出，他们认为，只有王安石才能控制吕惠卿。宰相韩绛向神宗上了一道密折，请皇上罢免吕惠卿，起用王安石，同时，他派人给王安石送去一份密函，说吕惠卿欲控告他谋反罪，叫他在七天之内赶到京城，七天之内，他可保这件事不爆发。当时，谋反罪是灭九族的大罪，只要与此有一丝的联系，不但自己人头落地，九族之内的亲人也要跟着自己陪葬。王安石接到韩绛的密函后，意识到问题的严重性，于是连夜从江宁出发，快马加鞭日夜兼程，果然在七天之内赶到京城。进京之后，连夜进谒神宗。

神宗皇帝自从王安石出京之后，似乎失去了主心骨，变法随之停滞。加之吕惠卿执政后，处事毫无章法，弄得朝中大臣怨声载道。他明白，长此以往，他一直希求的宏伟大业就会功亏一篑，他便开始想念王安石了，似乎也理解了王安石离职的用心。自从韩绛告诉他，王安石不日将进京，神宗又恢复了以往的生气，开始重视起变法大业。此时的吕惠卿不断地把控告王安石与谋反案有染的奏折送到神宗那里，希望神宗能尽快治王安石的罪。神宗哪还会相信吕惠卿的话，因而将他的奏折压而不发。

王安石进京的当天，神宗便接见了他，君臣二人彻夜长谈，惺惺相惜，以往种种误会烟消云散。第二天，王安石官复原职。王安石的复职并没有使吕惠卿就此放弃自己的野心，他不仅不协助王安石推行新法，反而处处设置障碍，处处为难王安石，处处指责变法的弊端，妄图一举搞垮王安石，取而代之。螳螂捕蝉，黄雀在后。吕惠卿做梦也没有想到，正当他算计别人的时候，有人已将矛头指向了他，而这个人，就是他曾经的政治盟友邓绾。

王安石复出之后，朝中的很多大臣开始取媚于他，企图通过支持变法满足自己的一己私欲，其中御史中丞邓绾就是一个最为典型的人物。邓绾本来是王安石变法的助手，王安石罢职后，他倒向吕惠卿，成为吕惠卿的政治盟友。此二人狼狈为奸，飞扬跋扈，对王安石落井下石，做下了许多见不得人的勾当。王安石复出之后，邓绾的处境非常尴尬，他清楚地知道王安石与吕惠卿两人的嫌隙已生，他不可能在两人中间左右逢源，必须从中选择一个人作为自己最终效忠的对象。他知道吕惠卿不是王安石的对手，于是选择了王安石。直接投靠王安石已是不太可能，那样只会弄巧成拙。邓绾是个聪明人，既然直接倒向王安石已是不现实，便从王安石身边的亲人入手。他背着王安石，暗中与王安石的儿子王雱商量，控告吕惠卿勒索华亭商人铜钱五百万缗。为了弥补以前的过失，重获王安石的信任，邓绾反戈一击，出卖了吕惠卿。至此，吕惠卿和邓绾的为人可见一斑。

御史蔡承禧也欲取悦王安石，于是上表弹劾吕惠卿，说他欺君罔发，结党营私。神宗此时已对吕惠卿充满了厌恶，看了邓绾等人弹劾吕惠卿的奏折后，一怒之下便将吕惠卿贬出京城，出任陈州知州。三司使章惇也为邓绾所劾，贬出京城，出任潮州知州。韩绛是王安石复出的功臣，除去了吕惠卿这等奸佞小人，两人本可以共同完成这宏伟基业。奈何韩绛与王安石的意见却始终背道而驰，而此时的韩绛已萌生去意，便托病请求离职，神宗批准了他的请求，命他出任许州知州。

就这样，王安石重新独揽宰相大权。

尽管王安石又重登了相位的宝座，可摆在他面前的路并非像之前那么好走。辞相之后朝政被吕惠卿搞得乌烟瘴气，留下的这个烂摊子还要王安石来收拾。这次他遇到的就不仅仅是变法的问题，还有如何改善黑暗的朝政状况。王安石的复出使得变法派重拾信心，而对反对派来说，之前的一切努力都已白费，但他们仍不甘心，因为他们明白，只要出现类似上次的流民事件，再次罢黜王安石也不是没有可能。的确，尽管王安石的复出使得当时朝廷的风气好了很多，可是摆在他面前不争的事实是，他和神宗之间已经出现了裂痕，关系变得很微妙，无论他再怎么努力，只要神宗的一句话，王安石的变法就有可能付之一炬。这也是王安石一直担心的。

王安石在自己的相位上小心翼翼，生怕自己出一丝错误会影响到变法。尽管如此，反对派还是抓住变法带来的不良影响不放，只要一有机会，他们会不惜一切代价地扳倒王安石。反对派不停地上书给太皇太后和皇太后，诉说着百姓们的生活是如何凄惨，乡间田野是如何议论变法，如何议论王安石。原本是一件很小的事情，但经过反对派的添油加醋以后就歪曲了事情的真实面目。为了扳倒王安石，反对派无中生有，硬说王安石变法违背了列祖列宗的遗愿，若继续实行，江山最终将毁于一旦。太皇太后和皇太后在经受了反对派群臣的苦谏后，也为大宋的社稷着想，不断地劝说神宗皇帝废除新法，贬斥王安石。

太皇太后是仁宗皇帝的皇后，已是七八十岁高龄的老人了。尽管是一届女流，但她无时无刻不关心着朝政。有一天，神宗和母亲宣仁太后、弟弟岐王赵颢一起去看望她。聊了几句家常之后，太皇太后立即切入了正题：“听说百姓苦于新法，确有其事吗？”已经为此事焦头烂额的神宗听到这话很恼火，他只好悻悻地说道：“行此法非害民，而是利民。”太皇太后接着道：“王安石固有才学，然百姓苦于新法已久，若不对此做出交代，何以对得起天下百姓？”在一旁的弟弟赵颢也按捺不住说道：“还请陛下三思。”

神宗忍无可忍，大发雷霆说道：“你的意思是说朕无能，败坏了宗族法制吗？那朕不干了，这个皇位你来坐吧。”听了这话，赵颢气得失声痛哭，场面十分尴尬，大家都不再说什么了，一场家庭会面就这样不欢而散了。

神宗虽然没说什么，可太皇太后的话还是给他敲响了警钟。他也知道，太皇太后平常说话很有节制，不到万不得已，她不会有此举的。神宗亦明白，如果不对此事做一交代，他有何颜面对得起列祖列宗，有何颜面对得起天下百姓呢？即使再怎么不舍，可他也不能为了一个王安石而得罪天下人。他必须做出抉择，纵使有千般万般理由……

第二节　辞相成功，告老江宁

就在王安石罢相、复相的这段时间，王安石的儿子王雱因背疽早逝，死时仅33岁。王雱是王安石的长子，自小聪慧过人，深得王安石的宠爱。进士及第后，他与父亲同朝为官，共同修撰三经。王雱的死无疑又在王安石的伤口上撒了一把盐，伤痛自不待言。此时的王安石对儿子王雱的死深感痛惜，这不仅使他视富贵如浮云的观念更加强烈，且对人生如梦、转瞬即逝的思想有了更加深刻的认识，这更加坚定了王安石辞相归去的决心。

王安石第一次罢相虽说是出于自愿，但不免有怨恨之情，但第二次罢相却只有无限的遗憾与轻松。他是解脱了，可这代价也太大了，为了变法，他付出了一生的心血，甚至也牺牲掉了爱子，可换回的却是无尽的伤痛和天下人的谩骂，没有人能理解他。

其实，自从王安石登上相位的那一天，就注定了他要以悲剧收场。在这场变法中，皇帝是帅，他是将，按照人们传统的思维，皇帝是天之骄子，圣明如神，是完美的化身。在这场变法中，如果取得了什么成就，首要功劳肯定要归功于皇帝；而如果出现了错误，王安石理所当然地就成了替罪羔羊。

在王安石离开京城之前，他最后一次去面见神宗皇帝。当两人单独在一起的时候，两人都心知肚明，他们再也回不到过去了，君臣叱咤风云的时代已经结束了，而王安石作为臣子，要永远地为大宋王朝做替罪羊，来承担来自全社会的巨大压力。

神宗皇帝充满了内疚，两人迟迟默不作声，大殿里的空气都凝固了。最后还是皇帝先开了口，说道："爱卿这次虽离职，但变法还要继续，等到风平浪静之时，朕还要请爱卿回来主持朝政。"

王安石强挤出了一丝苦笑："臣真的累了，这些年来为了变法确实耗尽了心力，真的撑不下去了。如今老臣终于可以安心地休息了，说真的，臣期待这一天也很久了，唯一让臣不放心的就是变法大业全部要靠陛下了，今后陛下一定要多多注意身体。"

神宗恋恋不舍地对王安石说道："爱卿走后，朕就好比失去了左膀右臂，没有了爱卿，今后谁还能与朕彻夜长谈国家大事呢？"

皇帝叹了口气："爱卿这一走，不知何时才能相见，愿爱卿回江宁后好好调养，朕也不知道该送什么给你，就赐你黄金百两，你就不要再推辞了。朕知道你为官清廉，积蓄不多，这点钱全当是朕的一份心意。这次回去又要不少开销，这点钱你拿着用，千万不要苦了自己。"

王安石眼圈一红，两行老泪顿时流了下来。归根到底，还是皇帝了解他啊，像这样亦臣亦友的君臣之情，世间能有几人？但他们再惺惺相惜，最终还是免不了要分离。王安石深深地叩下头去："老臣谢皇上。"

王安石去意已决，待他离开京城之时，他望着那熟悉而又陌生的城墙，内心苦楚而疲惫。他本有着干一番大事业拯救大宋王朝的雄心壮志，有着"以天下为己任"的初衷，有着"士为知己者死"的感恩戴德之心。在这场没有硝烟的战争中，他拼尽了所有，但对此无半句怨言，依旧忠心耿耿地奉献着自己的一切。然而，当新法激起群臣的攻击，当对自己不利的一切涌向他时，皇帝的动摇、眼中的疑惑、勉强的言语，深深地刺伤了王安石的心，他的灵魂空了。

王安石并不是一个世外高人，他不可能把这一切当作过眼云烟。他骨子里有着文人的脆弱，哲人的敏感。他自尊，自爱，多少还带着淡淡的哀伤忧愁。他向往自由安宁，可又放不下国家大事，这一切都在王安石心中进行着激烈的冲突。他为之奋斗终生的事业，不过是一件明知不可为而为之的事！这就注定了他的一生是个悲剧。

还在王安石被任命为宰相的时候，众人觉得正是他一展宏图备受宠信之时。有一天，文武百官都登门向他庆贺，但王安石却没有一丝兴奋，甚至连大门都没有开，而是独自与朋友来到西庑小阁，徘徊许久，取笔在窗上写了这样一行字：

霜筠雪竹钟山寺，投老归欤寄此生。

此后，王安石罢相后曾与这位友人同游钟山，在小憩之时，说起书窗题诗之事，王安石叹息道："你看是不是？"说完淡淡一笑，这笑中饱含了王安石多少的辛酸与无奈啊！

至此，原先那个"天变不足畏，祖宗不足法，人言不足恤"的勇士消失了。王安石叱咤风云的时代彻底画上了一个句号，只是这个句号不是那么圆满。

王安石携着所有的家当与老妻静静地乘船回江宁。从东京回江宁，有水路相通，王安石并没有乘坐官船，却穿了便服去乘民船。在即将开船的时候，他对家仆吩咐道："我虽然是当朝宰相，今已告老还乡，凡一路停船之处，有问到我官职的，你们莫说实话，只说是过往游客就行了。不然，惊动了当地官府和百姓，前来迎送，就太不方便了。谁若是有意走漏风声，那他一定是想敲地方上的竹杠或者想诈取民财，我知道了，决不轻饶！"众仆听了，大声说："晓得了！"

这时，一个名唤江居的家仆拱手说："相公如此隐姓埋名，假若途中听到了有人毁谤相公，该怎么对待呢？"王安石回答道："常言说，'宰相肚里能撑船。'说我好的，不足为喜；说我坏的，不足为怒。千万不要去招惹是非。"

他们沿水路走了二十多天，后来王安石因患病不适，只得同夫人等暂时分手，去走陆路，临别前约定到江宁相会。

原来走水路时一切还好，自打走陆路，王安石真是受尽了窝囊气，处处不顺心。

一次在一个小镇上，他们主仆四人想找脚力，到一个人家去雇。他们刚说明来意，主人便摆手说："自从拗相公当权，创立新法，百姓四处逃散，连饭都吃不饱，谁家还养得起骡马？"江居问："你说的那位拗相公是谁？"主人道："他叫王安石。听说长着一双白眼睛，真是恶人有恶相。"王安石听了低头不语，转身朝外走去。

王安石心中烦闷，到茶坊去转悠，只见茶坊壁上题着一首绝句：

祖宗制度至详明，百载余黎乐太平。

白眼无端偏固执，纷纷变乱拂人情。

王安石一看是骂自己的，沉吟半晌，又掉头走开了。他踱步走进附近一所道院，一抬头便发现红墙上面贴着一幅黄纸，上前仔细一看，纸上写的也是骂他的诗，说他"尽为新法误苍生"。王安石无可奈何地长叹了一口气，决定哪儿也不再去了，便疾步回到主人家，闷闷地过了一夜。

第二天午饭后，王安石去茅房，只见茅厕土墙上，有人用白石灰水写诗八句，内容是攻击他的。说他排斥贤正，独断专行，倡言"三不足"，到头来将落得"千年流毒臭声遗"。王安石看着实在气不过，便抬脚用鞋底给使劲蹭掉了。回店后，他吩咐仆役赶快收拾行装，提前赶路。

一路上，主仆几人很少搭话，行色匆匆，只顾往前走。眼看天色渐渐黑下来了，仆人江居上前向王安石禀告到："相公，天已晚了，我们到哪歇息？"王安石沉思了一下，回问江居："依你之见呢？"江居答道："要我看，今宵不必再宿村镇，还是借驿亭歇息好一些，省得生闲气。"王安石听了，点头称是。

这天晚上，他们便在附近的一处驿站住下了。夜间，王安石睡得很踏实，连日来的疲劳好像一下子都消散了。第二天一大早，江居等人忙着安排早饭，王安石独自在亭子间散步。忽然，他看到对面墙壁上题着两首绝句，其中一首这样写道：

高谈道德口悬河，变法谁知有许多！

他日命衰时败后，人非鬼责奈愁何？

王安石心想：一路来，茶坊道院，村镇人家，处处题诗讥诮，人人咒骂新法，真是咄咄怪事！如今连这驿亭也有题诗诋毁，真太不像话了！想到这里，他不禁勃然大怒，决定亲自去问个究竟。他唤来几名驿卒问道："哪个狂夫，敢题诗壁间，毁谤朝政如此？！"一位老卒应道："官人息怒。我等实在不知此诗为何人所写，也是在一个早晨突然出现的。后来一打听，才知道不只是我们驿站有题诗，其他各处也都有留题。"王安石又问："此诗为何而作？"老卒说："据说这都是上面布置下来的，说王安石罢相还乡，要各处题诗相送。于是，就有一些人出来到处题写这样的歪诗，毁坏他的名声，这可真是罪孽啊！"

王安石听罢，心中立刻明白了：原来这竟是顽固派们有意搞的鬼！他想，顽固派对自己和新法的攻击，从来都是不择手段的，这无关紧要，也不值得忧虑，只要新法能有益于黎民百姓，自己受些屈辱，又算得了什么呢！想到此，他便微笑着对驿卒说道："既然这样，那就让他们去到处题写好了，总有一天会被人们抹掉的！"打这以后，一路上王安石就再也没有去理会题诗的事了。

等他回到江宁后，昔日的老宅已变得破败不堪，墙头爬满了野草与枯藤，这衰败的景象与他此刻的心情一样，凋敝凄凉。王安石实在太累了，多年的朝廷纷争，已经让他耗尽心力，筋疲力尽。坐在这熟悉的地方，呼吸着江南特有的温润空气，他的心情渐渐地平静了。

江宁这个地方，是王安石的发迹之地，当时，求贤若渴的宋神宗，一天几道诏书，要他到开封去。现在，落魄文人和不修边幅的前宰相，再度出现在江宁。

王安石最后的失败，倒不是正人君子把他挤出朝廷的。王安石实际是败在了他一手提拔的吕惠卿手里。

苏轼在南京见到下野的拗相公时，还曾关注他过去一些政治上的举措得失。他连连摆手说："别问我，别问我，现在已是吕惠卿主政了。"而且还神秘兮兮地对苏轼嘱咐，"此话出于我口，入于你耳，万万不可为他人所知。"

他如此小心谨慎，不是没有来由的。由于王安石当年私下给吕惠卿写过一封信，上面特地注上一笔："勿使上知"，也就是不要让皇帝知道他们之间的秘密。结果，吕惠卿成了彻底的两面派，随时准备反戈一击的叛卖者，把这封“勿使上知”的信件，交给了皇帝，结果自然是可想而知了。

王安石下台以后，过度失落造成心理的极不平衡，时常“喃喃自语，有若狂人”，甚至歇斯底里地发作，还用手指对空书写“福建子”三字，一写就是半天。他为什么写这三个字呢？因为把他整苦了的吕惠卿，是福建人的缘故。据野史记载，王安石临死的前一天，在野外骑驴独行，他看见一位农妇向他递交诉状，然后就消失不见了。回到家后，一摸衣袋，那份诉状也无影无踪，但他确切记得当时，是很认真地接过来放得好好的。这样，越想越怕，第二天，就在恍惚和惊吓中去世了。

第七章　钟山隐居，梦归故里

第一节　无官身轻，赋闲江宁

对于从权力顶峰跌下来的王安石来说，虽然得到朝廷恩赐的这些荣誉和头衔在当时的北宋是史无前例的，但这些荣宠并没有任何的实际意义。虽然他照例要上表谢恩，照例与同僚权贵作些文字酬酢，照例要将感激君恩的心情形之于诗文，以便传之于神宗，使之理解老臣的知遇之恩，但是王安石的退休生涯，并不真正是轻松的、无忧无虑的。他的内心不可能像诗歌那样歌颂圣德宏恩和描绘变法换来的人间春色，而是充满着进也忧、退也忧、忧君忧国忧变法，也充满了自己的老来失子，晚景空虚之情。

熙宁九年十一月十二日，王安石已经56岁了。初冬的天气萧瑟肃杀，在飒飒秋风和滔滔江声中，他携带全家老幼与儿子王雱的灵柩，低调地回到了江宁府。

贱贫奔走食与衣，百日奔走一日归。

平生欢意苦不尽，正欲老大相因依。

空房萧瑟施穗帷，青灯夜半哭声稀。

音容想象今何处？地下相逢果是非。

儿子王雱的死对王安石的打击是巨大的。儿子英年早逝，对一个年近花甲的老者来说，丧子之痛使他变得更加苍老，皱纹早已爬满了脸，头发也已大半苍白，稀稀疏疏的，被盘成了一个花白的发髻。此时50多岁的王安石，若以今人的眼光来看，正当有为之时，可是这时的王安石却似一个年逾古稀、瘦骨嶙峋的老人。此时的他再也没有了熙宁变法失败时的愤懑和抑郁，没有了任何东山再起的想法，剩下的只有悲凉地度过余生的想法和丧子之痛。回到江宁后，王安石葬子于蒋山脚下，建祠于宝公塔院，并为超度亡魂而几次举行道场，也许是在超度自己痛楚的心灵吧！有野史这样记载：王雱曾娶同乡庞氏的女儿，年后生有一子，因不肖而虐待致死；也有的说王安石见王雱夫妇反目不和，就择婿遣嫁儿媳；又有的说王雱死以后，王安石的儿媳先捐地千顷于寺庵，而后遁入空门为尼。

王安石早在归江宁之前，就曾托朋友在江宁城外白塘购置田产，本想在此筑园安度晚年，怎奈世事难料，不过伤心人还是回到了这片安宁之地。他所购置的这片地在江宁城东门外至蒋山的半道上，这原本是低洼积水之地。在外人看来，这里距离江宁城很远，交通不便，偏僻荒芜；但对于王安石来说，安宁清净才是他最终选择这里的原因。回顾自己的前半生，有过成功，有过失败，在把这一切都看淡之后，他太需要一片宁静之地来抚慰自己的心灵，他太需要呼吸一下新鲜空气了。而且据此地不远，就是很有名气的谢公墩，据传曾是东晋名相谢安的故居，这也是王安石经常去小坐之地，并且附近还有孙权墓以及定林寺等。了解了这些，也就不难理解王安石为什么会选在这里了。

选定好地方以后，王安石就开始营造自己的宅院，他发现做这项工作能够让他忘记之前的种种和丧子之痛，于是渐渐地爱上了这项工作。他觉得设计一个园林确实要比治理一个国家简单容易得多了，而且他可以自行决定在哪建屋，在哪种树，这样的自由正是他向往和追求的。建成之后，王安石题为半山园。他在《示元度》中曾为营居半山园而赋诗一首：

今年钟山南，随分作园圃。

凿池构吾庐，碧水寒可漱。

沟西雇丁壮，担土为培塿。

扶疏三百株，莳楝最高茂。

不求鹓雏实，但取易成就。

中空一丈地，斩木令结构。

五楸东都来，斸以绕檐溜。

老来厌世语，深卧塞门窦。

赎鱼与之游，喂鸟见如旧。

独当邀之子，商略终宇宙。

更待春日长，黄鹂弄清昼。

意思是说，自己在钟山南面营居半山园，雇人建屋修池，开沟引水，种植树木，不求奢华，只求有一栖身之所。半山园虽简陋，却温馨舒适，王安石非常满意。为此，他还写有很多诗来赞美半山园，比如在《浣溪沙》这样写道：

百亩庭中半是苔，门前白道水萦回。爱闲能有几人来？

小院回廊春寂寂，山桃溪杏两三栽。为谁零落为谁开？

王安石在半山园中过着远离政治，远离尘嚣的田园生活，每天自娱自乐，读书写字，内心的悲痛渐渐得到了平复。他最终才明白，自己需要的就是这样的生活，安静悠闲，远离纷扰。回想自己的过去，他的内心多了一份淡然，自己毕竟是一介书生啊，每天舞文弄墨，读书养性才是他最终的归宿。此时的他和老妻静静地过着陶渊明式的恬然生活，所以这一时期他的诗作，处处都有着田园诗风格。

《怀古二首》云：

（一）

日密畏前境，渊明欣故园。

那知饭不赐，所喜菊犹存。

亦有床座好，但无车马喧。

谁为吾侍者，稚子候柴门。

（二）

长者一床空，先生三径园。

非无饭满钵，亦有酒盈樽。

不起华边坐，常开柳际门。

漫知谈实相，欲辩已忘言。

这些诗作读起来清新淡雅，悠然自得。经历了大风大浪的王安石，回归了大自然，享受着大自然赋予的宁静与安闲。日子虽过得朴素、简单，但对已看透世间一切的王安石来说，未尝不是一种幸福。这时他的诗风颇有点后世唐寅的风格，“别人笑我太疯癫，我笑他人看不穿，不识五陵豪杰墓，无花无酒锄作田”。

孔子曰：“仁者乐山，智者乐水。”游山玩水是王安石一生的喜好，也是他晚年主要的生活寄托。王安石钟情于山水，出自本性，他甚至愿意栖于山水之间，逃离纷扰，与世无争。在经历了尘世的喧嚣之后，他开始纵情于山水之间，仿佛倦鸟归林一般，静静地享受着大自然赋予的安详与宁静。有诗云：

自予营北渚，数至两山间。

临路爱山好，出山愁路难。

山花如水净，山鸟与云闲。

我欲抛山去，山仍劝我还。

只应身后冢，亦是眼中山，

且复依山往，归鞍未可攀。

元丰二年至七年（公元1079—1084年），王安石一直都住在钟山，利用闲暇时间赏花吟诗，游园观鱼，约友畅谈，这几年间他的生活可谓悠闲舒适，随心所欲，怡然自得。王安石还非常喜欢柳树，自号五柳先生的陶渊明对柳树亦极其钟爱，遂于门前植柳五株。王安石一直都很仰慕陶渊明，他也在门前植柳数珠，有诗曰：

门前杨柳二三月，枝条绿烟花白雪。

呼童羁我果下骝，欲寻南冈一散愁。

绿冈初日沟港净，与我门前绿相映。

隔淮仍见袅袅垂，伫立怊怅去年时。

杏花园西光宅路，草暖沙晴正好渡。

兴尽无人楫迎我，却随倦鸦归薄暮。

王安石沉醉于园林之乐的同时，亦常常出游四方，过着闲云野鹤般的生活。他出游时，从不惧春夏秋冬，风雨晴晦，冰雪酷暑，或独自一人而行，或骑马而行，或骑驴而行。随行带一侍童，担一担书，王安石左手执书，右手拿饼。

王安石罢相以后，宋神宗因看他年老体衰，就送了一匹马给他，他自己又买了一头驴，他出行的时候，或骑马，或骑驴，但从不坐轿。别人就对他说，你年纪这么大了，骑马骑驴既不安稳，又不安全，简直活受罪，还不如坐轿子呢！王安石则回答道："坐轿好比拿人当牲口，不习惯，也没有这个爱好。"后来神宗赐给王安石的马不幸病死，他就开始整天骑驴，到后来雇了一个牵驴之人。每天吃过早饭，必定骑驴外出游览，要么信步山中，观赏景致；要么到定林寺说佛论道，纵谈古今；要么去会会友人，要么去访访农家……常常在晚霞似锦的时候才赶回来。

有一次，一个叫王巩的友人来拜访王安石，不料见他正骑一头黑驴出门，一个侍童正牵驴往前走。王巩好奇地问侍童："你要带相公去哪呢？"侍童回答道："这简单，我在前，就跟着我走；我在后，就跟着驴走；或者相公要停，那就停下来。停下之后，相公要么坐于树下，要么信步徒走，要么走访田野之家。每次出去，都要让我担一担书，有时在驴背上读，有时坐下休息时读。至于吃的东西，那就更简单了，每次出门前我们都会装一大袋烧饼，相公饿了就吃，吃完我吃，我吃罢以后就将剩下的全喂驴了。有时候，田野之家也会送给我们一些饭，我和相公就一起吃。所以相公骑驴出门，总是随心所欲，走哪算哪。"

于是，在江宁城外，人们经常可以看到这样一个老者，穿着粗布麻衣，骑着一头黑驴，前面走着一个小侍童，在野外四处漫游。

王安石除了骑驴出游、读书之外，也常常写些反映田园风光的小诗，用以自娱。有一次，他访友归来，一进村子，就被农家绿意盎然的美景所吸引，顿时诗兴大发，急欲挥笔写下。可要到家还有一段路程，必须要经过邻居湖阴先生的院子，再过一条小溪，就算到家，灵感早就不在了。为此，他心中十分惋惜。

说来也巧，此时湖阴先生正待在家门口，见到王安石大步走来，口里还振振有词，知道他又诗兴大发了，便立即邀他进宅，想立马为他铺纸研墨。谁想还没等这张铺开，王安石已经等不及了，他抓起笔，蘸了蘸墨，竟飞快地在墙上挥笔写道：

茅檐长扫净无苔，花木成畦手自栽。

一水护田将绿绕，两山排闼送青来。

就这样，一首传世名作《书湖阴先生壁》便产生了。

在江宁赋闲的日子里，王安石几乎访遍了当地所有的遗迹。江宁府西北山上的清凉寺、齐安院、宝公塔、八功德水是王安石经常盘桓的地方，他还曾写诗道：“花与新吾如有意，山于何处不相招。”王安石去得最多的地方还是定林寺，据《建康志》记载：“定林寺有上下二寺，上定林寺是宋元嘉十六年，神僧竺法秀造；下定林寺乃元嘉元年置，后又废弃，如今已成为王安石的读书处了。这里是王安石最为钟爱的地方，王安石还曾亲自为这个读书处题名为‘昭文斋’。”有诗云：

定林（一）

穷谷经春不识花，新松老柏自欹斜。

殷勤更上山头望，白下城中有几家？

定林（二）

定林修木老参天，横贯东南一道泉。

五月杖藜寻石路，午阳多处弄潺湲。

王安石在江宁的时候，还去了很多地方，比如栖霞、玄武等。王安石的《次韵酬朱昌叔五首》中的第五首写道：

乐世闲身岂易求，岩居川观更何忧？

放怀自事如初服，买宅相招亦本谋。

名誉子真矜谷口，事功新息困壶头。

知君于此皆无累，长得追随旷埌游。

如此看来，王安石的生活确实悠闲自在，其乐融融。其实，他骨子里是个出了名的急性子。王安石归隐之后，每次签署姓名之时，总是匆匆地写个“石”字，连“安石”都给省了。而且他写“石”字，初画一横，再向左引脚，中间常作一圆圈。因为性子急的缘故，大多数圆圈都画得不圆，再加上他写的那一横一撇，总爱一笔带过，因而所写的字和“反”字极其相似。为此，别人就悄悄地议论，说他写的是“反”字，而不是“石”字。王安石听说后，每次签署姓名的时候，也就十分留意了。

虽然归隐之后的王安石生活得怡然自得，但退休生涯中的离愁别恨仍然烦扰着荆公。有次收到二女的省亲诗：

西风不入小窗纱，秋气应怜我忆家。

极目江南千里恨，依前和泪看黄花。

女儿的恋亲之情，如何不能使荆公的铁石心肠化作片片思女泪，设法让凄凉痛苦中的女儿回到娘家来叙叙天伦之乐？然而，荆公却劝她在黄卷青灯中了却尘缘：

秋灯一点映笼纱，好读楞严莫忆家。

能了诸缘如梦事，世间唯有妙莲花。

原来女儿所嫁是丞相吴充之子，时为长安县君。而吴充刚于前年罢相。两个罢相之家再亲密往来，岂不是要招惹是非，惹祸上身吗？这就是荆公要使正值青春年华的女儿服从政治避嫌而了却尘缘的真正原因。

晚年使王安石深感欣慰的莫过于元丰七年（公元1084年）七月苏轼迁官过江宁来拜访他，王安石与苏轼同游蒋山，把酒言欢，留下了千古佳话。在变法问题上，苏轼是反对青苗、免役诸法的。但时过境迁，这两位文名冠盖当世的唐宋八大家中的佼佼者，终于捐弃前嫌，在六朝金粉胜地的大自然的怀抱里，在诗情画意的精神境界里，以诗文会友，细论古今文学，纵谈历代得失，建立起亲密的友谊来。苏轼在江宁盘桓数日，留下了不少佳作，如：“峰多巧障日，江远欲浮天。略沾横秋水，浮屠插暮烟。归来踏人影，云细月娟娟。”寄托着一个被贬清官的超然出世的心情。而王安石也把最新诗作拿给苏轼看，其中有“积李兮缟夜，崇桃兮炫昼”的警句。这是借李白《春夜宴桃李园》故事来抒发自己从宰相高位，走到与李白一样的坎坷道路上来的心情。苏轼说，自屈原、宋玉千古以来，再也见不到《离骚》的句法了，今天有幸拜读，确实获益匪浅。这次交往，使王安石感到苏东坡的确是“不知更几百年，方有如此人物”的奇才。而自己偏偏因为政见不同和吕惠卿的忌才挑拨而蔽掩了双眼，一直没有使贤才得到充分发挥，而现在自己已是下野之身，爱莫能助了。这种贻误人才的自省，不能不使王安石想到熙宁变法中的“台倾风久去，城踞虎争偏”的纷纭岁月，更让他觉得夹杂着个人功名富贵而争荣政坛的往事，已如一缕青烟般消逝，现在是到了应该彻底解脱的时候了。

第二节 息影山林，谈诗论佛

归隐之后的王安石终于摆脱了让他厌倦的政治旋涡，更让他可以用一颗平常心来看待周围的一切。他不必再为国家大事而操心，也不必为此而得罪他人了。往日的恩怨情仇早已成了过眼云烟，此时的他已经没有了任何的牵挂和负担，他完全可以按照自己的意愿安排生活了，因而他开始醉心于佛教的世界，成了一名虔诚的佛教徒。

辞官后的王安石坐下来静静地、细细地回味着自己的大半生，终于明白了成败得失不过是昙花一现，转瞬即逝，生命、亲人才是这个世界上于他而言最重要的。变法的失败、自己下台后的残酷现实，迫使王安石不得不开始正视这个世界，正视之后的结果又让他感到无奈和无助。身心俱疲的他太需要精神寄托了，他需要抚慰自己孤寂的灵魂，而佛教正好充当了这一角色，于是王安石便皈依佛教了。对王安石来说，这不仅是麻醉或者某种程度上的自我欺骗，告诉自己变法是真正有益于百姓的；同时他也需要寻求一种超脱现实的精神境界来寄托来世的因缘。虽然退休后的真实感受是残忍冷酷的，但王安石感到佛教能引导自己去淡化这一切，淡化自己先前的锋芒，王安石感觉自己确实需要放下了。

驱使王安石晚年皈依佛教的另一重要原因是爱子的英年早逝。在这一系列突如其来的打击下，他没有力量再重新站起来，年轻时候的锋芒、激进在此时都已成为过眼云烟。他自然而然地选择了佛教作为自己避难的场所，将自己完全置身于佛教的世界里，听高僧讲佛法，自己研习佛经，苦读佛经，也许只有这样的生活能让他减少一些痛楚，这些也已成了他生活中不可或缺的一部分。

王安石晚年读的最多的是《维摩诘经》和《楞严经》。《维摩诘经》认为，解脱不一定要出家，只要在主观上修养，即使坐拥万贯家财，但只要克制住自己的贪欲，广结善缘，积修功德，则能令六根清净，灵智顿开；即使妻妾成群，但只要一心向佛，则能心地澄明，如同宝月。也许这一观点正好符合王安石信奉佛教的需要吧，所以王安石对《维摩诘经》有着特殊的喜爱。对于《楞严经》，王安石同样也是十分喜爱。相传王安石在江宁的时候，曾做《楞严经解》十卷。《楞严经》阐述了佛教心性本体论，认为世间一切事物，皆即菩提妙明之心，心情遍圆，含裹十方。众生不明白自己心体性净妙体，所以流转生死。只有视生为梦，视色为幻，才能破除各种偏见。

王安石晚年醉心于佛学，以至于此时的诗句都呈现出了浓厚的佛学色彩。王安石所信奉的主要是禅宗。他以诗言志，引禅入诗，做了大量的禅诗。这些诗具有很高的艺术成就，随处可见禅的气息。有很多诗，本身用的就是禅宗的语言。如《即事二首》云：

（一）

云从钟山起，却入钟山去。

借问山中人，云今在何处？

（二）

云从无心来，还向无心去。

无心无处寻，莫觅无心处。

《拟寒山拾得十九首》写道：

风吹瓦堕屋，正打破我头。

瓦亦自破碎，岂但我血流。

我终不嗔渠，此瓦不自由。
众生造众恶，亦有一机抽。
渠不知此机，故自认愆尤。
此但可哀怜，劝令真正修。
岂可自迷闷，与渠作冤仇。

其中的《无动》写道：

无动行善行，无明流有流。
种种生住灭，念念闻思修。
终不与法缚，亦不着僧裘。

佛法讲究清净寂灭，超越三世，认为诸法变幻过程呈现出生、住、灭三相。生即产生，灭即结束，本身包含着自我否定、自我消解的一面。世间如梦如幻，如露如电，镜花水月，不可把握，故无所求。然而，王安石却认为，世间既如梦幻，修行功德又为的是什么呢？其实这一问题是十分尖锐的，利用以子之矛攻子之盾，虽笃信佛教，但却有自己的独立思考，这一点实在是难能可贵。

元丰七年春天，王安石生了一场病，非常严重，曾经有两日一句话也说不出来，几乎动弹不得。直到六月，王安石的病情才有所好转。他感到自己已近垂暮之年，这让他觉得自己多年经营的半山园已成累赘了。于是，就在这年秋天，他两次上疏神宗，请求批准将自己筑于蒋山的半山居的园屋捐献给寺院，以期为父母和儿子积功修德，希望他们在另一个世界也有一个好的去处。接着他又将自己的俸禄与王雱死后的赐银所购置的田产，也一并捐献给了寺院，神宗御题为“报宁禅寺”。“报宁”的含意是微妙的，是荆公报熙宁（神宗）的知遇之恩呢？还是报江宁百姓的哺育之恩呢？此名意味深远，令人感慨万千。后来，寺名又改为“太平兴国寺”。王安石自己在江宁城中租屋而居，当年宰相府的显赫已经是完全看不见了。王安石早已参透了人生的奥秘，只想平平静静、简简单单地过完自己的后半生。如此举动也表达了他旷达的胸襟和对佛教的深厚感情。

他在《乞以所居园屋为僧寺并乞赐额札子》中这样写道：

臣幸遭兴运，超拔等夷。知奖眷怜，逮兼父子。戴天负地，感涕难胜。顾迫衰残，糜捐何补？不胜蝼蚁微愿，以臣今所居江宁府上元县园屋为僧寺一所，永远祝延圣寿。如蒙矜许，特赐名额，庶昭希旷，荣与一时。仰凭威神，誓报无已。

在这一札子中，王安石再次表达了对神宗皇帝知遇之恩的无限感激，自叹年老体衰，无以为报，唯愿将屋舍一所，作为僧寺，祝延圣寿。王安石作为一个成熟的政治家，直到晚年依然保持着清醒的头脑，倾尽所有赠予寺院，一方面表达了自己的忠心，另一方面也是为了昭显圣君贤相，龙虎风云千载一时的难得机遇。当然，这也是对佛教所做的一个贡献，因为建寺容易，题名却难，尤其是皇上亲自赐名，无疑给半山园增加了无限的风光和荣耀。山不在高，有仙则名；水不在深，有龙则灵，有了皇帝的赐名，又曾经是大丞相的故宅，这一切都成就了报宁禅院。

晚年的王安石虽然纵情山水，谈诗论佛，生活悠闲，怡然自得，却难以掩盖他内心的痛苦、煎熬和落寞之情。最痛苦的莫过于亲人的离去，先是长子王雱，再是次子王旁与王安石妻子吴氏。亲人的离去更加使得王安石失去了生活的寄托。他就是再洒脱，再豁达，也无法承受这种失去亲人的痛彻心扉的伤痛。

虽然亲人的离去让王安石蒙受了巨大的打击，但他还是坚强地挺了过来，因为他心中还有一个坚定的信念，他要亲眼看着他为之付出了毕生心血的变法伟业在神宗的领导下重焕生机，恢复大宋王朝的宏伟基业。

然而，天有不测风云人有旦夕祸福，上天依旧不肯垂怜王安石。不久，他的侄婿叶涛匆匆地从江宁城找到王安石，都没来得及歇息片刻，叶涛就向王安石禀报了永乐兵败，皇上卧病在床的消息。王安石立即怔住了，呆呆地伫立在门前，望着远方，神情悲怆，两行热泪默默地流了下来。

永乐兵败的消息对王安石来说无疑又是一个巨大的打击。尽管他现在远离朝政，不问政事，但现在的时局毕竟是他变法之后所产生的结果。在某种意义上说，神宗的胜利就是王安石的胜利，神宗的失败就是王安石的失败。这一切犹如千斤巨石压得王安石喘不过气来。他不敢想象，如果政局还向着更坏的方向发展，自己该如何面对天下千万百姓，自己又有何颜面存活于这世界，他担不起千古罪人的责任。

忧愁与痛苦时刻折磨着王安石，本来就已弱不禁风的王安石更加苍老，浑身瘦得皮包骨头，身体每况愈下。王安石病倒的消息很快传到了神宗那里。很快，神宗就派王安石的女婿蔡卞到江宁来探望王安石。

蔡卞的到来，拂去了王安石积压已久的愤懑抑郁，他立刻盛情款待了蔡卞，翁婿两人从政治谈到文学，当然，谈到最后的还是国家大事。蔡卞不经意间说漏了嘴，那就是朝廷已经在讨论立嗣的问题了。此话一出，蔡卞停住了，他意识到自己犯了个大错，本想避开这个话题，奈何还是说了出来。王安石一听呆住了，整个人呆坐在饭桌旁，仿佛一具雕塑一般，面无表情，眼睛直直地望着京城的方向，老泪纵横。

原来，神宗和皇后的关系非常好，彼此恩爱。据史料记载，两个人二十年不曾面赤，夫妻相敬如宾，生活得其乐融融。神宗的妃子也很多，先后生有十四子。奈何他的家庭屡遭不幸，到现在为止，已有八个皇子去世了，剩下的皇子都是孩子，年纪之小肯定挑不起国家这个大梁，这让神宗颇感苦恼。后来，神宗生了一场大病，病好之后身体大不如从前了。因此朝廷上下都已经开始在讨论立嗣的问题了。

立嗣问题是王安石从未想过的。毕竟神宗才刚刚三十几岁啊，正值壮年，满朝文武百官已经开始讨论起立嗣问题了，可见皇帝的身体确实出现了大问题。虽然他在朝时经常和皇帝闹得不愉快，但神宗终究是王安石的伯乐啊，没有神宗，也许他还是一个山间野夫，纵然满腹经纶，可依旧毫无意义。在他归隐的这几年，他想起来的还是神宗的好，神宗对他的知遇之恩。想到皇帝可能将不久于人世，国家依旧前途未卜，他一句话也没说，有的只是默默流下的眼泪。

元丰八年（公元1085年），神宗的病情越来越严重了。宫中上下早已忙成了一片，太医不分昼夜地守在神宗床旁，给他诊脉熬药。宫外的百姓听说皇帝病危的消息，议论纷纷，那时候，皇帝就是国家的象征，皇帝的龙体健康与否直接关系着国家的安危与兴盛。忙于为神宗治疗的不仅有太医，还有无数的僧道，做祈福道场为神宗祛病。

元丰八年三月初一，神宗病重无法理朝，经文武百官之请，他的母亲宣仁太后垂帘听政，皇六子立于帘外。

此时，躺在病榻上的神宗皇帝双眼微闭，气若游丝，可是他的神智还是清醒的。依稀之间，他回忆起儿时的快乐，读书的欣喜，登基时接受群臣朝贺的宏伟场面，自己这十几年来兢兢业业为国家操劳的情景，还有许多许多，他断断续续地回忆着……

殿外，皇太后挽着皇六子静静地走到群臣面前，取出一份谕示，宣告懿旨：

“群臣听旨！”

百官纷纷下跪。

“皇上谕，立延安郡王傭为皇太子，改名煦……”

突然，殿内外传来了皇后、宫女和太监们的痛哭声。

大臣们惊恐万状。他们低着头悲哀着，强忍着泪水，小声地抽泣。皇太后听到哭声，神情突变，几乎晕倒，被身边的太监搀扶着。皇太子赵煦，号啕大哭，奔向父皇的宫室。

元丰八年三月五日，神宗皇帝驾崩了，年仅三十八岁。壮志未酬的宋神宗，结束了他那充满传奇的一生。他轰轰烈烈的一生是那样的匆忙与短暂。他的晚年甚至是凄惨悲凉的。战争的失败深深地刺伤了他的心，最终他带着无限的遗憾离开了世间。

很快，神宗皇帝驾崩的消息传到了王安石那里，王安石的心情越发沉重。他无法面对既成的事实，常常借酒消愁麻醉自己。王安石经常派一书童替他去酒馆打酒，时间久了，人们便问书童相公的情况。书童叹了口气道：“相公每日都把自己关在屋里看书，时不时会起身走到床前默默感叹，之后便泪流满面，谁都不知道他在想什么哭什么。”

此时的王安石深知自己将不久于人世，他写了一首名为《新花》的诗：

老年少忻豫，况复病在床。
汲水置新花，取慰此流芳。
流芳只须臾，我亦岂久长。
新花与故吾，已矣两可忘。

从诗中可以看出王安石此时悲凉的心境。他想栽点新花，证明生命的存在，但马上又想到了花其实与人是一样的，虽然芳香怡人，但终究是短暂的、弱小的。想到自己也许在不久的将来也会像这花一样，很快地逝去，他的心中充满了无限的惆怅与伤感。他明白，人生不过短短几十年，无论生前有多风光，住多么富丽堂皇的宅院，最终陪伴自己的依旧是那不起眼的一抔黄土。

几天之后，王安石心绪稍稍平稳了一些，他恭恭敬敬地拿出纸笔，写下了《神宗皇帝挽辞二首》：

（一）

将圣由天纵，成能与鬼谋。
聪明初四达，俊乂尽旁求。
一变前无古，三登岁有秋。
讴歌归子启，钦念禹功修。

（二）

城阙宫车转，山林隧路归。
苍梧云未远，姑射露先晞。
玉暗蛟龙蛰，金寒雁鹜飞。
老臣他日泪，湖海想遗衣。

这两首诗中，王安石充分肯定了神宗进行的大变法及其取得的非凡成就，句句真挚感人，催人泪下，表达了对神宗无限的悼念之情。敏感而又富有政治经验的王安石知道神宗的去世对变法大业来说是致命的损失，守旧派的上台与反扑是不可避免的，局势会发展到哪一步，连他自己都无法预料。王安石虽归隐山林，远离政事，但他的心却没有一天真正地离开过朝廷！

早在归隐之前，王安石就一直致力于为熙宁变法提供理论依据，重新解释儒家经典的工作。而为了给儒家经典提供文字训诂方面的依据，又进行了文字的训释工作。经过自己的多次删改与考订，一部宏大的《字说》就此诞生了。

《字说》问世之后，当时的文人雅士纷纷学习，一时间竟成为一种风气，这多少给王安石的心里增添了些许安慰。《字说》的成功使他明白，他并不是一无是处，即使远离政事，即使归隐山林，他依然能够为世人做出点什么。

神宗的逝世，亲人的离开，希望的破灭，这些使得王安石已经做了最坏的打算，但越来越坏的消息还是让王安石无法保持内心的平静。宣仁太后垂帘听政之后，任用守旧派领袖司马光、吕公著为相，他们在宣仁太后的支持下卷土重来，把熙宁年间推行的变法几乎全部废除。此时远在江宁的王安石心情越来越沉重，他彻底绝望了，禅宗已经无法帮他排解内心的忧愁与苦闷。每日在书院中读书，王安石常常望着远方深深地叹息。纵使心中积压了太多的悲苦，可是又有谁愿意倾听呢？世人只知他不快乐，却无法理解他不快乐的原因，悲伤与痛苦到头来还是要自己一个人承担。守旧派上台之后，政治迫害虽然还未直接降临到他头上，但黑云压城的气氛已经压得人喘不过一丝气来。他的《字说》已经受到了查禁。禁止看《字说》的消息让已是风烛残年的王安石受尽了刺激。此时他的亲友只能尽可能地封锁消息，害怕继续刺激到他。奈何纸是包不住火的，王安石虽老但并不糊涂，他还是陆陆续续地知道了市易法、方田均税法、保甲法等被废除的消息。由于对此早有心理准备，他还勉强能够支撑得住。但当他听说连免役法都被废除之时，他再也坚持不住了，长叹道："此法终不可罢！"这些都是王安石与先帝商议了两年才执行的，并没有什么损害百姓的地方，为何还要将此法全部废除呢？此时他已经意识到司马光已经完全失去了理智，不是因为新法的是非利害而决定取舍，而是变成了凡是新法都要废除，这样的人独揽大权，国家怎能不一天天地败坏下去呢？

眼看自己投入巨大心血的事业被保守派毫不留情地全部废除，王安石终于无法忍受一连串的打击。元祐元年四月初六，王安石带着无限的遗憾永远地闭上了眼睛，了却了世俗的悲欢离合，离开了这个世界。中国历史上一个大名鼎鼎的宰相，一位满腹经纶、学富五车、才高八斗的文学巨匠，一位性情豪迈、卓尔不群的政治家——王安石，就此陨落了。在王安石身后长达千年的岁月中，人们对他褒贬不一，但不管怎么样，谁都无法否认这样一个事实：王安石，在中国历史的篇章中曾写下了光辉灿烂的一页。

王安石去世之后，来吊唁的人寥寥无几，葬礼冷冷清清，昔日的许多门生故吏怕受到牵连，竟无一人前来。张芸叟有诗题为《哀王荆公》，共四首：

（一）

门前无爵罢张罗，元酒生刍亦不多。

恸哭一声唯有弟，故时宾客合如何？

（二）

乡闾匍匐苟相哀，得路青云更肯来？

若使风光解流转，莫将桃李等闲栽！

（三）

去来夫子本无情，奇字新经志不成。

今日江湖从学者，人人讳道是门生。

（四）

江水悠悠去不还，长悲事业典型间。

浮云却是坚牢物，千古依栖在蒋山！

张芸叟名舜民，邠州人，治平年间进士，担任过襄乐令，熙宁年间王安石变法，他也持反对态度，后因被弹劾，谪监郴州酒税，司马光当政后，他被起用，任监察御史。作为一个反对派，他却深深地同情王安石，对王安石葬礼上的冷清感到愤愤不平，对王安石旧日的门生故吏深表不满，呜呼！世态炎凉，人情冷暖，由此可见一斑！

王安石的死在反对派中引起了极大的震动。工安石的死讯传到开封后，司马光立即写信给吕公著说：

介甫文章节义过人处甚多，但性不晓事而喜遂非，致忠直疏远，谗佞辐辏，败坏百度，以至于此。今方矫其失，革其弊，不幸介甫谢世，反复之徒必诋毁百端。光意以谓，朝廷宜优加厚礼，以振起浮薄之风。苟有所得，辄以上闻。不识晦叔以为如何。更不烦答以笔札，扆前力言则全仗晦叔也。

在这封信里，司马光对王安石的政治主张做了明确的否定，而对其道德、文章、诗作则给予了肯定。后世以此指责司马光否定王安石，其实不然。作为王安石的政敌，司马光的政治态度和王安石不同，当然，两个人的出发点都是好的，都希望国家能够繁荣昌盛，遗憾的是这两位政坛巨匠的观点却背道而驰，而且在各自的道路上越走越远。本来一对非常要好的朋友、知己，最终却变成了敌人。可想而知，站在司马光的立场上来看，他废除新法，实施自己的政治策略，同样是为了国家兵强富足，这一点其实并没有什么错。他废除新法，并非彻底否定王安石，尽管他们的政治主张不同，但他对王安石的评价不以政见的异同为标准，不以同我者是，异我者非，这一点确实是难能可贵的。司马光还建议朝廷优加厚葬王安石，以振起浮薄之风，这并不是针对变法派而言，而是针对当时的社会风气，特别是那些借机诋毁变法和对王安石落井下石的人。

在司马光对王安石予以肯定的同时，苏轼则代表哲宗皇帝撰写了《王安石赠太傅》，其文曰：

敕：朕式观古初，灼见天意：将有非常之大事，必生稀世之异人，使其名高一时，学贯千载；智足以达其道，辩足以行其言；瑰玮之文，足以藻饰万物；卓绝之行，足以风动四方；用能于期岁之间，靡然变天下之俗。

故观文殿大学士、守司空、集禧观使王安石，少学孔孟，晚师瞿聃。网罗六艺之遗文，断以己意；糠秕百家之陈迹，作新斯人。属熙宁之有为，冠群贤而首用。信任之笃，古今所无。方需功业之成，遽起山林之兴。浮云何有，脱屣如遗。屡争席于渔樵，不乱群于麋鹿。进退之美，雍容可观。

朕方临御之初，哀疚罔极。乃眷三朝之老，邈在大江之南。究观规摹，想见风采。岂谓告终之问，在予谅谙之中，胡不百年，为之一涕！于戏！死生用舍之际，孰能违天；赠赙哀荣之文，岂不在我。是用宠以师臣之位，蔚为儒者之光。庶几有知，服我休命。可特赠守太傅。

苏轼的这篇文章代表了当时朝廷对王安石的看法，文章巧妙地回避了当时争议甚大的熙宁变法问题，着重从道德文章、诗歌创作等方面对王安石进行了高度的评价，从而使持有各种政治态度的人都可以接受。

由于当时政治的压力，王安石的丧事办得极为草率，而且最后竟无一人为王安石撰写墓志铭，这实在是可悲可泣。没有墓志铭的王安石却并未被历史所遗忘，恰恰相反，他一直是千百年来人们争论的焦点。随着历史的推移，他时而被抛向浪尖，成为最为显赫的古之圣人；时而被甩入谷底，成为十恶不赦的千古罪人。当然，对王安石的看法应该说是仁者见仁智者见智，我们也可以从本书中去感悟王安石的为人，历史终将会给他一个公正的评价。

下篇

王安石

悠悠千祀，间生伟人

第八章　读书要学王荆公

第一节　创作与生活

王安石是北宋著名的政治家、思想家与文学家，神宗在位时曾当过宰相。他虽然身居高位，却从不弄权为私，一生为官清廉，在衣食住行等日常生活方面，极为简朴，令人称赞，传为美谈。

王安石虽居宰辅，位极人臣，但一向居家清俭，律己甚严。有一次，王安石儿媳家的亲属萧公子来到京城游玩，特地穿着华丽的衣服，兴致勃勃地来到相府拜见王安石。他心想，到了相府，少不得美酒盛宴款待，所以，在一阵热情谈话之后，强忍腹中饥饿，也不想离去，想饱餐一顿再走。谁知待入席之后，才见只上了几盘家常菜。萧公子心想，一定要少吃菜，少喝酒，以为稍后定有山珍美味端上桌来。不料，王安石却叫人上汤进饼，用饭了。这个娇生惯养的萧公子，在大失所望之余，仅挑拣了一点饼心咽下肚去，便搁筷了。

然而，王安石却从容无难色地把萧公子剥掉的饼边饼皮夹到碗里吃掉了。王安石这一举动，令那位年轻骄横的萧公子面红耳赤，惭愧万分，匆匆忙忙地离相府而去。

还有一次，王安石在江宁府任职时，他的夫人曾借了官府一张藤床，用着十分舒适。到丈夫卸任时，夫人不想归还给公家，但王安石心里却很在乎这种事，于是心生一计。一天，他从外面进来，没跟夫人打招呼，就穿着鞋子上了床，仰卧良久，一句话没说，爬起来走了。王夫人一见相爷把床给弄污了，不能再用，这才不得已吩咐仆人，把床赶紧还给了公家。

据说王安石的面貌是不大好看的，面色很黑，方而且大，耳长过鼻，左右耳根各有黑痣三个。他的性格很简率，不事修饰，饮食粗劣，衣着不讲究。但他夫人吴氏的性格却和他相反，很喜欢清洁，并且饮食方面也非常讲究。这样性格不同的两个人彼此相互扶持，相互忍让，夫妻二人相敬如宾，经历了许多的风风雨雨，携手走完了一生。这多少也给现在的人们些许思考与反思吧。

王安石再罢相归江宁以后，在66岁那年的春天害了一场大病。在病得吃紧的当儿，有两天不能言语。醒过来后，他对夫人道："夫妇之情不过是偶然姻缘的配合，我死后，卿亦不必伤心相思，只需勉力去做些善行，积些功德，就好了。"夫人就边安慰边劝他道："你的病并不要紧，不必作此不祥之言啊。"王安石答道："生死之事不可预测，我只怕突然有一天不行了，临终之时也不能把话交代清楚，只能带着遗憾走。如今趁此机会，有言在先，交代清楚，万一有一天我突然撒手而去，也不至于空留遗憾啊。"

生活中的王安石有血有肉，感情丰富。政治上，众说纷纭，各秉其说，暂且撇开不谈。笔者只想拨开历史的迷雾，抖落政治的纷扰，还原一个生活中的真性情的王安石，看他到底是一个怎样的人。

王安石是一个很随意的人，他酷爱读书，不拘小节，为人坦荡。在为韩琦器重时，其不拘小节的态度已有所展现。后来，王安石身居相位，不拘小节、不修边幅的毛病依旧没有改掉。即使是锦袍玉带，出入朝堂，也是一副邋遢相。一天，一只虱子从王安石的衣领里跳出来，沿着他的胡须往上爬。皇上看见了，偷偷乐，而王安石还蒙在鼓里。退朝时，大臣赶紧告诉他，王安石却风趣地回答道："这一只虱子啊，高贵至极，不可轻去，因为它屡游相须，曾经御览。"说得大臣都哈哈大笑，仿佛真得了扪虱而谈的魏晋风度真传。

王安石不仅衣着上不拘小节，而且在饮食方面也很随意，不大讲究，旁人却不相信。有人传言说他最喜欢食獐子的肉，这样一传十，十传百，忽然一天传进夫人的耳朵里了。夫人听了，满腹疑惑，心想我和他做了多年的夫妻，从来就没有发现过这等稀奇的事。她暗想："相公平常食物，不大选择。看肉肴尽管吃，但不一定喜欢那一种。哪会只喜欢吃獐子肉呢？"于是就去问左右执事的人道："你们从哪里知道相公喜欢吃獐子肉？"左右答道："因为看见相公每次吃的时候，只管吃獐子肉，而不顾及他物，所以知道他是喜欢吃獐子肉。"又问道："当相公吃的时候，獐子肉是放什么地方呢？"回答道："恰靠近摆调羹和筷子的地方。"夫人说："明天吃饭的时候，你们且把别种菜摆近调羹和筷子的地方，把獐子肉摆在别的方向，且看相公吃的时候，待要怎样。"众人照办了，王安石果然只吃那摆在调羹和筷子旁边的别样菜，而那放在别的方向的獐子肉，却原样未动。众人至此才恍然大悟道："相公吃菜非常简率，只拣靠近身边的吃，并非一定喜欢吃獐子肉。我们看见他只拣獐子肉吃，就误会了，以为他的不择饮食，乃是矫情虚伪所致。"

据说此趣事被仁宗皇帝听说了，于是决定在宫中搞一次现场测验。测验那天，皇帝让大家钓鱼娱乐，并把做成小球的鱼饵摆在了王安石面前的金盘子里。王安石大概不是垂钓迷，没等大家的垂钓战果摆上桌自己便开吃了，而且居然将金盘子里的鱼饵全吞入肚内。谁知第二天皇帝对宰相说："王安石是个伪君子。人在心不在焉之下也许误食一粒鱼饵，但哪会有人把那些鱼饵全部吃完的？"由此竟造成仁宗皇帝再也不喜欢王安石了。所以苏东坡在他的《辩奸论》中骂："衣臣虏之衣，食犬彘之食""囚首丧面而谈诗书"。可见王安石不修边幅等恶习是众所周知的。

晚年的王安石是孤独和寂寞的。爱子王雱的死让他心灰意冷，下野之后，为了求得心灵的宁静，他几乎皈依了佛教。他两次把家产捐给寺庙，都向皇上详细报告财产的来历和数目。其中一个奏章里更是详尽："臣相次用所得禄及蒙恩赐雱银置到江宁府上元县荒熟田，元契共纳苗三百四十二石七斗七升八合，簏一万七千七百七十二领，小麦三十三石五斗二升，柴三百二十束，钞二十四贯一百六十二文，省见托蒋山太平兴国寺收岁课，为臣父母及雱营办功德……"对于这样清楚申报财产的大臣，皇上哪会不同意呢？何况，皇上与王安石也是龙虎风云，千载一时，君臣情分不浅。

第二节 好学不倦

王安石平生好学不倦，读书可以说是他生活中的一件大事。

早在六七岁的时候，王安石就开始读书了，而且有着惊人的记忆力，能做到过目不忘。后来，他为了谋求进身之路，将来好干一番事业，更是发愤攻读，不辞辛苦。就在他做了官，地位发生变化以后，这种好读书、好研究学问的习惯和兴趣，也始终没有改变。

宋仁宗庆历二年（公元1042年），王安石考中了进士，被派到扬州做淮南判官。他在官署里，除了办公事以外，就是埋头学习，甚至连睡觉的时间都牺牲了。有时，他读书一直读到天快亮了，实在支持不住，才稍微休息一下，睡上一两个小时。而后，便匆匆起床，胡乱穿上衣服，到府里去办公，常常连脸都顾不上洗。因此，人们总见他蓬首垢面，一副邋遢的模样。当时，担任扬州知府的是韩琦，他见这个科第出身的属官如此不修边幅，放浪形骸，就怀疑他夜间饮酒过度，不务正业。日后，韩琦得知王安石所以衣冠不整，形容憔悴，是因为通宵达旦苦读的缘故，心中大为惊奇，从此对王安石格外看重了，并且逢人就夸奖他。

宋仁宗庆历七年（公元1047年），王安石改任鄞县知县。他一到职，就给自己订了个规矩：一周中拿出两天的时间集中处理公务，其余的全部用在读书和写作上面。他为了多读一些书，不仅忘记了休息、睡眠，就连吃饭的时间也常常被挤占。每当他得到一本新书，就不分昼夜、专心致志地去诵读，简直到了入迷的程度。王安石平常最爱吃羊头歛，家里人在他看书的时候就送给他，他就一边看书，一边随手抓羊头歛胡乱往嘴里塞，连用筷子的工夫都没有。有时吃得太多了，他也不觉得，以致每每因为吃羊头歛而犯肠胃病。

鄞县有个书院，王安石有空也常到那里走走，去督促学生们研究学问。当时，他的一个外甥也在这个书院学习，但是这个孩子生性懒惰，不好读书，所以最怕王安石到书院里来。不过，这外甥很懂舅父，他得知王安石最爱读书，只要有书看，便什么都顾不得了。于是，他想了很多办法，去搜求新书，送给王安石看。王安石得书之后，如获至宝，心里那个高兴劲儿就甭提了，从此他便只顾看书，很少去书院里了。王安石满以为外甥送书给他，是尊敬他的一种表现，哪里知道外甥这样做是别有一番用心啊！

王安石读书好追求字眼，即使是一些难懂的古字，他也总要弄个明白。他的这个爱好，是远近出名的。一次，扬州知府韩琦接到一封书信，信中多用古字，韩琦和他的属下都看不懂。当时王安石已离开那里了，韩琦很无奈，便笑着对他的部下说："可惜王安石不在这里了，他倒是颇识些古字、难字的！"后来，王安石经过潜心的研究，还专门写出了一部《字说》。

王安石博览群书，成效十分显著。多年来，他不仅钻研了大量经史典籍和政治、经济、军事、文学艺术等著作，同时还研究了佛学和道学。孜孜不倦地读书学习，使王安石的眼界越来越宽阔，学识越来越渊博了。

人们常常把诗句中起关键作用的一个字，叫作"诗眼"或"句中眼"，意思是说那句话就好像画的一条龙，而那个字正是龙的眼睛。"诗眼"在诗句中占据着十分重要的位置，假如用好了，就如同"画龙点睛"一样，可以使诗中的形象一下子变得活起来。"诗眼"是格律诗产生后才普遍出现的。一首格调严谨、节奏和谐、形式短小的格律诗，要做到"言有尽而意无穷"，就得下功夫锤炼字句，于是便产生了所谓"诗眼"。

王安石作诗是很注意炼字的，他的诗中有不少被人们称赞不绝的"诗眼"。

有一次，王安石乘船停泊在长江北岸的瓜洲，这里跟京口相对。他要去往南岸自己的住处钟山，不禁产生了思乡之情，于是信笔写了一首七言绝句《泊船瓜洲》：

京口瓜洲一水间，钟山只隔数重山。

春风又绿江南岸，明月何时照我还？

这第三句中的“绿”字，就是一个出色的“诗眼”，据说王安石在草稿上曾先后改了五次才选定的。他先用了一个“到”字，觉得抽象死板，否定了；后改作“过”字，觉得与“到”字只是在时间和程度上稍有不同，还不能引起人们的实感，又否定了；第三次改作“入”字，仍觉得不能构成鲜明的形象，还是涂掉了；后来改成“满”字，仔细琢磨，依然不满意。就这样，涂了改，改了涂，翻来覆去，苦思冥想，最后才终于选定了“绿”字。这一个“绿”字把春风来至江南的景象，形象而生动地表达出来了，使原来的“静景”一下子变成了生机勃勃的“动景”。

写诗如绘画一样，应该做到形象含蓄、意味深长。为此，一些优秀的诗人常常巧妙地运用能产生声、色、香、味、触等感觉效果的字，绘声绘色地加以描述，来唤起读者充分的联想，给人们造成如临其境、如闻其声、如品其味的实感。“绿”字所以比先前的几个字用得好，就因为它具有这种造型艺术的特点，使人们仿佛看到大地回春，一片嫩绿的江南画面；同时，又给人带来无限生机，令人感到春风拂面，万象更新，万物又活动起来了。你看，这一字之改，就把读者引向了一个美妙的艺术境界！

王安石是一个很有学问的人，就连才华横溢的大学士苏东坡在他面前也得礼让三分。

有一回，苏东坡去王安石那里，正碰上他在书房里整理图书。东坡走进书房一看，只见左右二十四个书橱全部打开着，每个都装得满满的。有些书大概由于长久不翻了，上面竟落满了厚厚的灰尘。东坡见此情景，便笑着打趣说：“看来有些书老相公是从来都不看的，不然上面哪会有这么多的灰尘？”

王安石一听，便知道苏东坡是在取笑自己，于是正色道：“你以为我是好藏书而不好读书的人吗？我这二十四橱书，每橱中有上、中、下三层。你可以从中任取一册，不管前后，随便念上文一句，我若答不出下句，就算我没有什么学问。”

苏东坡暗暗思忖：这老头也太不切合实际了！难道这些书你都能记在肚子里

不成？心里虽然这么想，但仍觉得不好意思去考他，就说："这个，晚辈不敢！"

王安石道："难道你不懂得'恭敬不如从命'这句话吗？"

王安石这么一说，正合苏东坡的心思。于是，苏东坡有意走到一个积满灰尘的书橱面前，从最下面一层里抽出一本书。他料想这书王安石好久不看了，自然不会记得住，因此也没有细看书名，就从中间揭开，任意念了一句。苏东坡话音刚落，王安石竟随口背诵出了下一句，而且还对这两句话做了透彻的解释。这样反复试验了几次，竟然没有丝毫差错。苏东坡终于心服口服了，对王安石的博闻强识简直赞叹不已。

还有一次，苏东坡因为错续了王安石的两句咏菊诗，着实被王安石教训了一番。事后，当苏东坡明白自己错了，去向王安石道歉时，王安石又一本正经地对他说："读书人切不可轻举妄动，凡事须细心察理才对。我若不是亲自到黄州看过菊花，怎么敢在诗中乱道黄花落瓣？"满腹文章、才学过人的苏东坡一时无话可说，只得乖乖地站在一旁听着。

如此看来，王安石既有丰富的学识，又举止谨慎，善于细心察理，该不会闹笑话了吧？其实不然。他自己也曾犯过类似苏东坡的错误呢！

有一次，王安石到一个比较偏远的地方去视察工作，当地一位文人写了一首诗，请他给看一看，改一改。诗中有这样两句：

明月当空叫，黄犬卧花心。

王安石看了以后，不觉好笑，心想：这位诗人也太不懂常识了吧！悬在天空的明月怎么会叫唤呢？偌大的一只黄犬又岂能卧于花心？哎，真是一字之差，谬之千里啊！于是他淡然一笑，挥笔将原诗改为：

明月当空照，黄犬卧花荫。

改罢，心中暗自得意，满以为改得恰到好处。

其实，王安石这回倒是恰恰给人家改错了。原来，诗作者的家乡有一种叫作"明月"的小鸟，经常在天空鸣叫，声音清脆动听，特别招人喜爱；还有一种名叫"黄犬"的昆虫，每逢花开之际，常常爬卧在花心上。原诗所写完全符合实际。王安石只知其一，不知其二，对这一实际情况没有弄清楚，就凭主观臆断，信手乱改，结果闹出了笑话。

王安石知道了这件事情后，羞愧不已，连忙给原诗的作者写信道歉，信中不仅向作者表达了自己的歉意，也为自己的孤陋寡闻感到惭愧。从这以后，王安石在平时的学习中更加用功了，没有把握或者是自己不懂的事情，他再也不去主观猜想了。

第九章 做官处世思想——荆公之思想

第一节 政治思想

北宋王朝立国后，由于封建社会内部固有的矛盾，更加上太祖赵匡胤为强化高度中央集权的封建君主专制制度，在基本国策、军政体制和政事设施上出现的种种错误和存在的致命弱点，经过不到半个世纪的发展，便使社会、政治、经济和军事等方面出现了日益深重的危机。一方面，由于地主阶级的残酷剥削和压迫，特别是豪强兼并势力的发展，至北宋中叶，广大劳动人民的苦难日甚一日。王安石描绘当时的社会状况是："节义之民少，兼并之家多，富者财产满布州域，贫者困穷不免于沟壑。"另一方面，在国家军政体制的演变过程中，产生了一支不断扩大的腐败无能、鱼肉百姓的官僚队伍，和一支不断扩充、对内镇压人民、对外没有战斗力的庞大而腐败的军队。正是这两支队伍，日益成为国家沉重的负担。所以，当时有人忧心忡忡地指出："冗吏耗于上，冗兵耗于下，此所以尽取山泽之利而不能足也。"这样两支队伍的存在，更进一步加重了人民的负担，造成农民破产、社会动荡，国家财政经济日益走向崩溃，并导致日益深重的统治危机。而昏庸无能的统治者，为了摆脱这一困境采取的办法是，加重赋税和加强盐茶的统制官卖，即加紧对广大人民的勒索。于是，社会阶级矛盾更加尖锐，统治危机更为严重。这种矛盾发展的直接结果，是北宋帝国的积贫积弱、内外交困。王安石指出，不仅国家陷于贫弱，而且社会道德风气也"日以衰坏"。

国家的日益贫困，对外战争的失败使得北宋政权中的有识之士逐渐觉醒。他们意识到若仍旧采用现行政策维护统治，国家必将陷入混乱之中。其实，早在王安石登上北宋政治舞台之前，一些有识之士已经不断提出改革的建议和要求，都是围绕裁减冗兵冗吏，整顿军队和官僚机构，以节省财政开支的目标，以求国家摆脱积贫积弱的状况。其中比较著名的有文彦博的“省兵”、范仲淹的庆历新政等，但令人遗憾的是最终都失败了。于王安石变法前施行的庆历新政，登场之际虽然颇具声势，但是由于仁宗动摇不定、支持不力，再加上变法方针和策略上的失误，以及保守派的激烈反对，不到一年即宣告流产。

范仲淹“新政”的夭折，当然是北宋改革运动的一次重大挫折，但改革并没有终结。这是因为当时的赵宋王朝尚未到山穷水尽的地步，尚有改革振作的余力。同时，由于社会政治、经济的发展，更加之朝廷笼络文士、重用文臣的基本国策，宋朝产生了一批具有相当强烈的民族意识和爱国主义思想的知识分子，王安石便是其中的佼佼者。他们深受传统的儒家政治哲学思想和伦理道德观念积极方面的影响和熏陶，相信“仓廪实而知礼节，衣食足而知荣辱”，“百姓足，君孰与不足”的道理。因此，在范仲淹“新政”流产大约十五年后，王安石面对封建国家艰难困厄的时局，于嘉祐四年（公元1059年），写下了著名的《上仁宗皇帝言事书》，建议变法图强。嘉祐六年（公元1061年），他在《上时政书》中，进一步向最高统治者提出了“大明法度”“众建贤才”的主张。他的建议虽未被仁宗采纳，但在封建士大夫中却引起了共鸣和赞赏。这也是王安石在北宋政坛上第一次崭露头角。

公元1067年，神宗赵顼的即位给王安石施展变法提供了契机。神宗是一位很有作为的君主，王安石的变法主张正好与他的富国强兵的愿望不谋而合，于是神宗很快就将王安石加以重用，命他全权负责变法。这就为王安石实现自己的理想和抱负，提供了广阔的舞台和强有力的政治靠山。在王安石受重用之前，他长期担任地方官，每任一处，他都兢兢业业、恪尽职守、爱民如子，深受当地百姓爱戴。每次他把自己的改革措施付诸实施取得成效时，都根据自己的切身感受做出理论上的概括和总结，具有相当强的说服力。

王安石就任地方官所积累的丰富经验，为他的变法提供了很好的理论依据和实战经验。可以说，王安石确实已为变法做好了充分的准备。正是在这样的背景下，从熙宁二年（公元1069年）开始，王安石以参知政事的身份，主持开展了历史上轰轰烈烈的熙宁变法。

王安石变法是中国两千多年的封建社会中的大事，对北宋王朝的影响尤为深远。此次变法涉及的范围广泛，内容丰富，很多内容在当时那个年代都是超前的。从熙宁二年（公元1069年）到熙宁六年（公元1073年），五年之内，王安石先后颁行了均输法、青苗法、农田水利法、保甲法、免役法、市易法、保马法、方田均税法等一系列重大法令。在此，仅就王安石变法指导方针和变法的重点所在，做些许简单的探讨。

首先，王安石对于整个变法的设想，并不是一时的冲动，而是依据他在地方官的职位上所掌握的理论和实践。王安石不断对这些理论和实践进行提炼、总结和概括。积累到一定程度，他的这种思想开始变得成熟，变法内容应该说是他长期深思熟虑的产物。因此，他对变法能够在较高的层次上提出一个明确的指导思想。

这个指导思想，就是他在嘉祐六年（公元1061年）《上时政书》中提出的“盖夫天下至大器也，非大明法度，不足以维持；非众建贤才，不足以保守”的建议。在王安石看来，封建统治之所以出现种种危机、种种矛盾，主要原因是人才得不到重用，律法得不到完善；国家要安宁、要巩固，关键一点在于是否能有一部合适的律法。然而，仅仅有明确的政策、法令是完全不够的，因为这些毕竟只是纸面上的东西，必须通过贤才来贯彻执行，才能真正起到威慑百姓的作用。因此，律法与人才二者不可偏废，应有机地进行统一。

所谓“大明法度”“众建贤才”的具体内容和要求，在《上仁宗皇帝言事书》中，王安石曾有所阐述。

“大明法度”的基本要求是：第一，国家的政策法令，必须做到“合乎先王之政”，也就是说治理国家的原则没有发生什么变化，这是必须要坚持的；第二，对所谓“先王之政”不是照抄照搬，而是应该根据形势的变化不断地调整，以适应社会的发展。

关于“众建贤才”的问题，涉及的是所谓“贤才”的标准和要求。王安石对“贤才”的要求和标准有两个方面：一是能从国家根本利益的全局上，考虑和决定国家的前进方向和发展道路；二是能够正确理解国家制定的总的指导方针，正确贯彻执行国家颁行的各项政策法令。对于后一条还有更具体的要求，即在贯彻执行国家政策法令时，要善于把符合“先王之意”与具体变化着的实际情况相结合，这是最高标准。而最低标准也要能推行朝廷法令，能够根据具体情况，分清轻重缓急，认真执行，使老百姓安居乐业，能够安分守己地生活和从事生产，享受应有的权利、承担应有的义务。

其次，王安石对变法不仅有明确的指导思想，而且在他的方案中，更把理财作为变法的主要环节，放在突出位置。

理财、育才和整军，是王安石在“大明法度”和“众建贤才”的原则指导下，所制定的改革方案的三个组成部分。他把理财作为重点和主要环节不是偶然的。这不仅仅是由于当时财政危机严重的缘故，更重要的是他认识到只有有效地解决了财政问题，才能为其他问题的解决奠定物质基础。所以，很早以前，王安石就把理财问题作为“治国养民”的重要环节来考虑。

王安石把“治国”和“养民”结合起来考虑，说明他已经注意到如何才能巩固现有的统治。如果肆意剥削百姓，不顾人民死活，在荒年搞一些有名无实的救灾，封建统治是不可能得到巩固的。因此，他建议朝廷要先让老百姓有饭吃，让老百姓能活下去。只有这样，才能要求老百姓接受封建政治道德规范，扭转风俗日益败坏的局面，形成安分守己的社会风尚，老老实实地接受地主阶级的统治。

正因为这样，王安石认为理财是“治国养民”的重要手段，所以，他把理财提到了“义”的高度。为了使这个观点更有说服力，他对孟子的义利观，做了新的解释，并打出了周公和《周礼》的旗号。他说：

孟子所言利者，为利吾国。如曲防遏籴，利吾身耳。至狗彘食人则检之，野有饿莩则发之，是所谓政事。政事所以理财，理财乃所谓义也。一部《周礼》，理财居其半，周公岂为利哉？

总之，理财是关系到巩固封建统治的大事。通过理财要达到的是“富民化俗，以兴起太平”这一目的。因此，王安石不满足于过去仅仅着眼于节省财政开支的办法，而把重点放在开源方面，着重于经济特别是农业生产的发展。他在《上仁宗皇帝言事书》中说：

因天下之力，以生天下之财，取天下之财以供天下之费，自古治世，未尝以财不足为公患也。

只要能够动员全国劳动力，积极发展生产，在财政经济上就不会有不足之患了。

王安石把发展农业生产作为理财的首要任务，而发展农业生产的当务之急是减轻农民负担，限制豪强兼并特权，帮助农民克服困难以不误农时地从事生产。在熙宁五年的《上五事书》中，王安石写道：

昔之贫者，举息之于豪民，今之贫者；举息之于官，官薄其息，而民救其乏，则青苗之令已行矣。

……

免役之法成，则农时不夺，而民力均矣；保甲之法成，则寇乱息，而威势强矣；市易之法成，则货贿通流，而国用饶矣。

从上文中可以明显地看出，王安石的意图就是运用国家权力，一方面限制豪强兼并的特权，一方面帮助农民解决生活和生产上的一些困难，以在一定程度上缓和地主阶级和农民之间的矛盾；同时，以保甲法作为国家机器的补充手段，维持一个社会安定的局面。这样，使农民能够“农时不夺”地安心生产，达到“因天下之力以生天下之财”的目的，并进而加强巩固封建统治的物质基础。

王安石描绘的当然是一幅富国利民、天下太平的美妙画卷。不过，这里王安石没有提到的是，通过青苗法、市易法等国家贷款利息，通过免役法收取高额的免役钱、助役钱、免役宽剩钱等，为国家增加了巨大的财政收入。这确实是一件“富国”的美事，但对农民（包括中小地主）和中小商人，则显然是一个沉重的负担。至于保甲法，即使真的有可能造成一个有利于生产的安定环境，但对于必须承担保甲义务的广大老百姓，难道不是套在脖子上的又一个枷锁？由此可见，王安石的“理财”方案，从根本上来说，无非是为了加强巩固封建统治的物质基础。从他制定的各项法令来看，即使不考虑具体执行过程中的种种流弊，对广大劳动人民以至中小地主，也是一种沉重的负担。至于保甲法，更不过是维护地主利益，企图为巩固封建统治，在内政和外交上造成一种强势地位的手段。这难道不正明显透露出王安石“理财”方案的阶级实质？王安石打算实现“富风化俗”“治国养民”等儒家传统理想中的“王道”政治的实质，仅仅从上面有限的考察来看，不过是他的美好梦想而已。

王安石领导的熙宁变法运动，是中国改革史上的一个创举。改革不仅有明确的指导思想和自成体系的理论基础，更有鲜明的实践依据。在变法运动中，王安石把理论运用到实际中，有步骤有计划地实施变法。因此，王安石领导的变法运动确实远远超过了中国古代许多改革家的水平，其理论依据和政治主张已经走在了变法改革的前列。

早在熙宁变法以前，王安石就曾经十分明确地提出“善为天下计者，必建长久之策，兴大来之功”的主张。在王安石看来，北宋政府一贯尊崇的“祖宗之法”已经远远不能适应社会生产力的发展，欲从所谓的已经阻碍社会发展的祖宗成法中寻求富国强兵之道已是不可能。实际上，王安石已经向传统的“祖宗之法”提出了质疑，他认为挽救深重的统治危机，只能采取更加长远、重大的行动和步骤，否则只在已经过时的“祖宗之法”内旁敲侧击地小修小补，一切只能是枉然。然而，王安石深知，变法的成功需要有一套足以指导全局的、深刻的理论，没有理论做依据，仿佛建房无地基一般，随时都有倒塌的可能。因此，他把从理论上系统地阐明自己变法思想的工作放在十分重要的地位，这是王安石作为中国古代史上著名的思想家和政治改革家的一个重要特点。王安石的理论基础，就是在中国古代思想史上占有一定地位的“新学”体系。作为“变法”主要理论依据的《三经新义》，就是它的重要的代表作。

《三经新义》成书较晚，但其主要的指导思想和理论依据，早在变法之前就已形成。王安石对儒家经典著作中所透射出来的社会政治思想和伦理道德观念并非一味继承，而是经过自己的推敲打磨，结合自己从政后的具体实践经验，参照历史上曾经占有重要地位的各家学说，最终定稿完成《三经新义》。书中透露出对百姓疾苦的同情和怜悯，也对统治者的贪赃枉法、敲骨吸髓般的剥削行为，表现了极大的愤慨和不满。书中还提到了他对传说中的纯朴、平等、安宁的古代社会的向往，希望能通过自己的变法以及考虑采取的诸如贷钱、助粟、赢收等措施，来加以实现。这些极富人情味的理想与政策在《寓言》《感事》《发廪》《兼并》等诗篇和有关文字中都有所体现。这一切都说明王安石从政后，对他所接受所理解的儒家思想传统，认真地体验着、探索着，在他力所能及的范围内，进行了尽可能付诸实践的可贵努力。他的这种努力、抱负和思想，在他的《兼并》和《寓言》两首诗中，有较集中的反映。

总之，王安石确实以巨大的精力，进行了大量艰苦卓绝的工作，即使在他执政实施变法以后，政务倥偬，也从未放松过。这正是王安石在政治上和学术上，能够超越中国古代史上许多著名思想家和政治家的一大特色。但是，由于他的变法运动是在政治上和组织上都还没有做好充分准备的情况下施行的，加之在变法过程中，失误很多，问题凸显，以致他的“新学”体系正式完成并立于学官的时候，变法高潮已成过去。熙宁九年冬，王安石不得不在种种矛盾交迫下引退，他的“新学”未能充分发挥应有的作用。然而，“荆公新学”却仍以它特有的革新精神和气魄受到人们长期的推崇。王安石去世后，作为反对派的苏轼，在他代哲宗赵煦起草的《王安石赠太傅》的“制辞”中曾称颂王安石，说他“网罗六艺之遗文，断以己意；糠秕百家之陈迹，作新斯人”。可以说是相当准确地概括了王安石善于在传统思想资料的基础上“推陈出新”，做出创造性贡献的特点。

第二节 文学思想

王安石不仅是一位著名的政治家和思想家，同时也是一位卓越的文学家。他为了实现自己的政治理想，把文学创作和政治活动密切地联系起来，强调文学的作用首先在于为社会服务。他反对西昆派杨亿、刘筠等人空泛的靡弱文风，认为“所谓文者，务为有补于世而已矣。所谓辞者，犹器之有刻镂绘画也。诚使巧且华，不必适用；诚使适用，亦不必巧且华。要之以适用为本，以刻镂绘画为之容而已。”（《上人书》）正因为王安石将“务为有补于世”的“适用”观点视为文学创作的根本，他的作品多揭露时弊、反映社会矛盾，具有较浓厚的政治色彩。今存《王临川集》《临川集拾遗》《临川先生歌曲》等。

王安石为“唐宋八大家”之一，他的散文雄健简练，奇崛峭拔，大都是书、表、记、序等体式的论说文，阐述政治见解与主张，为变法革新服务。这些文章针对时政或社会问题，观点鲜明，分析深刻，长篇则横铺而不力单，短篇则纡折而不味薄。《上仁宗皇帝言事书》，是王安石主张社会变革的一篇代表作，根据对北宋王朝内外交困形势的深入分析，提出了完整的变法主张，表现出作者“起民之病，治国之疵”的进步思想。《本朝百年无事札子》，在叙述并阐释宋初百余年间太平无事的情况与原因的同时，尖锐地提示了当时危机四伏的社会问题，期望神宗在政治上有所建树，认为“大有为之时，正在今日”，对第二年开始施行的新政，无异于吹起了一支前奏曲。《答司马谏议书》，以数百字的篇幅，对司马光指责新法侵官、生事、征利、拒谏，加以批驳，短小精悍，言简意赅，措辞得体，体现了作者刚毅果断和坚持原则的政治家风度。王安石的政论文，不论长篇还是短文，结构都很严谨，立意超卓，说理透彻，语言朴素精练，“只用一二语，便可扫却他人数大段”（刘熙载《艺概·文概》），具有较强的概括性与逻辑力量。这对推动变法和巩固北宋诗文革新运动的成果起了积极的作用。王安石的一些小品文也脍炙人口，《鲧说》《读孟尝君传》《书刺客传后》《伤仲永》等，评价人物，笔力劲健，文风峭刻，富于感情色彩，给人以显豁的新鲜感。他还有一部分山水游记散文：《城陂院兴造记》，简洁明快而省力，酷似柳宗元；《游褒禅山记》，亦记游，亦说理，二者结合得紧密自然，既令抽象的道理生动、形象，又使具体的记事增加思想深度，显得布局灵活又曲折多变。

王安石的诗歌，大致可以罢相（公元1076年）划界而分为前、后期，前、后期在内容和风格上有较明显的区别。“王荆公少以意气自许，故诗语惟其所向，不复更为涵蓄……后为群牧判官，从宋次道尽假唐人诗集，博观而约取，晚年始尽深婉不迫之趣”（叶梦得《石林诗话》）。王安石前期的诗歌，长于说理，倾向性十分鲜明，涉及许多重大而尖锐的社会问题，注意到下层人民的痛苦，替他们发出了不平之声。《感事》《兼并》《省兵》等，从政治、经济、军事等方面描写和提示了宋代国势的积弱或内政的腐败，指出了大地主、大商人兼并土地对于国家和人民的危害，提出“精兵择将”的建议；《收盐》《河北民》等，反映了当时人民群众备受统治者迫害、压榨的悲惨境遇；《试院中》《评定试卷》等，则直接抨击以诗、赋取士的科举制度，要求起用具有经世济国之才的人才；《元日》《歌元丰》等，热情地讴歌了变法带来的新气象和人民的欢乐；《商鞅》《贾生》等，通过对历史人物功过得失的评价，抒发了自己新的见解。王安石后期的隐居生活，带来了他的诗歌创作上的变化。他流连陶醉于山水田园中，题材内容比较狭窄，大量的写景诗、咏物诗取代了前期政治诗的位置，抒发一种闲恬的情趣，但在艺术表现上却臻于圆熟，“雅丽精绝，脱去流俗，每讽味之，便沉沆瀣生牙颊间”（《后山诗话》载黄鲁直语）。《泊船瓜洲》《江上》《梅花》《书湖阴先生壁》等诗，观察细致，精工巧丽，意境幽远清新，表现了对大自然美的歌颂和热爱，历来为人们所传诵。

从诗体上来看，王安石的古体诗虽然多用典故，好发议论，但像《明妃曲》《桃源行》篇，立意新颖，充满着情感和丰富的想象。律诗则用字工稳，对仗贴切，但有时不免过多雕琢。他的五绝和七绝尤负盛誉，“王半山备众体，精绝句”（《寒厅诗话》），“荆公绝句妙天下”（《艇斋诗话》）。他的诗对当代和后世都有影响，被称为“王荆公体”（严羽《沧浪诗话》）。

王安石的词，今存二十余首。虽不以词名家，但其“作品瘦削雅素，一洗五代旧习”（刘熙载《艺概·词曲概》）。《桂枝香·金陵怀古》一词，通过描写当地壮景及怀古，揭露六朝统治阶级“繁华竞逐”的腐朽生活，豪纵沉郁，被赞为咏古绝唱。它同范仲淹的《渔家傲》“塞下秋来风景异”一词，开了豪放词风的先河，给后来词坛带来深远的影响。

从文学角度总观王安石的作品，无论诗、文、词，他都有杰出的成就。北宋中期开展的诗文革新运动，他给予了有力推动，对扫除宋初风靡一时的浮华文风做出了贡献。但是，王安石的文学主张，却过于强调实用，对艺术形式的作用往往重视不够。他的不少诗文，又常常表现得议论说理成分过重，僵硬而缺少形象性和韵味；还有一些诗篇，论禅说佛理，晦涩枯燥。

古代“四大美女”之一的王昭君的故事人们耳熟能详。据史书记载，王昭君入宫多年，始终见不到皇帝，心里积累了很多悲苦和仇怨。所以当匈奴单于求亲之时，昭君便自请出塞，因在此之前汉元帝见过王昭君的画像，觉得她并不出色，于是就同意了王昭君的请求，但当汉元帝见到昭君后，发现“昭君丰容靓饰，光明汉宫，顾景裴回，竦动左右”。元帝大吃一惊，就想把昭君留下来，但又怕失信再引战事，所以只好拱手送给了匈奴王呼韩邪。

呼韩邪死后，昭君曾上书汉成帝，想回到故乡。遗憾的是，汉成帝让她从胡俗，而当时胡俗就是“父死子继”。昭君只好嫁给呼韩邪的儿子，又生了儿女。毕竟昭君受到过儒家汉文化的熏陶，对胡人的这种风俗难以接受，所以最后忧愤而死。死后葬于“青冢”，即现在内蒙古呼和浩特城南。

王昭君的悲惨遭遇，引起后世人的同情，会写诗的，基本都要说一说昭君，或悲或愤或痛或追悔，不可胜数。

杜甫的《咏怀古迹之三》中有：

群山万壑赴荆门，生长明妃尚有村。

一去紫台连朔漠，独留青冢向黄昏。

画图省识春风面，环佩空归月夜魂。

千载琵琶作胡语，分明怨恨曲中论。

杜甫对昭君的遭遇，基本上是抱着悲悯之情。“环佩空归月夜魂”一句，诗意尤其萧瑟凄凉，“分明怨恨曲中论”更是令人感伤。

李白有诗《王昭君》：

昭君拂玉鞍，上马啼红颜。

今日汉宫人，明朝胡地妾。

李白此诗，基本是记事，没有多少感情流露，只有一个“啼”字，稍显悲意。“今日汉宫人，明朝胡地妾”，说出的是一种无奈。

白居易的《昭君词》，就缺少了真实感情的显露；

汉使却回凭寄语，黄金何日赎蛾眉？

君王若问妾颜色，莫道不如宫里时！

白居易认为可怜的昭君会哀请使者回报朝廷说，现在的我仍如当年，恳请皇上能准我回去。

现在再来读读王安石的《明妃曲》，看看王安石对人生和命运的看法，是否已远远超越了他所处的时代。

王安石的《明妃曲》一共写了两首。

其一：

明妃初出汉宫时，泪湿春风鬓脚垂。

低徊顾影无颜色，尚得君王不自持。

归来却怪丹青手，入眼平生几曾有；

意态由来画不成，当时枉杀毛延寿。

一去心知更不归，可怜着尽汉宫衣；

寄声欲问塞南事，只有年年鸿雁飞。

家人万里传消息，好在毡城莫相忆；

君不见咫尺长门闭阿娇，人生失意无南北。

其二：

明妃初嫁与胡儿，毡车百辆皆胡姬。

含情欲语独无处，传与琵琶心自知。

黄金捍拨春风手，弹看飞鸿劝胡酒。

汉宫侍女暗垂泪，沙上行人却回首。

汉恩自浅胡自深，人生乐在相知心。

可怜青冢已芜没，尚有哀弦留至今。

这两首诗一出，因其诗意高远新颖，旷超古人，一时之间，欧阳修、司马光、曾巩、刘敞等人纷纷唱和。相比之下，无论在用词、意境、文采等方面，王安石都略高一筹。

但王安石的这两首诗，也是千古争论不休，各人有各人的说法。有人指责王安石写此诗简直是陈词滥调，也有人对王安石大加赞赏，谓此诗是咏昭君诗中旷古第一。

两诗一出，朝野争读，议论汹汹。

有人指责“汉恩自浅胡自深，人生乐在相知心”一联，“今之背君父之恩投拜而为盗贼者皆合乎王安石之意”。还有人自作高明，想从逻辑上推翻王安石：“苟心不相知，臣可叛其君，妻可弃其夫乎？”

更有甚者，是与司马光同编《资治通鉴》的范祖禹之孙范冲，有一天他一脸紧张地跑去对高宗赵构说：“我可算看透王安石这个人了，但我一般不敢对人讲。”

高宗也被他说迷糊了，就问：“什么事，说来听听。”

范冲说：“以前诗人写《明妃曲》，都以失身胡虏为无穷之恨，读之者至于悲怨感伤。王安石为《明妃曲》，却坏天下人心术。”接着就上纲上线，抬出孟子来压王安石，说“无父无君，是禽兽也。以胡虏有恩而逆忘君父，非禽兽而何？”

有识之人还是能读懂王安石的，黄庭坚看了此诗，掩卷长叹，“以为辞意深尽，无遗恨矣！”“可与李白、王维并驱争先”。

欧阳修一读此诗，坐立不安，对门人道：“此诗一出，一时无两也。”但欧阳修还是忍不住技痒，也写了两首，以和王安石。

《和王介甫明妃曲》其一：

泉甘草美无常处，鸟惊兽骇争驰逐。
谁将汉女嫁呼韩，风沙无情面如玉。
身行不遇中国人，马上自作思归曲。
推手为琵却手琶，边人共听亦咨嗟。
玉颜流落死天涯，琵琶却传来汉家。
汉宫争按新声谱，遗恨已深声更苦。
纤纤女手生洞房，学得琵琶不下堂。
不识黄云出塞路，岂知此声能断肠？

此诗开头巧妙化用了李白的诗句，格调悲伤低沉，有断肠之感。

《和王介甫明妃曲》其二：

汉宫有佳人，天子初未识。
一朝随汉使，远嫁单于国。
绝色天下无，一失难再得。
虽能杀画工，于事竟何益？
耳目所及尚如此，万里安能制绝域？
汉计诚已拙，女色难自夸。
明妃去时泪，洒向枝上花。
狂风日暮起，漂泊落谁家？
红颜胜人多薄命，莫怨春风当自嗟。

欧阳修在这首诗里大胆地对皇权提出了非议，超越了时代的局限，紧随王安石的脚步。“耳目所及尚如此，万里安能制绝域”一联，几乎是直问汉王室无能。“红颜胜人多薄命，莫怨春风当自嗟”也成为一时之绝唱。

当时司马光一听王安石《明妃曲》在京城引起轰动，也作了一首和诗。《和王介甫明妃曲》：

胡雏上马唱胡歌，锦车已驾折橐驼。

明妃挥泪辞汉主，汉主伤心知奈何。
宫门铜环双兽面，回首何时复来见。
自嗟不若往巫山，布袖蒿簪嫁乡县。
万里寒沙草木稀，居延塞外使人归。
旧来相识更无物，只有云边秋雁飞。
愁坐泠泠调四弦，曲终掩面向胡天。
侍儿不解汉家语，指下哀声犹可传。
传遍胡人到中土，万一他年流乐府。
妾身生死知不归，妾意终期寤人主。
目前美丑良易知，咫尺掖庭犹可欺。
君不见白头萧太傅，被谗仰药更无疑。

司马光写诗的目的，在诗里一览无遗，主要是为了讨好皇上。

公元1056年，正是大宋王朝大比之年，当扬州那些所谓的高官终日忙于搜刮民脂民膏，无所不用其极之时，王安石这个三十多岁的青年才俊，已经开始着手撰写自己第一部学术著作《淮南杂说》了。

《淮南杂说》本名为《王氏杂说》，“计十卷，数万言”，据传韩琦亲自为王安石题名为《淮南杂说》。

《淮南杂说》的问世，标志着王安石已经由一个读书人成功转型，变成了一个思想者，而且从一开始，就站在了相当高的水平线上，足以让后来者发出“可望而不可即”之叹。

可惜的是，《淮南杂说》到南宋时，在一片否定王安石的声浪中，悄然失传了，内容今已不可考。但在当时名声很大，“世谓其言与孟轲相上下”，“于是天下之士，始原道德之意，规性命之端”，认为杂说中的议论足可与孟子的言论一较高低，可见当时人们对王安石这部书的评价之高。

第三节 哲学思想

中国古代的士大夫一向有两条道路，一是入仕为官，二是退隐田园，因而也就构成了中国古代社会的两种心态。王安石早年入仕，胸怀天下，希望能有一番作为，后期因为变法的失败、爱子的早逝，触发了他隐藏于心中的归隐田园、渔樵为生的想法。但无论是入仕还是归隐，王安石从未获得真正的自由，他徘徊矛盾的心境在《两马齿俱壮》中体现得尤为明显。

两马齿俱壮，自骄千里材。生姿何轩轩，或是龙之媒。

一马立长衢，顾影方徘徊；一马裂衔辔，奔嘶逸风雷。

立岂饱刍豆，恋栈常思迴？奔岂欲野龁，久羁羡驽骀？

两马不同调，各为世所猜。问之不能言，使我心悠哉。

这两种马其实代表了贤士的两种生活方式。一是入朝为官，恪尽职守，忠心耿耿；一是归隐田园，自由自在，驰骋山野。王安石主张有所作为，有兼济天下之志，因此他对传统的重隐逸而轻入仕的做法表示反对。孔子曰：“高饿显而下禄隐”，因而将伯夷、叔齐排在柳下惠的前面，认为伯夷叔齐不降其志，不辱其身，柳下惠则降志辱身。王安石大胆地推翻了孔子的观点，他指出，隐与显都不过是外在的迹，并无上下高低之分，迹的不同不会影响内在的道的统一性。王安石在维护统一与稳定的同时，也允许个性与变化的存在，这是一个伟大的突破。他认为越是圣人，就越要具体问题具体分析，固守陈旧观念是远远跟不上时代的步伐的。因而，他心中的圣人绝不是一个迂腐的儒生，而是一个充满活力、积极进取的有识之士。

早期王安石主张人应该有所作为，对佛教的认识相对浅显，作为一个儒者，他基本上坚持儒家的传统思想，恪守儒家典制。

王安石坚持维护正常的社会关系，反对离群索居、独善其身。他认为“同朝叙朋友，异姓结婚姻”是正常的伦理原则，只有这样才能保证正常的社会关系与人类长久根本的利益。这一观点的提出，在当时确实是难能可贵的。即使是在晚年醉心佛教之时，王安石仍然坚持这一观点，他并没有因为信佛而完全放弃自己的人生观，毕竟他是一个有思想的人，不会随波逐流。

作为一个以天下为己任的有为之士，王安石不可能一味地推崇老子的无为思想。司马光曾批评王安石不能行老子之志，推行无为而治之道，偏要搞什么变法，弄得天下人心惶惶，局势不稳。保守派恪守祖宗成法，认为今不如古，他们认为只要沿着祖宗留下的章法走下去，国家就能太平。对这一观点，王安石嗤之以鼻，他在《彼狂》一诗中指出：

上古杳默无人声，日月不忒山川平。
人与鸟兽相随行，祖孙一死十百生。
万物不给乃相兵，伏羲画法作后程。
渔虫猎兽宽群争，势不得已当经营。
非以示世为聪明，方分类别物有名。
夸贤尚功列耻辱，蛊伪日巧雕元精。
至言一出众辄惊，上智闭匿不敢成。
因时就俗救刖黥，惜哉彼狂以文鸣。
强取色乐要聋盲，震荡沉浊终无清。
诙诡徒乱圣人氓，岂若泯默死蚕耕。

这首诗有感而发，充分地表达了王安石的社会观。他认为，人类经过对大自然的积极探索，开拓进取，并且遵守道德，懂得廉耻，从而形成了完整的人类社会，使人类从自然界中独立出来。尽管这本身是一种进步，但在进步的同时也附带了一些消极的东西：人类距离先天的淳朴越来越远，为物欲所蒙蔽。那些不明历史发展规律、恪守尊古思想的保守者，大放厥词，扰乱民心，和那些老死蚕耕、不问世事的俗人相比，他们又会高尚到哪里去呢？

王安石讽刺那些拜倒在物欲之下的庸俗之辈，后者则指责王安石破坏祖宗之法、扰乱民心，动摇了社会的根基。对此，王安石反唇相讥，指出保守派震荡沉浊，唯恐天下不乱，他们妖言惑众，试图以此阻止变法，甚至一改儒家卫道士的嘴脸，将佛老也推出来反对新法，鼓吹清静无为，而在新法推行时，保守派自己却又不肯安静，不愿无为，反而千方百计地阻止新法，为变法制造障碍。

早年王安石为了排除万难，倡言有为，颇有点矫枉过正之嫌。其实，他的本意并不是排斥佛老，反对隐逸，只是反对借此碌碌无为、一无所成的庸俗之辈。值得注意的是，王安石晚年的立场是进退各有其利，不分高下，并没有一味地推崇出世隐居，他以平等的眼光来看待入仕与归隐的关系。

身怀天下的王安石在现实生活中遭受许多挫折与磨难，非但无法得到世人的理解，反而饱受诬陷和诽谤，这使他不得不用更加清晰的目光来看待世俗世界，意识到胸怀天下与独善其身也是平等的，没有高下之分。最终，王安石选择了归隐，他并不是为了逃避什么，而是站在一个更客观的立场上看问题，感慨人生。何得何失，何贵何贱，所谓的是非功业又有什么意义呢？不如归隐田园，回归自然，追求个体的生命价值。

王安石晚年心境相对于早年确实有所变化，从倾向于改造世俗世界转向追求个体生命的价值。他个人的自由在他心目中变得更加重要，他已经超出了入仕与出仕的分别，进入了另一个境界。

第十章　以一人之力战天下之人

第一节　荆公与司马光

荆公与司马光都应该算是神宗朝的一代名臣。当变法进行得轰轰烈烈之时，司马光看到韩琦的上书没有达到预期效果，心情异常悲愤，自叹满腹经纶却无处施展，颓然之心昭然可知。但是司马光不甘心，为了能彻底推翻王安石变法，终日奔走。他知道他只有挺起胸膛，鼓起满腔勇气，他还要继续战斗。司马光战斗的方式，就是宣扬自己的政治主张。

司马光当时的职务是右谏议大夫、翰林学士兼侍读学士、差知审官院。听着职位虽然很多，但却没有什么实权。久任官场，官却低于王安石，司马光多少有点不平衡，加之对变法的反对，他和王安石很早就分道扬镳了。

荆公与司马光因为政见的不同而分道扬镳，在对新法的态度上，两人更是视对方为劲敌，颇有点“老死不相往来”的味道。一心梦想着富国强兵的神宗全力支持王安石，忽视司马光也不是没有可能，更何况他是一个彻底的新法反对者。无论如何，司马光也受不了这种窝囊气。他虽然已经借神宗的口气训斥过王安石，勒令王安石“祗复官常，无用辞费”！虽然当时讲得很好，但那也就是说说而已，神宗亲自向王安石道歉以后，反而把他搞得里外不是人。最可气的是，好不容易做到枢密副使，但椅子还没坐热，他就被罢免了。

司马光坐在书桌边，理了理胡子，秉笔直书，写了一篇《乞罢条例司常平使疏》，陈述变法的种种弊端，请求神宗尽罢新法，撤除条例司，收回常平使。

神宗没有理司马光的奏疏，但有一天，神宗找了个机会，要和司马光谈谈。为了能顺利推行新法，神宗下了决心要为变法的道路扫清障碍，于是直接问司马光："朝廷每当变更一事，举朝士大夫吵吵嚷嚷的皆以为不可。这倒罢了，但是你们自己也搞不清到底有哪些不便，又不能指出来，这算是什么呢？就这样讲来讲去的，我看不好！"

司马光说："朝廷散青苗，兹事非便！"

神宗非常不满，说："如果真的有什么问题，可以当堂辩论，如果真的不能实行，就按不能的原因来处理。这些事情为什么你们不上奏呢？如果先前上奏了何以至今乃议论不一，且此法有何不便？到底哪里有问题？请你清楚地告诉我！"

司马光道："我已经在《乞罢条例司常平使疏》里写清楚了。"

神宗说："可是朕看不懂。"

吕惠卿在一边接了一句："司马大人天天讲话，但没有几句是有用的，我看司马大人不如辞职算了。"

司马光知道自己理论不过神宗，只好无可奈何地踱步回到家里，费尽心神，给王安石写了三封信，这就是后来的《与王介甫书》。在文中，司马光把自己所有对新法的看法全以文字形式表达出来，语言之犀利不觉让人略感丝丝寒意。作为对司马光的回答，王安石立刻写下了那篇流传千古的《答司马谏议书》，句句中肯，强调自己变法的目的。

在《与王介甫第一书》中，司马光采取的方式是和王安石谈往事、唠家常，大讲昔日友情，希望王安石能听他一句话，不要变法。司马光先是感叹道："我没有什么大事，不敢亲自登门造访，很久没有和安石兄在一起聊聊了。我没有什么本事，不敢说是你的朋友，但是，我们也在一起共事了十年有余，而且常在一起共事，关系也还是不错的。既然如此，我就想和你讲几句真话。

"你我都算是君子，'君子之道，出处语默'，不能只说好话，但我们的志向是相同的，都准备'立身行道''辅世养民'。所以，我们议论朝廷事，虽然意见不一，很多次我们的意见都大相径庭，但都还没有撕破脸。

“不论介甫你是否相信，其实我对你一直是非常佩服的。介甫你独自担负天下大名三十余年，才高而学富，难进而易退，远近之士，不管是认识的还是不认识的，都说介甫你不起则已，起则天下可立刻太平，人民都能感受到你的恩泽。”

司马光继续对王安石说：“陛下知道你的名声，他也很佩服你，所以硬是把你推到了前台。但是，你刚干了一年，却吃力不讨好，朝廷里的群臣及四面八方的人，都在背地里说你的坏话。人们把所有的失败都归罪于你，不知安石你听到过没有，有没有考虑过其中的原因呢？”

司马光对王安石说：“既然问题很大，怨言很多，为什么没有人告诉你一声呢？因为你手下的人，不敢跟你讲；不是你手下的人，又不愿跟你讲。他们都怕得罪你，所以都坐而待之，等着你两三年后将自败。这都不是对你王老弟好，也不是对朝廷好。但是，如果大家都不讲，任你推而行之，不出两三年，国事就会被糟蹋得不可救药了。

“现在看在你我友情的份上，不怕你对我怨恨，想跟你啰唆几句，为你一一解答其中的缘由。”

接着，司马光开始详细对王安石解释：“今天下之人，讨厌你的人非常多，他们对你的诋毁无所不至。但是，我却不这么认为，我知道你不是这样的人，我太了解安石你了，你本身是很有才情的，你之所以失败，原因就在于你操心太过于细碎，自信太过于实际。

“我为什么要这样讲呢？因为自古圣贤所以治国者，不过使百官各称其职，委任而责成功也，其所以养民者，不过轻租税、薄赋敛而已。可是介甫你以为这些全都是腐儒常谈，根本不当回事，于是‘立制置三司条例司’，聚文章之士，及晓财利之人，使之讲利，孔圣人是很瞧不起这种人的，有人想学种庄稼，‘孔子犹鄙之，以为不如礼义信’。你现在竟然讲商贾之末利，更是错上加错，不能再错了。

“我现在已经把根源给你讲清楚了，究其根本原因，就是因为我所说的这些。你要是不相信，后果自负。介甫你现在做的事情，不是侵官乱政，就是贷息钱这种对国家没有任何益处的事情，但是你却干劲十足。这些事情，就连一般的平民都认为不可，唯独你认为是可以的，这并不是说你智不及常人，而是你想要求非常之功，而忽视了一些常人都懂得的道理。介甫你智慧与贤达都超过了其他人，但是你做过了头，这就是用心太过。‘自古人臣之圣者无过周公与孔子’，这两位圣人也经常向别人学习。王老弟你比这两个人，恐怕还是有点差距的吧，但是你却‘自以为我之所见，天下莫能及’，独讲一家之言，简直就是罪莫大焉。”

司马光接下来讲了很多历史上“不受忠谏而亡”的故事，用以劝导王安石要从谏纳善。

在分析下属与王安石之间的关系利害之时，司马光指出：所谓的宾客僚属见到王安石，只知“希意迎合，曲从如流”，但安石你对这些人却“亲而礼之”。如果谁有一点不同意见，你就要大加批评，甚至赶出京城，你再这样下去，就会变成奸臣，这都是因为你太过于自负了。

司马光并未把王安石的所有努力一笔抹杀，但在肯定其功绩的同时，也毫不留情地批判新法，说王安石的变法是“先者后之，上者下之，右者左之，成者毁之”。尽管日日尽心，夜夜忙碌，但上自朝廷，下及田野，内起京师，外周四海，士吏兵农工商僧道，没有一个人能过安稳日子，这和“治大国若烹小鲜”的原则大相违背。为什么你从小读书，到现在“白头秉政”，却“尽弃其所学”，“而从今世浅丈夫之谋乎”？自古立功立事，都不能违背人民的愿望，而王安石你偏偏只听信个别人的意见，放弃圣人之道，违背天下百姓之心，这样下去肯定有人要反抗，到时候再去治理，那岂不是会很麻烦吗？

接着，司马光试图解释一下自己给王安石写的那封诏书，以平息一下两人之间的怨气。

“近来有大臣上书，说散发青苗钱所带来的不利，陛下让我们讨论，你却因此闷闷不乐，气得跑回家，借口生病不上朝。我受命为批答，因为看到大家都因青苗钱而感到不安，而你却想在此时甩手不干，你这样做是很对不起陛下的。所以我直叙其事，批评了你几句，其实我的本意是想让你早点意识到自己的错误，然后改正错误，以造福天下。我的话虽然难听了点，但是却没有一个字不是实话。听说你看了我写的文字，非常生气，上书给皇帝为自己辩解，以致皇帝都亲自写信给你赔礼道歉，又让吕学士再三谕意，然后你才出来工作。

“你为社稷着想当然是好事，但我仍然希望你迅速地改正以前法令里不合适的地方，以安慰百姓，报答陛下的隆恩。我看你‘必欲力战天下之人，与之一决胜负’，而且不顾义理之是非，人民之忧乐，国家之安危。我认为你完全错了！陛下想让我做枢密副使，我因为无功，所以不敢居高位，陛下给我如此待遇，我不可以不报，所以才‘乞罢制置三司条例司’，一切功名利禄，不过是过眼云烟，无可在意。

“现在陛下轻重缓急之事一律信任你，无人能及，大事小情的取舍，也唯独信你。如果你说可罢，‘则天下之人咸被其泽’；如果你说不可罢，‘则天下之人咸被其害’。现在生民之忧乐，国家之安危，都系于你一身。若你能进一言于陛下，请求罢黜条例司，追还常平使者，则国家太平之业皆复其旧，你也有一个‘改过从善’的好名声，这种好事，你为什么不做呢？”

这是司马光为王安石指明的出路。司马光看重的，是从政的名声。但王安石看重的，是治国的效果。

第一封信的后半部分，司马光说：“我知道，今天讲的话，正好和你的想法相反，知道我说的这些都不合你意，我和你兴趣不一样，但是总的来说，我们最终的目的却是一样的。你得位以行其道，惠泽天下之民；我也要辞位以行其志，救天下之民；都是为了老百姓好，这就是所谓的目的相同而途径不同。所以我才敢跟你谈谈，使我们的友情更上一层楼。至于听不听，是你的事。

“如果你看了我的信，没有扔在地上，而是和官员们讨论一下是不是有道理，那我就千恩万谢了。但请你不要和你们条例司的那些官员讨论，因为那些人都是依附于你，唯你之命是从的人，只有变法，他们才有机会高升。‘一旦罢局，譬如鱼之失水’，他们就没戏唱了，所以，那些人一定会鼓动你继续变法，你千万不能因为这些小人而不思国家之大计！”

讲到最后，司马光说道："我们这些忠信之士，或许在你执政的时候讲几句坏话，听着不舒服，但是等你下台以后，我们仍然会帮助你。有些人就不是这样了，他们有朝一日，一定会背叛你，踩在你的肩膀上继续往上爬。你到底选谁呢？相信你能有一个好的抉择。"

有人以为王安石没有给司马光回信，其实不然，尽管王安石的文集中没有收录第一、第二封回信，但司马光在五六天以后写的《与王介甫第二书》中，提到了王安石的回信。

司马光称王安石的回信"存慰温厚，虽未肯信用其言，亦不辱而绝之"，也不得不佩服王安石"君子宽大之德过人远甚也"。

《与王介甫第二书》写得相对简短，除去套话，我们也可从中略窥一二。可能是王安石用事实反驳了司马光对青苗法的攻击，所以司马光辩解说："今四方丰稔，县官复散钱与之"，当然不会有"父子不相见，兄弟离散之事"，但现在没有，不等于以后没有，我所说的，也许在几年以后就会发生。那时常平法既坏，内藏库又空，百姓负担重，当官的必然层层盘剥，以夺民之膏脂，日甚一日，那时你就知道我说的话不为过了。

司马光仍然劝王安石罢去新法，一切守旧。因为站在各自的立场上，王安石是一个革新者，而司马光却是一个守旧者，政见的不同注定了两人不可能成为盟友。

王安石对司马光的第二封信，仍然进行了耐心的辩解，可惜回信亦已失传，可惜至极！

司马光知道不可能说服王安石了，所以，在《与王介甫第三书》中，他的态度有了较大变化。

司马光先是客气一番，显得很有度量："惶恐再拜，你的回信，说明你对我不见弃外，我对此不胜感激。"然后就开始进入正题了，批评王安石不应该"无大无小，尽变旧法以为新奇"。司马光又说道："如果能择良有司而任之，弊法自去。如果有司非其人，就算是授以善法，终无益也。"

司马光攻击青苗法，说王安石从来不问百姓贫富，也不问他们愿不愿意要青苗钱，都是强制派给的。他指责王安石不识人，说王安石身边“邪说壬人为不少矣”。

司马光用历史上盘庚迁都的故事来教育王安石：“盘庚遇水灾而迁都，有人同意，也有人反对，而盘庚不忍胁以威刑，只是加以教育劝导，勤劳晓解，最后人们都听从了他的决定。这不能算是尽弃天下人之言，而独行己志也。

“我并不是要劝你不恤国事，而是说，天下异同之议，你应该有所了解，并加以考虑，而不是只凭自己的意愿来办事。”

司马光这封信的意思是，我跟你说了，听不听由你，以后绝不再谈。

王安石对司马光第三封信的回复，就是尽人皆知、众口传颂的绝妙佳篇《答司马谏议书》。全文如下：

某启：昨日蒙教，窃以为与君实游处相好之日久，而议事每不合，所操之术多异故也。虽欲强聒，终必不蒙见察，故略上报，不复一一自辨。

重念蒙君实视遇厚，于反复不宜鲁莽，故今具道所以，冀君实或见恕也。盖儒者所争尤在于名实，名实已明，而天下之理得矣。

今君实所以见教者，以为侵官、生事、征利、拒谏，以致天下怨谤也。

某则以谓：受命于人主，议法度而修之于朝廷，以授之于有司，不为侵官。

举先王之政，以兴利除弊，不为生事。

为天下理财，不为征利。

辟邪说，难壬人，不为拒谏。

至于怨诽之多，则固前知其如此也。

人习于苟且非一日，士大夫多以不恤国事、同俗自媚于众为善；上乃欲变此，而某不量敌之众寡，欲出力助上以抗之，则众何为而不汹汹然？

盘庚之迁，胥怨者故也，非特朝廷士大夫而已。盘庚不为怨者故改其度，度义而后动，是而不见可悔故也。

如君实责我以在位久，未能助上大有为，以膏泽斯民，则某知罪矣；如曰今日当一切不事事，守前所为而已，则非某之所敢知。

无由会晤，不任区区向往之至！

此文写得简洁、干净、漂亮，王安石把司马光的长篇大论提取出了五个关键词，即“侵官、生事、征利、拒谏、天下怨谤”，然后逐一反驳，虽只三百余字，却全面而深刻地批驳了司马光几千字的来信。

刘熙载称：“只用一二语，便可扫却他人数大段，是何简贵！”当然，《答司马谏议书》之所以流传千古而不废，绝不只是文辞好看读着上口、评着过瘾，还因其思想深度与理论高度，都是他人所无法企及的。

“固由傲兀成性，究以理足气盛，故劲悍廉厉无枝叶如此”，吴汝纶的这个评语虽然是在称赞王安石，但“劲悍廉厉”的说法有点不符合王安石本人的性格。其实此文不但不“劲悍”，相反，却处处透着委婉，以平静的语言，表达着坚定的思想，这才真正是王安石的风格。

司马光看罢王安石的回信，怒气难平，火向心生，他们各自政见的不同，已无法以书信方式再谈下去，遂当即写下了《奏弹王安石表》，这也标志着司马光与王安石的彻底决裂！

在《奏弹王安石表》中，司马光直接开篇点题说，参知政事王安石是“妄生奸诈，荧惑圣聪”的奸诈之徒！说王安石“牵合衰世，文饰奸言，徒有啬夫之辨谈，拒塞争臣之正论”，“朋党鳞集，亲旧星攒”。

在司马光笔下，王安石已经变成了一个“专制福威”的奸臣，使得“人心动摇，天下惊骇”，如果不及时制止他，则必将“为祸不小”。

司马光说神宗对王安石尊重太过，“以安石有师保之尊，故旧之恩，俾为相臣，使预政事”，让王安石有机会“妄使改为”，现在如不“正其罪恶，亦难以顺乎众意”。

所谓“正其罪恶”，就是将王安石问斩！

司马光对自己与王安石的关系发了狠话：“臣之与安石，犹冰炭之不可共器，若寒暑之不可同时，所以我才冒死谏言，但是我心既为国，宁复爱身，是不会怕牺牲的。就算今天陛下今天因为我直言进谏而处死我，我也毫无怨言，也比以后死在贼臣之手要强得多。”

司马光最后请神宗“独奋乾刚，专行夬决”，做事要狠一点，独裁一点，“一遵祖宪，无用邪谋”，最重要的是要“诛逐乱臣，延纳正士”。换句话说，就是请神宗把王安石等人杀掉，让司马光一伙上台，这样就会“上以顺皇太后之意，下以慰亿兆人之心”。

司马光在弹表中最后两句话是：“则臣等退就诛戮，亦所甘心”。

神宗当然不会把司马光的弹表当一回事，有一天，他单独对王安石提起司马光：“司马光甚怨卿。”

王安石问：“何故？”

神宗道：“司马光自诩在京城无立足之地，前日上殿说愿意外放为官，还说现在时局复杂，是非淆乱。”

王安石劝神宗皇帝道：“以先王法言考之，以事实验之，则是非亦不可诬。”

好一句“以事实验之”！

神宗略有担心，问王安石：“有人说朝中存在勾结朋党现象，拿汉朝的党锢之事来与今天进行比较，你怎么看？”

王安石沉着以对：“人主昏乱，宦官奸利暴横，士大夫污积朝廷，才有可能形成党锢之祸。但现在国家政治清明，陛下明智，度越前世人主，只是有时显得刚健不足，不能统一认识，所以这些异论纷纷不止。如果我们力行不倦，每事断以义理，时间一久，大家理解了变法的目的与本质，人们的想法自然就能改变了。”

神宗确实可以算是一代明主，王安石批评他“刚健不足”，他也并没有任何反感。

经过这番斗争，司马光深知阻止变法已无可能，便上疏神宗说：“臣自知无力于朝廷。朝廷所行，皆与臣言相反。”

神宗故意问：“相反者何事也？”

司马光答：“我说条例司不当置，请罢四方使者，又言散青苗钱害民，岂非相反？”

神宗还是很有耐心地和司马光解释："新法在执行中，可能会有一些问题，但可以慢慢改正，比如我们现在就强调散青苗钱时，不能强行摊派。"司马光以偏概全，狡辩说："虽不令抑勒，但下级官员都想争功邀赏，所以仍然一如从前。如开封界十七县，只有陈留县县令姜潜把告示贴在县门口，听民自来请则给之，但是却无一人来请。以此观之，十六县恐皆不免抑勒也。"

诚然，任何一种政策的实施，遇到波折是不可避免的，实施过程中难免出现不足之处。如果以为一个县的情况，就可以代表十六个县的情况，以一否十，多少有点牵强附会。此外有一个县令，即山阴县陈舜俞，嫌放青苗钱费心劳神，贪图舒逸，不肯奉行，还别出心裁地移状自劾。他说当今百姓，手头没钱用，愿意贷钱的人有很多，可是我偏不贷给他们。因为这些人就像孩子一样不懂事，我们做父母官的就应该制止这种行为，绝不能让他们想贷就贷，这不是行王道的做法。

神宗劝司马光说："王安石向来对你很友善，你何必要如此怀疑他呢？"

司马光回答神宗说："我以前和王安石关系确实不错，但自从他当上参知政事，我们之间不同的意见很多，道不同不相为谋。"

神宗说："可青苗法确实是有很好的效果。"

司马光根本不听："兹事天下知其非，独安石之党以为是耳。"

在这里，司马光强调了"安石之党"。

神宗见劝服不了司马光，也就不再说什么了。

熙宁三年九月，司马光以"端明殿学士兼翰林侍读学士、集贤殿修撰"的身份，出知永兴军。

出京以前，司马光去向神宗告辞。神宗叮嘱司马光："你到了地方以后，如果得知民间利弊，应该告诉我一声。"

司马光人刚到陕西，立刻上疏皇帝："谨奉诏，唯青苗、助役为陕西之患"。

神宗很奇怪，责问司马光："陕西根本没有行助役法，助役法唯独实行于京东、两浙这两个地方，没开始实行你就说是陕西之患，是不是过分了点？”司马光自知理亏，不再说什么。

司马光在永兴军任上，依旧阻挠新法，上书请罢永兴军一路青苗法，并继续攻击王安石：“今陛下唯安石之言是信，安石以为贤则贤，以为愚则愚，以为是则是，以为非则非，谄附安石者，谓之忠良，攻难安石者，谓之谗奸。”

司马光说自己承乏两制，逮事三朝，视君臣犹若骨肉，但就是容不下王安石。看到王安石专政以逞其匹夫之勇，使天下生民被荼毒之苦，宗庙社稷有累卵之危，作为一个元老，为了宗庙社稷，不怕“陛下雷霆之威，安石虎狼之怒”，还是要“上书对策，指陈其失”，就算罢官去职，也无所顾虑。

当时宋朝和西夏关系紧张，西夏集结大军二十万于边境，大战在即，陕西首当其冲，司马光作为陕西地区的最高官员，却抗枢密院军令，拒不备战，反而连上《谏西征疏》《乞罢修复内城壁楼橹及器械状疏》和《乞不添屯军马疏》，扰乱士气，动摇军心。

神宗终于拍案大怒：“大宋天下，合当行大宋之法，司马光负忠谏之名，屡与朝廷为敌，难道是在欺朕不能杀人吗？”

其实，神宗绝非软弱之君，实则是一大有作为之君。如果王安石不以圣人之心辅之，而常灌以刑杀之说，劝神宗大开杀戒以清洗政敌，当非难事。但以王安石之儒，以神宗之明，北宋并没有在这一非常时期陷入滥捕滥杀的深渊，在大力推行变法的过程中却没有出现血雨腥风，实乃中国历史上的一个奇迹。

可悲的是，这并没有成为王安石和神宗的一条优点，反而被后人一再指为缺少果决手腕，影响了变法成果。

不久，司马光遵诏移知许州。

自知阻挠新法无望，司马光开始全心著书。《资治通鉴》的就是在那时候完成的。

司马光曾经许诺，从此以后不再议论政事。但这只是一个空话，作为一个文人，作为一个以天下为己任的文人，司马光一直在寻找机会。

熙宁七年（公元1074年），天下大旱，虫灾肆虐，神宗下诏求直言。

司马光听到以后，他以为这是一个机会，于是上疏复陈六事：一青苗，二免役，三市易，四边事，五保甲，六水利，把王安石变法的六项主要措施全列为害民之策，应该首先罢黜。

令司马光失望的是，他仍然没有得到神宗的认可。

司马光自此以后在洛阳待了15年，再也没有得到神宗的召见。

第二节　荆公与苏轼

曾几何时，文人相争似乎已成为知识阶层的一大顽疾，千百年来几无良药可医。其实，倘使只是几个文人意见不合，争一争，吵一吵，不流血，不死人，也与旁人无涉；倘使这争吵无关朝政，无关社会，更与百姓没有干系，争便由它争去。但在正常情况下，中国历来是奉行“学而优则仕”的，知识阶层毕竟是“治人”的，起码他们的意见是会对皇帝有影响的。这样一来，他们一争，天下就遭殃了，想不流血、不死人、不引起社会震荡都不可能，尤其是当猥琐小人攻讦坦坦君子的时候，结局就更不妙了。

北宋也是一个文人相争、积不相能的朝代。仁宗时的范（仲淹）吕（夷简）之争、英宗时的濮议（韩琦、欧阳修对吕诲、范纯仁）之争，起起伏伏长达几十年之久，至于王安石与司马光之间的革新守旧之争，更是影响了北宋后期几朝皇帝的大政方针。但与别的朝代大不一样也让人大为感叹的是，北宋一代相争的文人，后世大都认定他们为人中君子，所争皆为政见，不涉私德，不关私谊，有的相争之后交情还非同一般。王安石和苏轼的关系就是如此。

王安石和苏轼都是少年得志的人。王安石21岁考中进士，苏轼小王安石16岁，20岁那年考中进士，两人都被视为栋梁之材，而且皆以诗文名世，位列“唐宋八大家”之中。两人真正的交锋是从宋神宗熙宁二年（公元1069年）开始的。

当时，苏氏兄弟服完父丧回到京师，苏轼被任命为直史馆、权开封府推事，而受到神宗信任，担任中书门下平章事（宰相）的王安石正大力推行变法新政，这样，两个大文豪同朝为官，争端便由此而起了。

本来，面对积贫积弱的北宋国势，厉行以富国强兵为目的的改革是人心所向的，王安石以“人言不足恤，祖宗不足法，天变不足畏”的勇气锐意改革也是令人起敬的。但关键的问题是，在错综复杂的社会情况面前，在“以保守为天性，遵无动为大之教”（梁启超语）的国人，尤其是官僚士大夫面前，改革的动作到底是激进好还是渐进好？王安石思想峻急，无论是起用新人，还是施行新法，都体现了大刀阔斧的超常风格。而苏轼，并非不主张变革，他只是希望不要“太急”了，因为“法相应则事易成，事有渐则民不惊”。因此，两个人的政见也就凿枘难合了。后哲朱熹评道：“熙宁变法，亦是势当如此，凡荆公所变更者，初时东坡亦欲为之。及见荆公做得纷扰狼狈……却去攻他。”这是十分允当中肯的。试拿“改科举”一项稍做分析，就可看出两人之间的分歧。

变法伊始，为选拔有胆有识的新人，王安石力持改革科举，举办学校，在科举考试中罢诗赋、明经诸科，专以经义、论、策试进士。对已实行四百余年的选官制度忽然做如此大幅度的改变，无疑会引起士人的震动，神宗皇帝也顾虑重重。苏轼是个遇事不合便如骨鲠在喉、不吐不快的人，他立即上书反对这项政令。神宗阅罢心动，当即召见了他，苏轼借机直谏道：“陛下求治太急，听言太广，进人太锐，愿陛下安静以待物之来，然后应之。”这番话神宗虽然听起来有些震惊，但还是表示愿意考虑苏轼的建议，只是由于王安石的坚持，“改科举”最终还是被强令颁行了。可结果如何呢？王安石晚年反思道：这项法令“本欲变学究为秀才，不谓变秀才为学究也”，看来他也认识到政策的偏颇了。

当王安石变法进行得轰轰烈烈之时，苏轼站在了变法的反对派一边。苏轼先是分析了一下国家形势，接着对仁宗说：“陛下你不要觉得现在国家没有什么事你就可以高枕无忧了，其实国家到处都存在危险隐患，一旦出事，就不得了！”

接着，苏轼攻击王安石说：“现在国家情况这么危险紧急，当然不是鲁莽因循苟且之所能消除的，但是呢，天下之士，方且掇拾三代之遗文，补葺汉唐之故事，以为用这种低级的方法可以济世，不是太愚蠢了吗？”

苏轼的这个话，正是针对王安石在《万言书》中的观点而发的，当时王安石进行激进的改革必然遭到众儒生的反对，便委婉地提出要“法先王之法”，也就是效法“二帝三王”等先王之法，苏轼就嘲笑这是“掇拾三代之遗文”，王安石说“唐太宗之事，亦足以观矣”，苏轼说这是“补葺汉唐之故事”，指责王安石的观点是区区之论。

苏轼继续说道：“国家这个状况，改革是必然的。但如何进行改革，却需从长计议。那么，到底应该怎么改革呢？”

王安石的观点非常明确，天下危乱，“患在不知法度”，既然如此，改革就应该“变革天下之弊法”，建立健全法度，以法治国，而非以人治国，或以德治国。

王安石的这一观点，当时没有多少人能懂，即使到了近代，也在中国争吵了百余年，但现在已经深入人心了。

王安石的变法思想无疑是超前的，始终是走在同代人的前面。但当时的文人多数遵循儒家仁爱天下、以德治国的旧调，虽然承认有“立法之弊”，但是更强调“任人之失”，反过头来讽刺那些要变更法度的人是“腐儒小生”，是在“惑乱世主”！

苏轼的结论也是如此，他总结说：大宋天下之所以如此，原因就在于任人，而非法制之罪也。苏轼相信“法者，末也”，坚持“礼者，本也”，也就是所谓的礼乐治国，以德治国。

苏轼的论点非常清晰：只要用人得当，就不需要变法！

论点虽然清楚，但论据牵强，当然更经不住推敲。苏轼说，只要用人不疑，“尽其才而责其成功”，如若不然，“虽得贤臣千万”，却把法度变来变去的，只会导致“天下益不可治”。

言下之意，就是不能变法。

苏轼的这个观点，和他父亲相同，苏洵曾在《上皇帝书》中说，“法不足以制天下”，又说，“政之失，非法之罪”。

那么，苏王之间的矛盾到底是如何进一步深化的呢？

王安石任知制诰以后，已经成了北宋政界重要人物，正是从这一阶段起，对王安石的各种记载开始渐渐多了起来。总的来说，琐碎之事较多，多是些无聊寡味的闲谈故事，没有多大意义，唯一可观者，就是从这些小故事里，可以看出王安石严谨认真的为人性格和散淡从容的处世风度。

当时任知制诰的王安石既然在皇帝身边工作，制科考试之类的重要文化活动，那是肯定要请他参加的。

当时主考官除王安石以外，汇集了很多大家名流，例如司马光、欧阳修等。大家对苏轼的文章颇为欣赏，但对于苏辙的文章，各人分歧很大，不想竟成为苏家对王安石不满的导火索，以至于有了后来的《辨奸论》。

事情经过是这样的。

苏辙在考试中用语“切直”，先揭仁宗老底，说“陛下弃置忧惧之心二十年矣”。换句话说，就是指责仁宗二十多年来一直在混日子。

然后苏辙又说，“古之圣人，无事则深忧，有事则不惧”，而陛下你却“无事则不忧，有事则大惧”，他认为这是导致国家衰落的根本原因。他听说，宫中贵姬，至以千数，时间长了，“内则伐性伤和，外则蠹国败政”。在他看来，现在海内穷困，生民怨苦，陛下还不思进取，恐怕将来会民心尽失。

苏辙与苏轼不同，平时很少与人说话，不苟言笑，做事中规中矩，见了人都要低头走。但在考试中却如此直接地批判当时的朝政，批判当时的皇帝，如此直白的披露确实不多见。

在是否录取苏辙的问题上，主考官分为两派，一派以范镇为代表，认为苏辙借抨击仁宗攻击时政而抬高自己，很明显是在沽名钓誉，这种人，不砍头就算是客气了，当然更不能录取。韩琦和曾公亮对苏辙也很反感，同时，王安石也支持这种意见。

但以司马光为首的另一派却有不同看法。司马光争辩说，苏辙大胆直言，切中要害，“独有爱君忧国之心”，这样敢犯颜直谏的好人，实在是不能不录取。

两派争执不休，谁也说服不了谁。现在只好等仁宗皇帝一句话了。

仁宗发话道：“求直言而以直弃之，天下其谓我何！”就这样，把苏辙录取了，苏轼为第一等，苏辙为第四等。

但事情发展得却并不像预料的那样顺利。

既然录取，就要安排工作，中书研究了一下，“以轼为大理评事、签署凤翔府判官事”，“辙为商州军事推官”。官品都很低。

因为王安石任知制诰，分配工作的诏书由他起草，王安石在录用苏轼的制词中说，“敕某：尔方尚少，已能博考群书，而深言当世之务，才能之异，志力之强，亦足以观矣。”

王安石此时对苏轼的评价还是很不错的，所说内容也相对客观，没有一句废话。用金圣叹的话说，“笔笔如一寸之铁，不可得而屈也。”

但王安石却坚决不肯为苏辙写制词，不发任命书。

韩琦被王安石搞得晕头转向，他不想中书的命令被搁置一边，所以亲自找到王安石，要求王安石不要再坚持己见。

但王安石一旦认定一件事情，岂是韩琦能改变得了的，所以，此事就这样被王安石搁了下来，苏辙拿不到任命，就只好待在京城。

当时，欧阳修有一好朋友，名叫裴煜，被任命到吴江任知州，欧阳修便摆了一桌酒席，请苏洵、王安石、王安国等八个人作陪，为裴煜送行。

苏洵因为苏辙未被任命官职的事情而耿耿于怀，又知是王安石负责这件事，不觉中对王安石多了几分不满情绪。后来王安石母亲去世，朝中很多名人都接到了王安石的请柬前去参加丧礼，只有苏洵拒绝前往。对王安石的厌恶与不满，使得有名的《辨奸论》诞生了。

《辨奸论》让王安石蒙受了不白之冤。但王安石并未放在心上，文人特有的惜才之情反而使王安石对苏氏兄弟多了几分欣赏。但后来因为政见的不同，王安石和苏轼逐渐走到了对立面，两人的矛盾因变法的纷争不断升级。

众所周知，熙宁年间文人之争的结局是双方落得个两败俱伤：苏轼无法容身朝中，只好请求外放，担任杭州太守，后来发生的“乌台诗案”，更使他身陷囹圄，命悬一线；而王安石则遭到新、旧两派人物的内外夹击，两起两落，最后辞官归隐，退居江宁，潜心学问，纵情山水去了。

人品的高下显现于危难之时，尤显于昔日对手的落井之时。“乌台诗案”发生时，新派人物寻章摘句，罗织罪名，恨不能置苏轼于死地，而苏轼在严刑逼供之下屈打成招，承认了强加在自己头上的罪状。此情此景，别说当朝的衮衮诸公，就连苏轼的亲朋故旧也噤若寒蝉，无人置喙。可就在这时候，王氏两兄弟站了出来，仗义执言。时任直舍人院的王安石之弟王安礼对皇上说：“自古大度之君，不以语言谪人。按轼文士本以才自奋……今一旦致于法，恐后世谓不能容才。”归老林泉的王安石也给皇帝上书说：“岂有圣世而杀才士乎？”至此，王安石心中升起的只是文人相惜的宽谅和仁爱！

苏轼活下来了，被降为黄州团练副使。五年后，当从黄州谪所征召回京师时，他特地绕道江宁看望了王安石。这时的王安石衰老多病，爱子新丧，伤愁交集。昔日贵为宰相时，清高的苏轼很少登门，加之政见不同，更难以晤谈，今朝愁苦之时，两人竟相见言欢，把酒唱和了！王安石从心底里感激苏轼。他邀请苏轼迁住江宁，以作邻居。虽然尚未看破红尘的苏轼婉拒了王安石的美意，但两位文坛巨匠间的吟诵仍给我们留下了许多可以触摸的暖暖温情。

两年后，王安石去世。哲宗追赠王安石太傅之位，苏轼奉旨拟敕。那敕文赞道：“瑰玮之文，足以藻饰万物；卓绝之行，足以风动四方。”后人都明白，这份盖棺定论，岂止只是用来评价王安石的！

第三节 荆公与范仲淹

王安石显然对庆历新政很感兴趣，在赴舒州任所途中，绕道拜会了贬放青州的范仲淹。

早在1043年王安石刚出仕时，就在旅途中读到了范仲淹为枢密副使的新闻，和所有人一样，王安石也期待着范仲淹可以一洗朝廷旧弊，所以十分兴奋，提笔写下了《读镇南邸报癸未四月作》一诗，诗中有两句：

太平讵可致，天意慎猜嫌。

可见王安石的眼光何等高远，仅以一个刚刚踏入政界的小青年，竟然预见到新政如果得不到皇帝的支持，一切将都是白费。

所以王安石日后变法时，只要神宗有所动摇，王安石必不怕口舌，据理力争，如果说服不了神宗，王安石便提出辞职。因为王安石早已看得很清楚，在大宋王朝干事，没有皇帝的支持，一切都是白费。

庆历新政失败后，王安石正在鄞县工作，他非常关注范仲淹的去向，当范仲淹被贬知杭州，正处于事业低萎期，其他人避之唯恐不及时，王安石却接连给范仲淹写了三封信，对范仲淹推行改革的勇气表示佩服，希望范仲淹有朝一日还可以东山再起，再执相柄为民造福，并表示要到杭州去看望范仲淹。

但是等王安石到杭州时，范仲淹那时已经接替富弼移知青州了。

就是在青州，范仲淹派人进太白山去采青金石，为自己磨制青金砚，亲自用小楷抄写了几份韩愈的名篇《伯夷颂》，分别送给文彦博、富弼和欧阳修等政界名流，表明自己将要向伯夷学习的态度，虽然改革大业失败，但依旧要做个很有清名的人。这也是范仲淹一贯的作风，颇有点无奈的味道。

后来欧阳修都被他这一套搞烦了，没有混进官场的梅尧臣更是对范仲淹一肚子怨气，范仲淹死后梅尧臣还踩了他几脚。

范仲淹到青州以后，有人建议他到西京洛阳买下唐相裴度留下的名园绿野园以养老，但范仲淹没有同意。

范仲淹当时还存了一分重登朝堂的心思，他只希望皇帝仁宗哪天突然再次想起他。让人郁闷的是，仁宗虽然经常犯病，却一次也没有想到要重新起用范仲淹。范仲淹最后竟死在赴颍州任的途中。

王安石闻讯，专门写下了《祭范颍州文》，有两句对其与范仲淹的关系进行了定位，并对范仲淹的名节进行了歌颂，即有名的“呜呼我公，一世之师。由初迄终，名节无疵”。

当年王安石不避风尘来到青州见到范仲淹时，范仲淹已垂垂老矣。

范仲淹听说王安石来访，非常高兴，在侍女搀扶下，由儿子范纯仁陪着，站在门口等着王安石。

两人到客厅坐定，王安石便就庆历新政的一些问题向范仲淹请教：“新政甚得民心，且有皇帝支持，为什么失败得这么快？主要症结在哪里？请范公指示。”

范仲淹两眼混浊，语音含糊，说话时断时续，听王安石提到新政，不禁感触良多，他对王安石说：“新政最大的失策，可能，就在于……我们先拿，各级官员开刀。此举，虽然，得民心，但是却，失掉了……官心。纵有皇上支持，但仍步步险阻。失败，已是定局。”说到这里，范仲淹长吸了一口气。范仲淹短短几句话，却对王安石触动很大。

这不能不再次提一提宋朝的用官制度。

宋朝的文官制度，决定了文人一旦读书出了头，就可以在官场上一直混下去。基本实行的是干部终身制，虽然规定了高官在七十岁后退休，但很少得到执行，文彦博八十多岁还在做官。欧阳修因为身体的原因，不到七十就提出退休，竟然在政界引发了一个不少的声潮，盛赞欧阳修不恋权场，博得了不错的名声。

宋朝官场好混，有好几个方面的因素，其中最主要的一点，还是能做官的人太少。正因为无人可用，所以范仲淹当时撤了的那些高官，都是换了个岗位继续上岗，并且立即变成了新政的死敌，这一点，王安石也看到了。

所以，王安石后来在变法中，并没有像范仲淹一样先拿官员开刀，而是先从经济入手，并大力改革科举制度，希望能在短期内培养出大量合格的人才来，那时才有底气向官员开刀。

这应该是王安石从范仲淹那里得到的最有效的信息。

拜会完范仲淹，王安石心事重重地上路了。范仲淹由两个侍女搀扶，在范纯仁陪同下，一直把王安石送到门外，和王安石挥手告别。

应该说，范仲淹没有反对王安石的理由，他们根本没有什么政治接触，更没有利害冲突，最多两人在谈论变法策略时，可能有一点观念上的不同而已。以王安石的率真本性和脾气，一旦有不同观念，极可能引发争论。因为他对谁都不会唯唯诺诺，哪怕是对范仲淹这个前辈。

据此估计，如果王安石和范仲淹发生过争论的话，很有可能是针对王安石在鄞县放青苗收息是否得当的问题。一旦他们之间真的发生过一点争论，肯定会影响陪在一旁的范纯仁对王安石的看法。

范纯仁为了服侍范仲淹，一直拒绝出去当官，直到范仲淹死后服满才出山。日后范纯仁当谏官时处处与王安石抬杠，神宗看不下去了，亲自找范纯仁谈话："王安石一直以范公为师，你何必处处和王安石过不去？"

范纯仁却回答："臣不敢以私废公。"

范仲淹在自己的文集中，和韩琦一样，没有提到过王安石一个字。

难解的是，林语堂先生为了壮大反王安石阵营队伍，把范仲淹也列为王安石的政敌，此举让人感觉有点莫名其妙。

第四节　荆公与欧阳修

欧阳修和王安石同为北宋著名政治家，共同追求政治改革理想，结下了深厚友谊。纵观两人交往始末，基本上是亦师亦友，清人全祖望称王安石为"庐陵门人"。王安石对欧阳修的道德文章也十分称颂，说他生前能闻名当时，死后能流芳后世。

王安石、欧阳修虽同为江西人，原来却并不相识，但他们有一个共同的朋友曾巩。曾巩将王安石的文章推荐给了欧阳修。至和二年（公元1055年），欧阳修服母孝期满，赴京恢复原职时才与其相识，并写了一首七律给王安石，其中有

“翰林风月三千首，吏部文章二百年”之句。王安石在酬谢诗中说：“它日尚能窥孟子，此身安敢望韩公”，可见两人情趣相投。

嘉祐二年（公元1057年）欧阳修以翰林学士资格主持了礼部贡举。由于他大力提倡平实朴素之风，排斥西昆派“阴怪奇涩之文”太学体，选拔培养了一大批古文后起之秀，其中就包括王安石、苏轼、苏辙、苏洵、曾巩等人。素以为国举才荐贤为己任的欧阳修认为王安石的学问文章知名当世，守道不苟，自重其身，议论通明，兼有时才之用，而举荐他与吕晦叔、司马光三人为相辅接班人。这时王安石也向仁宗上万言书，建议在政治上改易变革，展现了他对宋代政治改革的伟大抱负。

王安石、欧阳修都是北宋著名的文学家。据说，一次，王安石想写一首题为《残菊》的诗，开头两句说：“黄昏风雨打园林，残菊飘零满地金。”欧阳修看见这首未完成的诗说：“百花都落，独有菊花不落，是枯干在枝头上的。”然后带着嘲讽的口吻，接了两句：“秋花不落春花落，为报诗人仔细吟。”王安石很不服气，说：“欧阳修真是不学习，屈原的长诗《离骚》里有晚上吃秋菊的落花的句子，难道没看见吗？”其实菊花本来有落瓣和不落瓣的两种，凡花瓣结密的就不落，盛开后，浅黄的转白，白的转红，枯萎在枝子上；花瓣稀疏的也落，盛开后，赶上风雨，就飘落满地。欧阳修只知菊花有不落瓣的，不知菊花有落瓣的，知识就不全面，却以片面的知识去嘲笑王安石，是犯了知识性的错误。那么王安石就完全对了吗？不然，他也犯了知识性的错误：他知道菊花有落瓣和不落瓣的两种，这自然是对的，但他反驳欧阳修时，引用《离骚》的诗句作根据，却是不确切的。因为屈原的诗句“夕餐秋菊之落英”里的“落英”两字，不是“落花”，那个“落”字，不当“掉落”讲，而是“开始”的意思。即是说，屈原的诗句是说“晚上吃秋菊刚刚长出的花”。王安石错误地理解了屈原的诗句，根据这个错误的理解来写诗，自己也不确切了。当时，王安石如果不引证屈原的诗句来反驳，而是说：“我就看见过风雨打落的菊花瓣儿。”那么，他就完全正确了。在菊花落瓣的问题上，王安石、欧阳修都闹出了笑话。

仁宗无嗣死后由侄子赵曙继位。皇室想通过群臣之口引经据典名正言顺给濮王有一个冠冕堂皇显赫谥号，这时就出现了称“皇伯”还是称“皇考”的两种提法。现在看来提出这些意见，都是为臣分内之事，但封建王朝要维护正统，更复杂的是还涉及濮王几位夫人是否称皇后的大事，这就涉及大批人的切身利益，因而引起两派激烈争议。有人便乘机对欧阳修进行人身攻击，诬其与长媳存暧昧关系。这些事经朝廷查明纯属“诬罔”，神宗还两次下诏安慰欧阳修。但身为宰相、一代儒宗的欧阳修认为这是奇耻大辱，再也无心向政，决定求退，以全晚节。事实上欧阳修去亳州、青州、蔡州做地方官并非贬谪。对“濮议”之争，虽然宋明理学曾非议过欧阳修，但清代乾嘉学派却持赞赏肯定态度。然而有趣的是，攻击王安石变法改革最激烈的人，是弹劾欧阳修最起劲的吕诲。

熙宁四年（公元1071年）王安石拜相，欧阳修还致书祝贺。此前，欧阳修已调亳州等地做地方官了。此后，因病再没有参加议政。熙宁五年（公元1072年）欧阳修去世，王安石曾撰祭文悼念，高度评价了欧阳修的道德情操、学术文章，表达了对他深切怀念之情。明人茅坤说：“有关欧阳修的祭文，当以王安石之文为第一。”清人蔡上翔说：“王安石的祭文对欧公其人其文，其立朝大节，其坎坷困顿，与夫有平生知己之感。死后临风想望之情，无不具见于其中。”

元丰八年（公元1085年）神宗去世，哲宗继位，宣仁太后临朝，由于以太皇太后们为首的保守势力坚决反对，王安石变革新法逐遭彻底破坏。

宋神宗生前与王安石谈到欧阳修的《新五代史》，问他读过没有。王安石说他对这本书没有兴趣，因为书中满是“呜呼”。

《新五代史》是历史著作，按说是不应该多用“呜呼”这样充满情感色彩的词语。但欧阳修用了，他写了这么多的“呜呼”，是有原因的。五代，在欧阳修的眼里，是很黑暗的，“民生之多艰”让他不能不感慨。这一时代，又是缺乏道德观念的时代，许多大臣对前朝没有忠诚之心，很随便地为新朝服务，这也让欧阳修很气愤。写《新五代史》的动机之一，就是对这种现象进行批评。如后人所指出的：“欧阳永叔少学韩昌黎之文，晚撰五代史记，作义儿、冯道诸传，贬斥势利，尊崇气节，遂一匡五代之浇漓，返之淳正。”

还有一点也不能忽视，那就是欧阳修的这本书，也是为君王写的。他想通过这本书，让君王懂得一些道理。明白江山怎样能“得”、又怎样会“失”的道理。在讲这些道理的时候，我们可以感受到，欧阳修不仅表现了他的政治智慧，而且也表现出他的智力优势，他是想通过感染君王，让自己的这部历史书发挥教诲君王的作用。

《五代史伶官传序》即是具有代表性的一篇。实际上，他是通过这个记载，告诉君王怎样治理天下，让君王以后唐庄宗李存勖为鉴，不可蹈他纵情声色的覆辙。

“盛衰之理，虽曰天命，岂非人事哉！”“忧劳可以兴国，逸豫可以亡身。”“祸患常积于忽微，而智勇多困于所溺。”欧阳修文中讲的这些都是对君王的告诫。可以看出，欧阳修确实是儒家思想的信徒，他以匡正君王为己任。

从这方面看，王安石与欧阳修是很不相同的。他是按照君王的意志办事的，对君王不提什么意见，对五代的史实也没有多大的兴趣，因此，他就很冷静，不满意欧阳修《新五代史》的“呜呼满纸”。

对于王安石的德行、文学与政治才华，作为前辈的欧阳修是赏识的，嘉祐年间，他在《赠王介甫》诗中云：

翰林风月三千首，吏部文章二百年。
老去自怜心尚在，后来谁与子争先。
朱门歌舞争新态，绿绮尘埃试拂弦。
常恨闻名不相识，相逢樽酒盍留连。

字里行间充满了对王安石殷殷期待之情。在王安石称相以后，欧阳修在熙宁三年十二月作《贺王相公安石拜相启》云：

高步儒林，著三朝甚重之望，晚登文陛，当万乘非常之知。

文中表达了对王安石的称赞。

但欧阳修对王安石推行的新法则竭力反对。王安石行青苗法时，欧阳修在青州任上，他当时上书给皇帝历陈青苗法之弊，欧阳修反对青苗法，其理由是青苗法放债取利，于百姓不利。在他的辖区，禁止俵散青苗钱。他要神宗慎重考虑，收回成命。

作为受欧阳修提携的后辈，王安石对欧阳修深怀崇敬之情，这从他以后所作的《祭欧阳文忠公文》可以看出。有人说王安石做了宰相之后曾经诋毁欧阳修，如实而论，即使欧阳修反对俵散青苗钱，王安石亦不至于去诋毁王安石。

综观王安石与欧阳修的思想，二人相同之处甚多，特别是在文学思想方面，彼此基本一致。在宋代的古文运动中，王安石与欧阳修一样，都有着不可磨灭的贡献。至于政治上，二人都有改革时弊的要求。差异在于，从庆历改革到熙宁年间，欧阳修的政治立场已有变化。他参与庆历改革，为的是巩固皇权，或者说这一时期他是站在朝廷的立场上来从事政治活动的，这与王安石变法的立场并无不同。熙宁变法时，欧阳修由于较长时间的地方官生涯，更能体察民间疾苦，遂由朝廷的立场转移到为民请命的立场。他看出青苗法的实质为朝廷放债取利，而弊端又展露无遗，故不能不加以反对。在这一方面，欧阳修对新法的态度与司马光、苏轼等人是一致的。王安石与欧阳修的分歧，亦即王安石与司马光、苏轼、二程等人的分歧。不同的是，欧阳修在熙宁初年已是年老体衰，他反对熙宁新法不如司马光等人激烈，因而在王安石与欧阳修之间没有形成正面冲突，王安石对欧阳修始终怀有崇敬之情。

第十一章 千秋争议王安石

第一节 古代的评价

荆公之逝，转眼近千年矣。荆公去世后，卧病在床的司马光也开始反思自己。在难过之余他也略感欣慰。王安石的文采毋庸置疑，但变法是司马光一直反对的，荆公的逝世让他有了机会能够彻底推倒变法。

司马光经过深思熟虑以后，想出了一些主意，他给并相的吕公著写了一封信，请吕公著按照自己的意见进行处理。

司马光在信中写道，“介甫文章节义过人处甚多。”这句话，是司马光对荆公唯一的肯定，也是司马光所不得不肯定的，但他只用这一句话，就把荆公所有政治成就一笔抹杀了。

元祐三年十二月，有一个“郓州学教授周穜”不顾时事险恶，毅然上书请“以故相王安石配享神宗庙庭”，以给荆公一个公正的评价和定论。当时司马光门下一个叫刘安世的挺身而起，攻击周穜“以疏远微贱之臣，怀奸邪观望之志，陵蔑公议，妄论典礼”，请求朝廷把周穜“重行窜殛，以明好恶”。

正当这些人对变法进行疯狂反扑的时候，也另有一批人对荆公之逝伤痛不已，“闻讣失声”，并自发络绎不绝地前去江宁，在荆公墓前洒酒祭奠，一时形成风气。“盖当时士大夫道金陵，未有不上荆公坟者，士子节序亦有往奠者。”

其中以荆公的学生，正在朝为官的朝奉郎陆佃为代表，不顾朝廷的冷淡态度，“率诸生供佛，哭而祭之”，并以悲愤的情感写下了《祭丞相荆公文》，称

“唯公之道，形在言行。言为诗书，行则孔孟”。不顾个人安危，给了荆公高度评价。

至元祐七年，陆佃调任江宁府，再次拜祭荆公墓，写下了《江宁府到任祭丞相荆公墓文》，称荆公“进已见大儒之效，退将为百世之师，谁可当者？”

荆公直言无忌的《日录》，在某种程度上影响了他自己后来在宋廷的官方地位。这种影响在哲宗朝时，因为蔡卞的影响，暂时没有表现出来。所以，哲宗绍圣二年，追谥荆公“文公”，并配享神宗庙庭。

哲宗逝，徽宗上台，修年号“崇宁”，就是“崇敬熙宁”的意思。公元1104年，即徽宗崇宁三年，再尊荆公“配享孔子庙庭”，是为亚圣，荆公像“巍然而坐，坐于颜孟之下，十哲之上”，同时追封舒王。荆公在宋之名已达全盛。

宋廷在江南安定下来以后，宋高宗赵构命令以范祖禹的后代范冲为主持人，再修《神宗实录》，这一任命的意图是相当明显的，就是要表扬司马光，压抑荆公。而邵伯温在《邵氏闻见录》中直指荆公是北宋灭亡的罪魁祸首。

邵伯温一言既出，很多人尾随其后，他们无所不用其极，用各种形式对荆公展开前所未有的批判和打击。直接导致宋高宗赵构以富弼取代荆公配享神宗庙。

眼看荆公之名被污至此，南宋大哲学家陆九渊挺身而出。

陆九渊号象山先生，是明代宰相张居正的表率，为官清正廉洁，锐意进取，曾在湖北荆门开展过大刀阔斧的改革，以发展当地经济和军力来对抗金兵南侵。因为治政有方，受到了朝廷的大力表扬，是各地行政长官躬行的样板。陆九渊治学与朱熹齐名，史称“朱陆”。两人互不服气，曾在江西上饶的鹅湖寺辩论，即有名的“鹅湖之会”。陆九渊反对死读书，强调“自作主宰”；而朱熹则死抱教条，历陈孔孟之道。这两人的世界观不同，也注定了他们对荆公的态度不同。

南宋孝宗淳熙年间，正当群臣诽谤荆公之时，陆九渊力排众议，写下了《荆国王文公祠堂记》。

在《荆国王文公祠堂记》中，陆九渊先回顾历朝优秀人物的事迹，并把荆公与前代各朝之伟人相提并论，地位不亚孔孟。

然后，陆九渊又简要回顾了荆公与宋神宗的共同志向，对于荆公与神宋共同努力而不愿虚度岁月的战斗精神给予了高度评价；并对荆公与神宗的关系做出了一个新的论述："君臣相与，各欲致其义耳。"认为两人在精神上是平等的。

陆九渊大赞荆公"英特迈往，不屑于流俗"，对于"声色利达之习，介然无毫毛得以入于其心"，其"洁白之操，寒于冰霜"；并能"扫俗学之凡陋，振弊法之因循，道术必为孔孟，勋绩必为伊周"，世鲜有可比者。

"新法之议，举朝喧哗"，而"行之未几，天下汹汹"，但荆公不为所动，"自信所学，确乎不疑"。陆九渊认为荆公的所作所为，"莫非天理"，"古所谓宪章法度典则者，皆此理也"。

陆九渊站在一般腐儒所不能达到的高度对荆公的变法精粹做了总结，石破天惊地指出荆公变法的立足点就是强调"人者，政之本也"。一语道破了荆公所有变法项目的基石。

然后，陆九渊对那些所谓的君子们也提出了切中要害的批评，"世之君子，天常之厚"。表面上看来忠厚仁义谦逊礼让，这些人往往是想做一点好事的，可惜眼光浅弱能力有限，做事"不究其义，不能大有所为"，只能缝缝补补小打小闹，不求有功但求无过。这正是荆公耻于与这些人为伍的关键原因。陆九渊不无愤怒地指出，那些攻击荆公变法的人，并没有什么真知灼见，"大抵极诋訾之言，而不折之以至理"。基本上都是信口乱说的，所提意见，偏激者十有八九，既不足以取信于神宗，也难能让荆公接受，所以，如果新法有什么不足之处的话，"诸君子固分之矣"。

至于后来，司马光等元祐大臣一切更张，则又是另外一回事了。同时，陆九渊也指责他们的理论"雷同一律，发言盈庭……岂善学前辈者哉？"

看到眼前的荆公祠堂"隳圮已甚，过者咨叹"，陆九渊痛心不已，"今怪力之祠，绵绵不绝"，愚蠢之辈供奉不断，香火不熄，"而公以盖世之英，绝俗之操，山川炳灵，殆不世有"，祠堂却平简破落，"邦人无所致敬"，这都是"议论之不公"，"人心之畏疑"造成的。现在人早已变得"士心不明，随声是非，无所折中”，再到哪里去找寻荆公这样有胆识有眼光有能力有文采有修养的伟人呢！

陆九渊写成《荆国王文公祠堂记》后，大书在自家书房内，凡有客来访，必指以读，作为自己平生所写文章中最得意也是最有价值的一篇。陆九渊指出，荆公的功过得失可以此文一锤而定，不必再有其他议论。

当人们以为关于荆公争论可以尘埃落定的时候，宋理宗却在最后把荆公定为“万世罪人”！

这样一来，北宋亡国的责任就通过中央决议的形式正式安在了荆公头上。

后世之人不明所以，跟风追步，一代又一代地前赴后继，对荆公发起了猛烈的攻击。然而，为荆公辩污的仁人志士也是层出不穷，荆公之名，终于得以巍然不倒。

元朝得天下，讲究气节的儒家大贤们并没有因为丧家辱国而全部自杀，他们深知留得青山在不怕没柴烧的道理，含羞忍垢地活了下来，但仍不忘所谓“义”字当头，继续对荆公变法评头论足。其中马端临，写的一个《文献通考》对后世影响较大，对荆公基本上持否定态度。

元朝对荆公批判最甚的当属元人脱脱主持编写的《宋史》了。这书以程朱理学为基本指导原则，秉承朱熹看待荆公的观点，以官方修史的身份对荆公狠狠批判，对荆公从人品到政德进行了全方位的否定。荆公的名声，因此被推进了深渊。

到明朝之时，和尚出身的朱元璋当了皇帝，在修城墙时，看到了荆公墓葬，觉得碍事，就命令荆公的后人将荆公之墓迁葬，自此，荆公墓从江宁迁回江西，迁葬于临川月塘祖旁。

说到明朝，不能不提张居正。

张居正的变法一直被历史学家拿来与荆公变法对比，但张居正终其一生，竟然没有一个字提到荆公与他的变法事业！张居正到底是为何这样，现已不得而知。或者正是因为明朝的政治气候不适宜推崇荆公吧，抑或他不愿意走上荆公受人涂污的老路。张居正变法最终也是以失败告终，真是可悲可叹！

可见想取得理想中的政治成功，势比登天！明朝官方对荆公的基本态度就定了型了，弘治年间的一文人周德恭，妄称荆公“为古今第一小人”。

不过也还有明白人，江西学者陈汝锜不认为荆公变法有什么错误的地方，相反，他在《司马光论》中直接指出：“激靖康之祸者实君实也！”

章衮则在《王临川文集序》中，一方面全面肯定荆公变法，一方面无情地嘲笑了那些士大夫们，“士大夫竟以含糊为宽厚，因循为老成”，表面上看起来儒雅得不得了，高谈雅望，但却不能成就任何事业。章衮责问这些君子：“祖宗之法概以为善，其果皆善乎？新创之法，概诋为恶，其果皆恶乎？”

于慎行也一针见血地指出：荆公之法，大多传于后世，至今不废，“永为后世法则，其所行岂尽非哉？”

写下《日知录》的顾炎武，那一句著名的“国家兴亡，匹夫有责”，激励了不少有骨气之人。但顾炎武对荆公也持否定态度，指责荆公藏富于国，变易天下“好尚端方”的淳厚风俗，认为八股科举考试的责任在于荆公。

王夫之与顾炎武是同时代的人物，本致力于抵挡清兵，奈何已成定局，也就开始关门做学问了。王夫之对熙宁变法也是持否定态度，但他在《宋论》中也不得不承认宋人的所谓“君子小人”论是“借朝廷为定流品分清浊之场”！并清醒地指出司马光及其后继者的所作所为于国一无所用，“皆与王安石已死之灰争是非”而已，“无一实政之见于设施，不闻择一将以捍侵陵，不闻建一谋以杜欺侮”。

王夫之虽然对于荆公的人品和政德也是不负责任地一笔抹杀，但也承认荆公变法中的许多项目“迄至于今，有名实相仍，行之不革”。与顾炎武相反，王夫之对荆公的经义取士大加赞扬。

明末另一名人就是被称为“中国思想启蒙之父”的黄宗羲了，黄宗羲在中国第一个明确提出“民本”思想，敢于抨击君主专政制度，有脑子，有眼光，更是有胆量。

黄宗羲对荆公的态度不明确，现在看不到黄宗羲对荆公变法有什么批评或指责。放在明末的那个环境下，当与之齐名的顾炎武和王夫之大骂荆公时，黄宗羲的这一沉默表现是不是可以理解为赞同荆公呢?

清人蔡上翔穷毕生之力，白发皓首，写下了二十五卷的《王荆公年谱考略》，大力为荆公辩污，指明“荆公之时，国家全盛，熙河之捷，扩地数千里，开国百年以来所未有者”。北宋之所以灭亡，与元祐诸贤之子孙，及苏程之门人故吏有直接关系，这些人才是“败乱之由”，指责荆公误国者，“皆妄说也”。

蔡上翔的努力没有白费，他让更多的人拥有更多的资料来了解荆公。

第二节　近代的评价

近代，国人已经睡醒了，知道睁眼看世界了，知道只读那些儒家经典是没有多大用的了，知道只讲“义”不讲“利”是没什么实际用处的，知道只有气节和诗歌已挡不住帝国主义的坚船利炮了……总之，天朝上国的时代已经过去了，一批变法的志士们从历史中寻找希望，荆公也就被提了起来。

梁启超在《王荆公》一书中，以全新的视角和广阔的视野对荆公及其变法事业进行了大力热情的歌颂，为荆公彻底翻案。

以余所见宋太傅荆国王文公安石，其德量汪然若千顷之陂，其气节岳然若万仞之壁，其学术集九流之粹，其文章起八代之衰，其所设施之事功，适应于时代之要求而救其弊，其良法美意，往往传诸今日莫之能废，其见废者，又大率皆有合于政治之原理，至今东西诸国行之而有效者也。……若乃于三代下求完人，惟公庶足以当之矣。

梁启超感叹：“悠悠千年，间生伟人……而国民所当买丝以绣，铸金以祀也。”但是“距公之后，垂千年矣，此千年中，国民之视公何如？”

梁启超疾呼：荆公“以不世出之杰，而蒙天下之诟”，是千古奇冤。我国民之于荆公只知“吠影吠声以丑诋之”；而崇拜荆公的人，不过赏其文辞；再有点思想的人，“亦不过嘉其勇于任事”而已，但对于荆公事业之宏远而伟大，往往莫或及见，“而其高尚之人格，则益如良材之埋于深矿，永劫莫发其光晶也”。

梁启超对于国民性的弱点看得相当清楚，“夫中国人民，以保守为天性，遵无动为大之教”。这也正是荆公变法失败的原因。等到“荆公之赫然设施，相率惊骇而沮之”，这本不是多大的事。但政见自政见，而人格自人格也，那些大儒们，“奈何以政见之不合，党同伐异，莫能相胜，乃架虚辞以蔑人私德，此村妪相谇之穷技，而不意其出于贤士大夫也。遂养成千年来不黑不白不痛不痒之世界，使光明俊伟之人，无以自存于社会，而举世以学乡愿相劝勉”，冒充好人，虚伪软弱愚昧，岂可与荆公比者？

梁启超多次讲道：“呜呼，吾每读《宋史》，未尝不废书而恸也！”

经过梁启超的一番议论和辩解，加上人们也开始用客观真实的态度去看待问题了，荆公在为人为文为政方面的成绩得到了全面肯定。

其后，胡适和钱穆等人对荆公都有研究，柯昌颐完成了《王安石评传》，对荆公变法进行了全面介绍，开启了现代系统科学地介绍荆公的新局面。

大师鲁迅对荆公也有一评价：“宋朝的读书人讲道学，讲理学，尊孔子，千篇一律。虽然有几个革新的人们，如王安石等等，行过新法，但不得大家赞同，失败了。从此大家又唱老调子，和社会没有关系的老调子，一直到宋朝的灭亡。”

鲁迅看问题的尖锐与评论的冷峻让人不禁叫绝，一句“和社会没有关系的老调子”，简直把司马光那些人讲得无地自容。

第三节 当代的评价

新中国建立后，研究荆公的专家和学者越来越多了，其中标志性的作品有宋学大师邓广铭先生写的《北宋政治改革家王安石》，邓先生根据时代发展的要求和新研究成果的出现，不断调整某些观点，是研究王安石的泰斗。漆侠先生的《王安石变法》则以严谨的考据对荆公变法项目做出全面介绍与肯定。两位先生的研究基本奠定了当时对荆公研究的基调。

王曾瑜先生发表了《王安石变法简论》，再次掀起对荆公变法的新一轮激烈争论。有人重拾起几百年前司马光的思想，说王安石的青苗法富民是假，富国是真，对百姓苛剥过虐，聚敛过急，“富国有术，强兵无方”，对荆公变法给予全面否定。

力挺荆公的一派当然不愿意，于是论战再起。争吵的核心内容则是研讨正确的改革方向和追究变法失败的真正原因。

李华瑞先生师承漆侠，所写的文章试图尽可能以科学客观的态度冷静地介绍荆公变法及其研究历史，但仍可以从字里行间看出对荆公的推崇。

此外，日本人、德国人、美国人等都对荆公有相当深入的研究，日本人的研究成果尤其令人惊讶，他们几乎都从理想主义的角度对荆公进行了高度评价。

抛开一切关于新法的所有具体争论不谈，人们几乎达成以下共识：荆公的人格是高尚的，是以天下为己任的；荆公当时不得不变法，不能不变法；其变法的措施不全为错，很多内容现在仍通行全世界；荆公变法的方向是前进的，是符合历史发展潮流的；荆公变法的精神是积极的，是锐意进取的，是要以强者的姿态立足于世界之上。

这不是已经足够了吗？

第四节　结语

倾泻在王安石身上的污泥浊水、以莫须有的罪状来丑化王安石的种种污蔑之言、虚枉记载以及对王安石的一些高超人格和卓越业绩的歪曲湮没，始自王安石生前，到南宋而愈演愈烈，其后经俗儒村夫递相传承，迄今几近千年，而王安石本人未得昭雪。笔者在写作的过程当中，为求清除所有积淀深厚的污浊，改变千百年来所形成的对王安石的那些传统成见，恢复王安石的本来面目。真正的王安石，其形象与精神风貌大大有别于被严重丑化了近千年之久的那个王安石。

在本书的各个章节中，笔者不惮烦琐、不惮重复地，援引王安石自己发表的一些言论，力求展现熙宁变法全貌，目的也只是想还原一个被误解和扭曲的政治改革家——王安石，使其能够以本来的风度和风采，再现在读者的面前。

附录一　王安石大事年表

宋真宗天禧五年（公元1021年）

十一月十二日出生于临江军（今江西省樟树市）。

仁宗天圣八年（公元1030年）

王益以殿中丞知韶州（今广东韶关），王安石随父至韶州。

明道二年（公元1033年）

王益回临川为母守孝，王安石随行。

景祐三年（公元1036年）

王益服满赴京，王安石随行。

景祐四年（公元1037年）

四月，王益通判江宁府（今江苏南京），王安石随行。

宝元二年（公元1039年）

二月，王益卒于江宁任上。

庆历二年（公元1042年）

三月，王安石登进士第四名。以秘书郎签书淮南节度判官厅公事。

庆历七年（公元1047年）

自临川赴京，不求馆职，改大理评事，知鄞县。

皇祐三年（公元1051年）

以殿中丞通判舒州（今安徽潜山）。

至和元年（公元1054年）

自舒州赴京，特授集贤校理，辞不受，九月除群牧司判官。

嘉祐二年（公元1057年）

知常州。

嘉祐三年（公元1058年）

二月提点江东刑狱。十月回京，任三司度支判官。

嘉祐六年（公元1061年）

为知制诰。

嘉祐八年（公元1063年）

三月，仁宗卒，英宗（赵曙）立。八月，母吴氏卒于京师，十月归葬江宁。

治平四年（公元1067年）

正月，英宗卒，神宗（赵顼）立。诏以故官知江宁府。九月，招为翰林学士。

熙宁元年（公元1068年）

四月，自江宁入京。神宗诏越次入对。

熙宁二年（公元1069年）

颁行均输法、青苗法、农田水利法等。

熙宁三年（公元1070年）

十二月，拜同中书门下平章事、史馆大学士，与韩绛并相。立保甲法。

熙宁五年（公元1072年）

行市易法、保甲法。

熙宁六年（公元1073年）

九月，熙河大捷。

熙宁七年（公元1074年）

三月，行方田均税法。四月以吏部尚书、观文殿大学士出知江宁府，新法遭遇首次挫折。十月，行手实法。

元丰元年（公元1078年）

正月，进尚书左仆射，封舒国公。

元丰三年（公元1080年）

九月，加特进尚书左仆射、门下侍郎，改封荆国公。

元丰七年（公元1084年）

乞以宅为寺，赐名“报宁”。

元丰八年（公元1085年）

三月，神宗卒，哲宗（赵煦）即位。进位司空。新法先后废罢。

元祐元年（公元1086年）

四月初六，病逝，赠太傅。

附录二　上仁宗皇帝言事书

臣愚不肖，蒙恩备使一路。今又蒙恩召还阙廷，有所任属，而当以使事归报陛下。不自知其无以称职，而敢缘使事之所及，冒言天下之事。伏惟陛下详思而择其中，幸甚。

臣窃观陛下有恭俭之德，有聪明睿智之才，夙兴夜寐，无一日之懈，声色狗马，观游玩好之事，无纤介之蔽，而仁民爱物之意，孚于天下。而又公选天下之所愿以为辅相者，属之以事，而不贰于谗邪倾巧之臣。此虽二帝三王之用心，不过如此而已。宜其家给人足，天下大治。而效不至于此，顾内则不能无以社稷为忧，外则不能无惧于夷狄，天下之财力日以困穷，而风俗日以衰坏，四方有志之士，諰諰然常恐天下之久不安。此其故何也？患在不知法度故也。

今朝廷法严令具，无所不有，而臣以谓无法度者何哉？方今之法度，多不合乎先王之政故也。孟子曰：有仁心仁闻而泽不加于百姓者，为政不法于先王之道故也。以孟子之说，观方今之失，正在于此而已。夫以今之世去先王之世远，所遭之变，所遇之势不一，而欲一二修先王之政，虽甚愚者犹知其难也。然臣以谓今之失患在不法先王之政者，以谓当法其意而已。夫二帝三王，相去盖千有余载，一治一乱，其盛衰之时具矣。其所遭之变，所遇之势，亦各不同，其施设之方亦皆殊，而其为天下国家之意，本末先后，未尝不同也。臣故曰：当法其意而已。法其意，则吾所改易更革，不至乎倾骇天下之耳目，嚣天下之口，而固已合乎先王之政矣。

虽然，以方今之世揆之，陛下虽欲改易更革天下之事，合于先王之意，其势必不能也。陛下有恭俭之德，有聪明睿智之才，有仁民爱物之意，诚加之意，则何为而不成，何欲而不得？然而臣顾以谓陛下虽欲改易更革天下之事，合于先王之意，其势必不能者，何也？以方今天下之人才不足故也。

臣尝试窃观天下在位之人，未有乏于此时者也。夫人才乏于上，则有沉废伏匿在下，而不为当时所知者矣。臣又求之于闾巷草野之间，而亦未见其多焉，岂非陶冶而成之者非其道而然乎？臣以谓方今在位之人才不足者，以臣使事之所及，则可知矣。今以一路数千里之间，能推行朝廷之法令，知其所缓急，而一切能使民以修其职事者，甚少。而不才苟简贪鄙之人，至不可胜数。其能讲先王之意以合当时之变者，盖阖郡之间，往往而绝也。朝廷每一令下，其意虽善，在位者犹不能推行，使膏泽加于民，而吏辄缘之为奸，以扰百姓。臣故曰：在位之人才不足，而草野闾巷之间，亦未见其多也。夫人才不足，则陛下虽欲改易更革天下之事，以合先王之意，大臣虽有能当陛下之意而欲领此者，九州之大，四海之远，孰能称陛下之指，以一一推行此，而人人蒙其施者乎？臣故曰：其势必未能也。孟子曰：徒法不能以自行。非此之谓乎？然则方今之急，在于人才而已，诚能使天下之才众多，然后在位之才，可以择其人而取足焉。在位者得其才矣，然后稍视时势之可否，而因人情之患苦，变更天下之弊法，以趋先王之意，甚易也。今之天下，亦先王之天下，先王之时，人才尝众矣，何至于今而独不足乎？故曰：陶冶而成之者，非其道故也。

商之时，天下尝大乱矣，在位贪毒祸败，皆非其人。及文王之起，而天下之才尝少矣，当是时，文王能陶冶天下之士，而使之皆有士君子之才，然后随其才之所有而官使之。诗曰：岂弟君子，遐不作人。此之谓也。及其成也，微贱兔罝之人，犹莫不好德，《兔罝》之诗是也。又况于在位之人乎？夫文王惟能如此，故以征则服，以守则治。诗曰：奉璋峨峨，髦士攸宜。又曰：周王于迈，六师及之。言文王所用文武各得其才，而无废事也。及至夷、厉之乱，天下之才又尝少矣。及至夷属之乱，天下之才又尝少矣。至宣王之起，所与图天下之事者，仲山甫而已，故诗人叹之曰：德輶如毛，维仲山甫举之，爱莫助之。盖闵人士之少，而山甫之无助也。宣王能用仲山甫，推其类以新美天下之士，而后人才复众。于是内修政事，外讨不庭，而复有文、武之境土。故诗人美之曰：薄言采芑，于彼新田，于此菑亩。言宣王能新美天下之士，使之有可用之才，如农夫新美其田，而使之有可采之芑也。由此观之，人之才，未尝不自人主陶冶而成之者也。

所谓陶冶而成之者何也？亦教之、养之、取之、任之有其道而已。

所谓教之之道，何也？古者天子诸侯，自国至于乡党，皆有学，博置教导之官而严其选，朝廷礼乐、政刑之事，皆在于学。士所观而习者，皆先王之法言德行治天下之意，其材亦可以为天下国家之用。苟不可以为天下国家之用，则不教也；苟可以为天下国家之用者，则无不在于学。此教之之道也。

所谓养之之道，何也？饶之以财，约之以礼，裁之以法也。何谓饶之以财？人之情，不足于财，则贪鄙苟得，无所不至。先王知其如此，故其制禄，自庶人之在官者，其禄已足以代其耕矣，由此等而上之，每有加焉，使其足以养廉耻，而离于贪鄙之行。犹以为未也，又推其禄以及其子孙，谓之世禄，使其生也。既于父母兄弟妻子之养，婚姻朋友之接，皆无憾矣；其死也，又于子孙无不足之忧焉。何谓约之以礼？人情足于财而无礼以节之，则又放僻邪侈，无所不至。先王知其如此，故为之制度。婚丧、祭养、燕享之事，服食、器用之物，皆以命数为之节，而齐之以律度量衡之法。其命可以为之，而财不足以具，则弗具也；其财可以具，而命不得为之者，不使有铢两分寸之加焉。何谓裁之以法？先王于天下之士，教之以道艺矣，不帅教则待之以屏弃远方终身不齿之法。约之以礼矣，不循礼则待之以流、杀之法。王制曰：变衣服者，其君流。酒诰曰："厥或诰曰，'群饮，汝勿佚，尽执拘以归于周，予其杀。'"夫群饮变衣服，小罪也，流杀大刑也。加小罪以大刑，先王所以忍而不疑者，以为不如是，不足以一天下之俗而成吾治。夫约之以礼，裁之以法，天下所以服从无抵冒者，又非独其禁严而治察之所能致也，盖亦以吾至诚恳恻之心，力行而为之倡。凡在左右通贵之人，皆顺上之欲而服行之，有一不帅者，法之加必自此始。夫上以至诚行之，而贵者知避上之所恶矣，则天下之不罚而止者众矣，故曰：此养之之道也。

所谓取之之道者，何也？先王之取人也，必于乡党，必于庠序，使众人推其所谓贤能，书之以告于上而察之。诚贤能也，然后随其德之大小才之高下而官使之。所谓察之者，非专用耳目之聪明，而听私于一人之口也。欲审知其德，问以行；欲审知其才，问以言。得其言行，则试之以事。所谓察之者，试之以事是也。虽尧之用舜，亦不过如此而已，又况其下乎？若夫九州之大，四海之远，万官亿丑之贱，所须士夫之才则众矣；有天下者又不可以一二自察之也，又不可以偏属于一人而使之于一日二日之间考试其能行而进退之也。盖吾已能察其才行之大者，以为大官矣，因使之取其类，以持久试之，而考其能者以告于上，而后以爵命、禄秩予之而已。此取之之道也。

所谓任之之道者，何也？人之才德，高下厚薄不同，其所任有宜有不宜。先王知其如此，故知农者以为后稷，知工者以为共工，其德厚而才高者为之长，德薄而才下者以为之佐属。又以久于其职，则上狃习而知其事，下服驯而安其教，贤者则其功可以至于成，不肖者则其罪可以至于著，故久其任而待之以考绩之法。夫如此，故智能才力之士，则得尽其智以赴功，而不患其事之不终，其功之不就也。偷惰苟且之人，虽欲取容于一时，而顾僇辱在其后，安敢不勉乎！若夫无能之人，固知辞避而去矣。居职任事之日久，不胜任之罪，不可以幸而免故也，彼且不敢冒而知辞避矣，尚何有比周、谗谄、争进之人乎。取之既已详，使之既已当，处之既已久，至其任之也又专焉，而不一二以法束缚之，而使之得行其意，尧舜之所以理百官而熙众工者，以此而已。书曰：三载考绩，三考，黜陟幽明。此之谓也。

然尧、舜之时，其所黜者则闻之矣，盖四凶是也；其所陟者，则皋陶、稷契，皆终身一官而不徙。盖其所谓陟者，特加之爵命、禄赐而已耳。此任之之道也。

夫教之、养之、取之、任之之道如此，而当时人君，又能与其大臣，悉其耳目心力，至诚恻怛，思念而行之，此其人臣之所以无疑，而于天下国家之事，无所欲为而不得也。

方今州县虽有学，取墙壁具而已，非有教导之官长育人才之事也。唯太学有教导之官，而亦未尝严其选，朝廷礼乐刑政之事，未尝在于学；学者亦漠然自以礼乐刑政为有司之事，而非己所当知也。学者之所教，讲说章句而已。讲说章句，固非古者教人之道也。近岁乃始教之以课试之文章，夫课试之文章，非博诵强学穷日之力则不能，及其能工也，大则不足以用天下国家，小则不足以为天下国家之用。故虽白首于庠序，穷日之力以帅上之教，及使之从政，则茫然不知其方者，皆是也。盖今之教者，非特不能成人之才而已，又从而困苦毁坏之。使不得成才者，何也？夫人之才，成于专而毁于杂，故先王之处民才，处工于官府，处农于畎亩，处商贾于肆，而处士于庠序。使各专其业，而不见异物，惧异物之足以害其业也。所谓士者，又非特使之不得见异物而已，一示之以先王之道，而百家诸子之异学，皆屏之而莫敢习者焉。

今士之所宜学者，天下国家之用也，今悉使置之不教，而教之以课试之文章，使其耗精疲神穷日之力以从事于此。及其任之以官也，则又悉使置之，而责之以天下国家之事。夫古之人，以朝夕专其业于天下国家之事，而犹才有能有不能，今乃移其精神，夺其日力，以朝夕从事于无补之学，及其任之以事，然后卒然责之以为天下国家之用，宜其才之足以有为者少矣。

臣故曰：非特不能成人之才，又从而困苦毁坏之使不得成才也。又有甚害者，先王之时，士之所学者，文武之道也。士之才有可以为公卿大夫，有可以为士，其才之大小、宜不宜则有矣。至于武事，则随其才之大小，未有不学者也。故其大者，居则为六官之卿，出则为六军之将也。其次则比闾、族党之师，亦皆卒两、师旅之帅也。故边疆宿卫，皆得士大夫为之，而小人不得奸其任。

今之学者，以为文武异事，吾知治文事而已，至于边疆宿卫之任，则推而属之于卒伍，往往天下奸悍无赖之人。苟其才行足以自托于乡里者，亦未有肯去亲戚而从召募也。边疆、宿卫此乃天下之重任，而人主之所当慎重者也。故古者教士，以射御为急，其他技能，则视其人才之所宜而后教之，其才之所不能则不强也。至于射，则为男子之事，人之生有疾则已，苟无疾，未有去射而不学者也。

在庠序之间，固当从事于射也，有宾客之事则以射，有祭祀之事则以射，别士之行同能偶则以射，于礼乐之事，未尝不寓以射，而射亦未尝不在于礼乐祭礼之间也。易曰：弧矢之利，以威天下。先王岂以射为可以习揖让之仪而已乎？固以为射者武事之尤大，而威天下、守国家之具也，居则以是习礼乐，出则以是从战伐。士既朝夕从事于此而能者众，则边疆宿卫之任，皆可以择而取也。

夫士尝学先王之道，其行义尝见推于乡党矣，然后因其才而托之以边疆宿卫之事，此古之人君，所以推干戈以属之人，而无内外之虞也。今乃以天下之重任，人主所当至慎之选，推而属之奸悍无赖，才行不足自托于乡里之人，此方今所以諰諰然常抱边疆之忧，而虞宿卫之不足恃以为安也。今孰不知边疆宿卫之士不足恃以为安哉？顾以为天下学士，以执兵为耻，而亦未有能骑射行阵之事者，则非召募之卒伍，孰能任其事者乎？夫不严其教，高其选，则士之以执兵为耻，而未尝有能骑射行阵之事，固其理也。凡此皆教之非其道故也。

方今制禄，大抵皆薄，自非朝廷侍从之列，食口稍众，未有不兼农商之利而能充其养者也。其下州县之吏，一月所得，多者钱八九千，少者四五千，以守选、待除、守阙通之，盖六七年而后得三年之禄，计一月所得，乃实不能四五千，少者乃实不能及三四千而已。虽厮养之给，亦窘于此矣，而其养生、丧死、婚姻、葬送之事，皆当于此。夫出中人之上者，虽穷而不失为君子；出中人之下者；虽泰而不失为小人；唯中人不然，穷则为小人，泰则为君子。计天下之士，出中人之上下者，千百而无十一，穷而为小人泰而为君子者，则天下皆是也。先王以为众不可以力胜也，故制行不以己，而以中人为制，所以因其欲而利道之，以为中人之所能守，则其志可以行于天下，而推之后世。以今之制禄，而欲士之无毁廉耻，盖中人之所不能也。故今官大者，往往交赂遗、营资产，以负贪污之毁；官小者，贩鬻乞丐无所不为。夫士已尝毁廉耻以负累于世矣，则其偷惰取容之意起，而矜奋自强之心息，则职业安得而不弛，治道何从而兴乎？又况委法受赂、侵牟百姓者，往往而是也，此所谓不能饶之以财也。

婚丧、奉养、服食、器用之物，皆无制度以为之节，而天下以奢为荣，以俭为耻。苟其财之可以具，则无所为而不得。有司既不禁，而人又以此为荣。苟其财不足而不能自称于流俗，则其婚丧之际，往往得罪于族人亲姻，而人以为耻矣。故富者贪而不知止，贫者则强勉其不足以追之。此士之所以重困，而廉耻之心毁也。凡此所谓不能约之以礼也。

方今陛下躬行俭约以率天下，此左右通贵之臣所亲见，然而其闺门之内，奢靡无节，犯上之所恶，以伤天下之教者，有已甚者矣。未闻朝廷有所放绌以示天下，昔周之人拘群饮而被之以杀刑者，以为酒之末流生害，有至于死者众矣，故重禁其祸之所自生。重禁祸之所自生，故其施刑极省，而人之抵于祸败者少矣。今朝廷之法所尤重者，独贪吏耳。重禁贪吏而轻奢靡之法，此所谓禁其末而弛其本。

然而世之识者，以为方今官冗，而县官财用已不足以供之。其亦蔽于理矣，今之入官诚冗矣，然而前世置员盖甚少，而赋禄又如此之薄，则财用之所不足，盖亦有说矣，吏禄岂足计哉。臣于财利，固未尝学，然窃观前世治财之大略矣，盖因天下之力以生天下之财，取天下之财，以供天下之费。自古治世，未尝以不足为天下之公患也，患在治财无其道耳。今天下不见兵革之具，而元元安土乐业，人致己力，以生天下之财，然而公私常以困穷为患者，殆以理财未得其道，而有司不能度世之宜而通其变耳。诚能理财以其道而通其变，臣虽愚，固知增吏禄不足以伤经费也。

方今法严令具，所以罗天下之士，可谓密矣。然而亦尝教之以道艺，而有不帅教之刑以待之乎？亦尝约之以制度，而有不循理之刑以待之乎？亦尝任之以职事，而有不任事之刑以待之乎？夫不先教之以道艺，诚不可以诛其不帅教；不先约之以制度，诚不可以诛其不循理；不先任之以职事，诚不可以诛其不任事。此三者，先王之法所尤急也。今皆不可得诛，而薄物细故，非害治之急者，为之法禁，月异而岁不同，为吏者至于不可胜记，又况能一二避之而无犯者乎？此法令所以玩而不行，小人有幸而免者，君子有不幸而及者焉。此所谓不能裁之以刑也。凡此皆治之非其道也。

方今取士，强记博诵而略通于文辞，谓之茂才异等、贤良方正。茂才异等、贤良方正者，公卿之选也。记不必强，诵不必博，略通于文辞，而又尝学诗赋，则谓之进士。进士之高者，亦公卿之选也。夫此二科所得之技能，不足以为公卿，不待论而后可知。而世之议者，乃以为吾常以此取天下之士，而才之可以为公卿者常出于此，不必法古之取人而后得士也。其亦蔽于理矣。先王之时，尽所以取人之道，犹惧贤者之难进，而不肖者之杂于其间也。今悉废先王所以取士之道，而敺天下之才士，悉使为贤良、进士，则士之才可以为公卿者，固宜为贤良、进士。而贤良、进士，亦固宜有时而得才之可以为公卿者也。然而不肖者，苟能雕虫篆刻之学，以此进至乎公卿，才之可以为公卿者，困于无补之学，而以此绌死于岩野，盖十八九矣。夫古之人有天下者，其所以慎择者，公卿而已。公卿既得其人，因使推其类以聚于朝廷，则百司庶物，无不得其人也。今使不肖之人，幸而至乎公卿，因得推其类聚之朝廷，此朝廷所以多不肖之人，而虽有贤智，往往困于无助，不得行其意也。且公卿之不肖，既推其类以聚于朝廷；朝廷之不肖，又推其类以备四方之任使；四方之任使者，又各推其不肖以布于州郡。则虽有同罪举官之科，岂足恃哉？适足以为不肖者之资而已。其次九经、五经、学究、明法之科，朝廷固已尝患其无用于世，而稍责之以大义矣。然大义之所得，未有以贤于故也。今朝廷又开明经之选，以进经术之士。然明经之所取，亦记诵而略通于文辞者则得之矣。彼通先王之意而可以施于天下国家之用者，顾未必得与于此选也。其次则恩泽子弟，庠序不教之以道艺，官司不考问其才能，父兄不保任其行义，而朝廷辄以官予之，而任之以事。武王数纣之罪，则曰官人以世。夫官人以世而不计其才行，此乃纣之所以乱亡之道，而治世之所无也。又其次曰流外，朝廷固已挤之于廉耻之外，而限其进取之路矣。顾属以州县之事，使之临士民之上，岂所谓以贤治不肖者乎？以臣使事之所及，一路数千里之间，州县之吏,出于流外者，往往而有，可属任以事者，殆无二三。而当防闲其奸者，皆是也。

盖古者有贤不肖之分，而无流品之别，故孔子之圣而尝为季氏吏，盖虽为吏而亦不害其为公卿。及后世有流品之别，则凡在流外者，其所成立，固尝自置于廉耻之外，而无高人之意矣。夫以近世风俗之流靡，自虽士大夫之才，势足以进取，而朝廷尝奖之以礼义者，晚节末路，往往怵而为奸，况又其素所成立无高人之意，而朝廷固已挤之于廉耻之外，限其进取者乎？其临人亲职，放僻邪侈，固其理也。至于边疆宿卫之选，则臣固已言其失矣。凡此皆取之非其道也。

方今取之既不以其道，至于任之又不问其德之所宜，而问其出身之后先；不论其才不称否，而论其历任之多少。以文学进者，且使之治财；已使之治财矣，又转而使之典狱；已使之典狱矣，又转而使之治礼。是则一人之身，而责之以百官之所能备，宜其人才之难为也。夫责人以其所难为，则人之所能为者少矣；人之能为者少，则相率而不为。故使之典礼，未尝以不知礼为忧，以今之典礼者未尝学礼故也。使之典狱，未尝以不知狱为耻，以今之典狱者未尝学狱故也。天下之人，亦已渐渍于失教，被服于成俗，见朝廷有所任使，非其资序，则相议而讪之。至于任使之不当其才，未尝有非之者也。且在位者数徙，则不得久于其官，故上不能狃习而知其事，下不肯服驯而安其教，贤者则其功不可以及于成，不肖者则其罪不可以至于著。若夫迎新将故之劳，缘绝簿书之弊，固其害之小者不足悉数也。设官大抵皆当久于其任，而至于所部者远，所任者重，则尤宜久于其官，而后可以责其有为。而方今尤不得久于其官，往往数日辄迁之矣。取之既已不详，使之既已不当，处之既已不久，至于任之则又不专，而又一二以法束缚之，不得行其意，臣故知当今在位多非其人，稍假借之权而不一二以法束缚之，则放恣而无不为。虽然，在位非其人，而恃法以为治，自古及今，未有能治者也。即使在位皆得其人矣，而一二以法束缚之，不使之得行其意，亦自古及今，未有能治者也。夫取之既已不详，使之既已不当，处之既已不久，任之又不专，而又一二以法束缚之，故虽贤者在位，能者在职，与不肖而无能者殆无以异。夫如此，故朝廷明知其贤能足以任事，苟非其资序，则不以任事而辄进之。虽进之，士犹不服也。明知其无能而不肖，苟非有罪，为在事者所劾，不敢以其不胜任而辄退之。虽退之，士犹不服也。彼诚不肖无能，然而士不服者何也？以所谓贤能者任其事，与不肖而无能者，亦无以异故也。

臣前以为不能任人以职事，而无不任事之刑以待之者，盖谓此也。夫教之、养之、取之、任之有一非其道，则足以败天下之人才，又况兼此四者而有之，则在位不才、苟简、贪鄙之人，至于不可胜数，而草野闾巷之间，亦少可任之才，固不足怪。《诗》曰：国虽靡止，或圣或否；民虽靡膴，或哲或谋，或肃或艾；如彼流泉，无沦胥以败。此之谓也。

夫在位之人才不足矣，而闾巷草野之间，亦少可用之才，则岂特行先王之政而不得也。社稷之托，封疆之守，陛下其能久以天幸为常而无一旦之忧乎？盖汉之张角，三十六万同日而起，所在郡国，莫能发其谋；唐之黄巢，横行天下，而所至将吏，无敢与之抗者，汉、唐之所以亡，祸自此始。唐既亡矣，陵夷以至五代，而武夫用事，贤者伏匿，消沮而不见，在位无复有知君臣之义、上下之礼者也。当是之时，变置社稷，盖甚于奕棋之易。而元元肝脑涂地，幸而不转死于沟壑者无几耳！夫人才不足，其患盖如此，而方今公卿大夫，莫肯为陛下长虑后顾，为宗庙万世计，臣窃惑之。昔晋武帝趣过目前，而不为子孙长远之谋，当时在位，亦皆偷合苟容，而风俗荡然。弃礼义，捐法制，上下同失，莫以为非，有识固知其将必乱矣。而其后果海内大扰，中国困于兵革者二百余年。伏惟三庙祖宗神灵所以付属陛下，固将为万世血食，而大庇元元于无穷也。臣愿陛下鉴汉、唐、五代之所以乱亡，惩晋武苟且因循之祸，明诏大臣，思所以陶成天下之才，虑之以谋，计之以数，为之以渐，期为合于当世之变，而无负于先王之意，则天下之人才不胜用矣。人才不胜用，则陛下何求而不得，何欲而不成哉？

夫虑之以谋，计之以数，为之以渐，则成天下之才甚易也。臣始读《孟子》，见孟子言王政之易行，心则以为诚然。及见与慎子论齐鲁之地，以为先王之制国，大抵不过百里者，以为今有王者起，则凡诸侯之地或千里或五百里，皆将损之至于数十百里而后止。于是疑孟子虽贤，其仁智足以一天下，亦安能毋劫之以兵革，而使数百千里之强国，一旦肯损其地之十八九，比于先王之诸侯？至其后观汉武帝用主父偃之策，令诸侯王地悉得推恩封其子弟，而汉亲临定其号，辄别属汉。于是诸侯王之子弟，各有分土，而势强地大者，卒以分析弱小，然后知虑之以谋，计之以数，为之以渐，则大者固可使小，强者固可使弱，而不至乎倾骇变乱败伤之衅。孟子之言不为过，又况今欲改易更革，其势非若孟子所为之难也。臣故曰：虑之以谋，计之以数，为之以渐，则其为甚易也。然先王之为天下，不患人之不为，而患人之不能；不患人之不能，而患己之不勉。何谓不患人之不为，而患人之不能？人之情所愿得者，善行、美名、尊爵、厚利也，而先王能操之以临天下之士。天下之士能遵之以治者，则悉以其所愿得者以与之。士不能则已矣，苟能，则孰肯舍其所愿得，而不自勉以为才？故曰不患人之不为，而患人之不能。何谓不患人之不能，而患己之不勉？先王之法，所以待人者尽矣，自非下愚不可移之才，未有不能赴者也。然而不谋之以至诚恻怛之心，力行而先之，未有能以至诚恻怛之心，力行而应之者也。故曰：不患人之不能，而患己之不勉。陛下诚有意乎成天下之才，则臣愿陛下勉之而已。

臣又观朝廷异时欲有所施为变革，其始计利害未尝熟也。顾有一流俗侥幸之人，不悦而非之，则遂止而不敢为。夫法度立则人无独蒙其幸者，故先王之政，虽足以利天下，而当其承弊坏之后，侥幸之时，其创法立制，未尝不艰难也。以其创法立制而天下侥幸之人，亦顺悦而趋之，无有龃龉，则先王之法，至今存而不废矣。惟其创法立制之艰难，而侥幸之人不肯顺悦而趋之，故古之人欲有所为，未尝不先之以征诛而后得其意。《诗》曰：是伐是肆，是绝是忽，四方以无拂。此言文王先征诛而后得意于天下也。夫先王欲立法度，以变衰坏之俗而成人之才，虽有征诛之难，犹忍而为之，以为不若是不可以有为也。及至孔子，以匹夫游诸侯，所至则使其君臣捐所习，逆所顺，强所劣，憧憧如也，卒困于排逐。然孔子亦终不为之变，以为不如是不可以有为，此其所守，盖与文王同意。夫在上之圣人莫如文王，在下之圣人莫如孔子，而欲有所施为变革，则其事盖如此矣。今有天下之势，居先王之位，创立法制，非有征诛之难也，虽有侥幸之人不悦而非之，固不胜天下顺悦之人众也。然而一有流俗侥幸不悦之言，则遂止而不敢为者，惑也。陛下诚有意乎成天下之才，则臣又愿断之而已。

夫虑之以谋，计之以数，为之以渐，而又勉之以成，断之以果，然而犹不能成天下之才，则以臣所闻盖未有也。

然臣之所称，流俗之所不讲，而今之议者，以谓迂阔而熟烂者也。窃观近世士大夫所欲悉心力耳目以补助朝廷者有矣。彼其意，非一切利害，则以为当世所能行者。士大夫既以此希世，而朝廷所取于天下之士，亦不过如此。至于大伦大法，礼义之际，先王之所力学而守者，盖不及也。一有及此，则群聚而笑之，以为迂阔。今朝廷悉心于一切之利害，有司法令于刀笔之间，非一日也，然其效可观矣。则夫所谓迂阔而熟烂者，惟陛下亦可以少留神而察之矣。昔唐太宗贞观之初，人人异论，如封德彝之徒，皆以为非杂用秦、汉之政，不足以为天下。能思先王之事，开太宗者，魏文贞公一人尔。其所施设，虽未能尽当先王之意，抑其大略可谓合矣。故能以数年之间，而天下几致刑措，中国安宁，蛮夷顺服，自三王以来，未有如此盛时也。唐太宗之初，天下之俗，犹今之世也，魏文贞公之言，固当时所谓迂阔而熟烂者也。然其效如此。贾谊曰：今或言德教之不如法令，胡不引商、周、秦、汉以观之？然则唐太宗之事，亦足以观矣。

臣幸以职事归报陛下，不自知驽下无以称职，而敢及国家之大体者，以臣蒙陛下任使而当归报。窃谓在位之人才不足，而无以称朝廷任使之意，而朝廷所以任使天下之士者，或非其理，而士不得尽其才，此亦臣使事之所及，而陛下之所宜先闻者也。释此一言，而毛举利害之一二，以污陛下之聪明，而终无补于世，则非臣所以事陛下惓惓之义也。

伏惟陛下详思而择其中，天下幸甚！

主要参考文献

[1]脱脱.宋史[M].北京：中华书局，1977.

[2]王安石.王文公文集[M].上海：上海人民出版社，1974.

[3]全宋诗[M].北京：北京大学出版社.

[4]周锡选注.王安石诗选[M].广州：广东人民出版社，1986.

[5]王安石.临川先生文集[M].北京：中华书局，1959.

[6]宋元笔记小说大观[M].上海：上海古籍出版社，2001.

[7]宋会要辑稿[M].北京：中华书局，1957.

[8]蔡上翔.王荆公年谱考略[M].上海：上海人民出版社，1973.

[9]梁启超.饮冰室合集[M].北京：中华书局，1989.

[10]邓广铭.北宋政治改革家王安石[M].石家庄：河北教育出版社，2001.

[11]邓广铭.王安石[M].北京：人民出版社，1975.

[12]吴小林.王安石传[M].广州：广东高教出版社，2001.

[13]张祥浩，魏福明.王安石评传[M].南京：南京大学出版社，2006.

[14]范文汲.一代名臣王安石[M].北京：中国社会科学出版社，2003.

[15]徐文明.十一世纪的王安石[M].北京：当代中国出版社，2007.

[16]张宏杰.北宋变法名相王安石[M].上海：上海大学出版社，2007.

后　记

每一本书的出版，都凝聚了许多人辛勤付出的汗水。本书从策划开始，就受到各方人士的关照与帮助，在编写时更是得到不少老师和作者的鼎力支持。特此向参与本书编写的人员致以诚挚的谢意。

本书编写中借鉴和参阅了大量的文献作品，从中得到不少启发和感悟。正是得益于前人的劳动成果，才使本书能够有如此之多的翔实案例和如此丰富的理论基础。在此向各位专家、学者以及资料的提供者表示最崇高的敬意。

编　者